사는 게 용기다

사는 게 용기다

기시미 이치로 지음

노만수 옮김

행복해질 마음이 돌아오는
아들러 심리학 사용설명서

에쎄

여는 글

이 책은 아들러가 '용기'와 '용기 부여'에 대해 어떻게 생각했는지를 밝혀놓고 있습니다. 직면한 '인생의 과제'를 해결할 수 없다고 믿는 사람이 많은데, 그런 사람이 "인생의 과제에 임하는 용기를 높일 수 있도록 원조"하는 것을 '용기 부여'라고 말합니다.

나중에 인용하겠지만, 아들러는 "용기는 스스로 용기를 낼 줄 아는 사람에게서만 배울 수 있다"고 말합니다. 자신이 먼저 용기를 갖는 것이 타인이 용기를 갖도록 도와주는 출발점이 될 수 있습니다. 이 책은 구체적으로 어떻게 하면 용기를 가질 수 있는지, 어떻게 하면 다른 사람에게 용기를 갖도록 할 수 있는지를 밝히고 있습니다. 아들러는 말합니다. "학문은 어느 정도까지 발달하면 각각의 잘못을 사후적으로 찾는 것만으로는 충분치 않다. 오히려 예방을 생각해야 한다." 치료보다 '예방'이 중요하다고 여긴 아들러는 오류의 원인을 과거의 생육과정에서 찾지 않습니다. 잘못을 "사후적으로 찾는" 것만으로는 충분치 않습니다. 이미 어떤 잘못이 드러났다고 해도 '앞으로 어떻게 해야 할까'를 치료와 교육의 장소에서 궁리하지 않으면 안 됩니다.

아들러의 저작은 비교적 읽기 쉬워 주석이 특별히 필요하지 않다고 생각하지만, 번역서를 읽은 독자들로부터 장황하다거나 난삽하다는 소리를 들을 때가 있습니다.

제가 앞서 간행한 아들러 앤솔로지인『성격은 어떻게 형성되는가』와 마찬가지로 이 책에서도 우선 많은 부분에 걸쳐 아들러의 저작을 인용한 뒤 제가 주해註解를 붙였습니다. 이는 이해를 돕기 위한 것인데, 아들러의 말 쪽에 무게를 두고 싶었기 때문입니다. 필요가 없다고 판단된다면 주해 부분은 건너뛰고 읽어도 좋을 것입니다.

아들러의 저서를 시계열적으로 배열하고 사상의 변천을 엿보는 일이 연구자들에게는 관심사이지만, 아마 아들러 자신은 그런 관점에서 책이 읽히기보다 진심으로 독자가 세상을 '살아갈 용기'를 갖게 되길 바랐다고 저는 생각합니다. 시대를 한 세기 앞서간 아들러일지라도 시대 상황과 사회 제약에서 벗어날 수는 없었습니다. 제게 주어진 역할은 아들러가 무엇을 봤는지, 어디로 눈을 향했는지를 명확하게 밝히는 것입니다.

기시미 이치로

1장

용기의 상실

왜 용기를 잃어버리는가?

대인관계 | 두 가지 도피 | 불확실성 | 장래에 대한 두려움 | 죽음에 대한 두려움 | 자신을 제한하기 | 열등감 | 고정관념 | 물의 힘 | 우울증 | 섀도복싱 | 자신감의 정체 | 관심의 중심으로부터의 탈각 | 타인의 기대 | 무관심 | 사회적 목표 | 부모의 모르쇠

대인관계

　　　　　　　　사람은 살아가면서 인생의 세 가지 과제와 인연을 맺는다. 이 세 과제는 어느 것 하나라도 따로 분리해서 해결할 수 없다. 각각의 과제를 풀려면 다른 두 가지 과제에 대한 성공적인 접근이 요구된다. 아들러는 말한다.

"첫 번째 인연은 '직업occupation, work'이라는 인생의 과제를 안겨준다. 우리는 지구라는 행성의 표면에 살고 있다. 이 행성에는 여러 자원과 기름진 대지, 다양한 광물, 알맞은 날씨, 적당한 공기가 주어져 있다. 인류의 근본적인 과제는 이런 자연 조건이 우리에게 부과한 갖가지 문제에 대해 올바른 해답을 찾는 일이었다. 오늘날까지도 여전히 만족스럽지 않지만 끊임없이 개선을 위한 노력을 해야 마땅하다.

두 번째 인연은 사회 교류, 즉 '교우friendship'라는 과제를 제기한다. 직업의 문제를 해결하는 가장 좋은 방법은 이 두 번째 과제를 해결하는 데서 나온다. 우리는 필연적으로 인류에 소속되어 있는 만큼 타자(타인)와 연결되어 살아야만 한다. 만일 인간이 '나 홀로' 살아간다면 개인의 태도와 행동은 완전히 달라졌을 것이다. 그러나 우리는 항상 타인을 고려하고 스스로 타인에게 적응하며, 타인에 대

한 관심을 유지하면서 살아야 한다. 이 문제는 '우정''공동체 감각
(감성)''협력cooperation'으로 풀어가는 게 가장 좋다. 이 두 번째 과
제가 해결되면 우리는 첫 번째 과제를 해결함에 있어 크게 전진할
수 있다.

인류가 '노동의 분업division of labor'이라는 위대한 발견을 할 수 있
었던 까닭은 협력하는 법을 배웠기 때문이다. 협력은 인류 복지를
위한 가장 중요한 버팀목이다. 만일 모두가 아무런 협력 없이, 또
과거의 협동에서 얻은 혜택과 성과를 이용하지 않으면서 독자적으
로 살아가야 한다면 인간은 생존조차 하기 힘들 것이다. 인류는 노
동의 분업으로 협력의 성과물을 사용할 수 있고 다른 능력들을 조
직화할 수 있다. 그 결과 모든 인간이 공동의 복리에 이바지할 수
있으며 상부상조의 협동정신으로 사회 구성원 모두가 발전할 기회
를 증대시키게 된다. 분업이 충분히 발달한 것은 아니지만, 직업의
문제를 해결하기 위한 모든 시도는 분업과 협업collaboration이라는
틀 안에서 이루어져야 한다. 직업 문제를 해결하기 위한 온갖 시도
는 이러한 노동의 분업과, 내 일이 타인에게도 도움이 되고 공동선
에 기여한다는 협력적 노력의 틀 속에서 이뤄져야만 하는 것이다.

간혹 아무개는 직업의 과제로부터 도피하면서 일도 하지 않고 인
간의 공통된 관심사에서 벗어난 것에만 몰두하려고 한다. 그렇지
만 그들이 직업 문제를 회피하더라도 실제로는 늘 동료로부터 도움
을 요구하고 있음을 볼 수 있다. 이런 사람들은 아무런 헌신도 하

지 않은 채 어떤 식으로든 다른 사람의 노동에 기대어 먹고산다. 이런 태도가 바로 응석받이의 라이프스타일(생활양식)이다. 무슨 문제에 직면할 때마다 다른 사람의 노력으로 풀리기를 바라는 비겁한 생활 태도다. 인류의 협력을 방해하고, 인생의 여러 문제를 해결하는 일에 종사하고 있는 사람들에게 불공정하며 무거운 짐을 떠맡기고 사회 협력을 방해하는 부류는 주로 응석받이로 자란 사람들이다. 세 번째 인연은 '사랑'이라는 과제를 제기한다. 인간은 남성과 여성이라는 두 성별 가운데 어느 한쪽에 속해 있다. 인류의 존속은 이성에게 다가가 '성적 역할'을 다하는 것에 달려 있다. 남성과 여성의 이런 관계는 사랑과 결혼의 과제를 제기한다. 이 문제도 다른 인생의 과제들과 분리된 채로는 해결할 수 없다. 사랑과 결혼이라는 과제를 해결하기 위해서는 공동의 이익에 기여하는 직업을 갖고, 아울러 타인과의 원만하고 친밀하며 우호적인 관계가 필수적이다."(『인생 의미의 심리학』)

인생에는 해결해야 할 '세 가지 과제'가 있다. 직업, 교우, 사랑이다. 이 세 과제는 서로 영향을 미친다. 어느 한 과제의 해결은 다른 과제를 풀어나가는 데 도움을 준다. "이들 과제는 모두 어느 것 하나라도 분리해서 해결할 수 없다. 그것들 각자는 다른 두 가지와 맞물려 있다"라는 아들러의 말처럼, 어느 하나의 과제만 떼어내서 적절하게 해결할 수는 없다. 일중독자는 바빠서 대인관계를 잘 풀어나갈 수 없는 게 아니라 '일중독자라고 단언하며' 이를 다른 과제에 임하지 않는 구실거리로 삼는다. 자나 깨나 사랑하는 이만 생각한다는 사람도 연애의 과제에만 전념하는 것을 다른 과제에 임하지 않는 구실거리로 삼곤 한다. 사실 이 세 가지 과제는 인류가 생명을 보존하고 번성하기 위해 반드시 해결해야 하는데, 특히 이 모든 것이 대인관계와 관련 있으며, 결코 피할 수 없다. 우선 사람은 일을 하지 않으면 살아갈 수 없다. 일하지 않는 사람일망정 타인의 원조를 필요로 한다. 직업의 문제는 '분업'에 의해서 해결할 수 있다. 인간은 타인과 연결되어 살고 있기 때문에, 이 분업이 적절히 이루어지려면 공동체 감각과 협력을 요구하는 두 번째 인연, 즉 교우 과제가 해결되는 것이 전제조건이다. 이어서 연애와 결혼, 부부관계라는 '사랑의 과제'가 있다. 이것 역시 "공동의 이익에 기여하는 직업" 및 "타인과의 원만하고 친밀하며 우호적인 관계"가 요구된다. 직업, 교우, 사랑! 이 세 가지 인생의 과제는 대인관계가 나빠질수록 해결하기가 점점 더 어려워진다. 모든 사람은 혼자서 살아갈 수 없기 때문이다. 그래서 아들러는 우리 모두가 "인류에 소속되어 있고 타자와 연결되어 살아간다"는 대전제를 달았다. 다른 사람은 틈만 나면 나를 곤란함에 빠뜨리려고 기회를 엿보는 '적'이 아니라 필요하다면 나를 원조하려는 '동료'라고 아들러는 생각한 것이다.

"타인을 동료로 볼 수 있는 용기를 상실하지 않는다면 타자와의 협력은 가능하다. 결국 우리에게 대인관계 이외의 문제는 없어 보인다."(『인생 의미의 심리학』)

혼자 살아갈 수 있다면 뭐든지 제멋대로 하며 살아갈 용기를 낼 수 있겠지만 누군가와 함께 살아가야 한다면 그럴 수 없는 노릇이다. 그런 의미에서 대인관계는 참으로 어렵다. 인간이 직면한 과제, 예를 들면 학생이 공부하는 일은 얼핏 보면 대인관계와 상관없는 듯 보이지만 공부를 타인과의 경쟁이라 여기고 명문대에 들어가 남들로부터 칭찬을 받고 싶어하는 학생에게는 공부도 대인관계의 과제라 할 수 있다.

"용기 있고 자신감 있고 평정심 있는 사람만이 예외 없이 대인관계의 문제인 인생의 과제에 대처할 준비가 되어 있다."(『개인심리학 강의』)

그래서 아들러는 다음을 강조한다. 용기란 타자와 협력하고 사회적 관심을 표현해내는 능력이다. 사회의 일부라는 소속감을 느끼고 있고, 이로 인한 장단점을 알고 있으며, 타인과 연결되어 있다는 유대감이 어떤 것인지를 아는 사람만이 진정한 용기를 낼 수 있다. 이런 용기는 직업과 사회 교류, 연애와 결혼생활에도 영향을 미친다. 직장생활에 어려움을 겪거나 친구 혹은 연인과 갈등을 되풀이하는 사람은 혹여 용기를 상실해서 그런 것은 아닌지 곰곰이 생각해볼 일이다.

어쨌든 인간은 서로가 감정과 사랑 등을 주고받는 상호 대인적인 관계를 맺고 살지만 자신이 중심에 있고 세계가 그 주위를 에워싸고 있는 것은 아니다. 이 세계에 자신의 자리가 있다는 소속감은 중요하지만 '내가 세계 안에 있지 중심에 있는' 것은 아니다. 내가 혼자만의 존재로 완결되지 않듯, 타자도 마찬가지다. 이렇듯 우리는 타인과의 관계에서 벗어날 수 없으므로 반드시 '내가 아니면 안 된다'는 생각을 할 필요가 전혀 없다. 살다보면 불가능한 일을 불가능하다고 말하는 용기가 필요할 때도 있는 것이다. 타인에게 도움을 받고 이를 당연하게 여기는 사람도 있고, 무슨 일이든 혼자서 짊어지고 쩔쩔매면서 사는 사람도 있다.

하지만 경우에 따라서는 타인에게서 도움을 받는 게 부끄러운 일만은 아니다. 타인을 '동료'로 생각하고 그 동료에게 공헌함으로써 자신도 가치 있는 존재라고 느낀다면 인생의 과제에 달려들어 해결할 용기를 낼 수 있다. 그런데 용기를 상실한 사람은 인생의 과제를 해결하겠다는 의지가 꺾일 가능성이 크고, 그리하여 자신은 가치 없는 존재라며 낙담하기 쉽다.

두 가지 도피

"아이인 채로 살고 싶다는 바람을 드러내는 어린이가 있다. 아기 말baby talk로 얘기하며 자신보다 연하인 아이들과 놀고, 영원히 아이인 척한다. 하지만 대다수의 어린

이는 어른의 방식으로 행동하려고 시도한다. 용기가 별로 없으면 어른처럼 일종의 희극을 연기한다. 소년은 자유롭게 돈 쓰는 걸 즐기거나 이성에게 집적거리기 시작하거나 섹스를 즐기는 어른의 행동을 흉내 낸다."(『인생 의미의 심리학』)

아이에게 엄마는 자신을 지켜주는 든든한 존재다. 그런데 만약 엄마가 아이의 자립을 재촉하지 않고 언제까지나 아이를 슬하에 두며, 아이가 엄마에게 기대고 의존하게만 하면 아이는 항상 엄마의 앞치마 뒤에 숨어 앞치마 끈과 스커트 자락을 당기며 응석받이가 되고 만다. 그런 아이는 부모 뒤에 숨어 있는 한 이 세계가 안전하다고 생각한다. 아들러는 "무슨 문제에 부딪힐 때 응석받이는 언제나 타인의 노력에 의해 그것이 해결되길 바라며" "자기 자신은 타자 공헌을 하지 않고 타인의 노동으로 살아가려 한다"고 일갈한다. 부모의 품으로부터 떠나가려는 소년들 중에서 "어른처럼 일종의 희극을 연기하는" 아이는 분명 인생의 과제로부터 도피하는 건 아니더라도, 인생의 과제에 직면하여 적절한 방법으로 해결하길 거부하는 것이라 할 수 있다.

"더 나쁜 경우에는 소년이 인생의 과제에 어떻게 대처해야 좋을지 모르는데, 그럼에도 외향적이고 적극적으로 범죄자로서의 인생을 걷기 시작하는 것이다. 이미 경범죄를 저지르면서 들키지 않거나,

아이에게 엄마는 그를 지켜주는 존재로서 중요하지만, 자립을 재촉하지 않으면 아이는 문제에 부딪혔을 때 다른 사람이 그 일을 해결해주길 바랄 수 있다.

또 발각되는 일을 피할 수 있을 만큼 영악할 때 이런 일이 벌어질 만하다."(『인생 의미의 심리학』)

이렇게 인생의 과제에서 적극적으로 도피하려는 아이는 특히 인생의 유익하지 않은 측면에서 자신의 우월성을 찾으려고 한다. 인생의 과제를 소극적으로 도피하려는 유형도 있다.

"별로 활동적이거나 외향적이지 않은 아이가 인생의 과제로부터 도피하는 쉬운 방법은 신경증이다. 신경증의 징후에는 인생의 과제를 해결하길 거부하는 것을 정당화하려는 의도가 감춰져 있다. 신경증 증상은 대인관계를 사회적인 방법으로 풀어나갈 준비가 되어 있지 않을 때 나타난다. 대인관계에 대한 곤란함은 큰 스트레스를 유발한다. 사춘기에는 신체 기관이 이러한 긴장에 유별나게 반응한다. 모든 기관이 초조해지며, 신경 시스템 전체가 영향을 받는다. 그러나 이는 방황과 실패에 대한 다른 구실거리를 제공한다. 신경증자는 이런 상황에서 이제 사적으로도, 타인과의 관계에서도, 자신은 병 때문에 책임을 면할 수 있다고 생각하기 시작한다."(『인생 의미의 심리학』)

소극적인 타입의 아이는 인생의 과제에 직면하려 하지 않고, 그저 거기서 달아나려고 한다. 아무 이유 없이 대인관계를 피할 수밖에 없다고 생각하는 아이는 신경증을 핑계로 든다. 신경증 탓에 **사람과 어**울리지 않는다고 말하면 타인과 자신 모두 납득시킬 수 있을 거라 여긴다. 하지만 이는 대인관계를 피하려는 목표가 우선 있기 **때문에** 신경증이 때마침 구실거리로 선택된 것일 뿐이다. 흔히 "신경증 탓에 대인관계를 맺을 수 없다"고 말하는데, 사실은 용기를 잃고 사람과 어울리지 않기 때문에 신경증이 되는 것이다. 신경증은 대인관계를 맺지 않게 하는 원인이 아니다. 타인과 어울릴 용기를 상실한 게 아닌가라고 따져봐야 한다.

불확실성

　　　　　　　　예상 밖의 일을 가늠할 수 **없다는** 걸 두려워하는 사람이 많은 것 같다. 육아에 서툴다고 생각하는 엄마 아빠, 또 육아와 상관없이 아이는 어쨌든 싫다는 사람은 아이가 앞으로 무엇을 할지 예측할 수 없다는 걸 이유로 꼽는 듯하다. 사실 그 이유는 나중에 들이댄 것에 지나지 않을 가능성이 크다. 그런데 인생이란 늘 같은 것의 반복이 아니다. 내일은 꼭 이렇게 될 거라고 짐작했지만 예상했던 것과 똑같은 하루가 오는 일은 거의 없다. 모름지기 '오늘'이라는 날은 '어제'와 다를 터인데, 매일 같은 사건의 반복이라 여기고 싶어하는 사람이 있다. 이런 사람이 어제와 오늘, 오늘과 내일이 같다고 생각하고 싶어하는 데에는 사연이 있다. 아들러의 말대로라면, 오늘과 내일이 같다는 생각에는 '목적'이 있다. 그런 사람은 같은 일이 반복되는 데에 안심하려는 것이다. 그래서 예측하지 못하거나 종잡을 수 없는 변화를 극도로 두려워한다. 분명 같은 일이 일어나면 상황을 통제할 수 있으리라 생각하겠지만, 예상을 뛰어넘는 일이 끊임없이 일어나는 게 인생이다. 특히 타인은 예측할 수 없다. 타인은 이렇게 생각하고 있는 게 틀림없다고 가늠해도 나와는 전혀 다른 것을 궁리하고 있다. 이는 오랜 기간 함께 살을 부비며 지내온 부부에게서도 일어나는 일이다. 그래서 타인은 이해할 수 없고 컨트롤도 못 한다고 생각하며 용기를 잃고 타인과의 관계를 피하려는 사람이 있는 것이다. 아들러는 결혼에 빗대어 말한다.

"결혼의 미래를, 떨어지는 돌의 방향을 계산할 수 있는 것과 비슷하게 예견할 수는 없다. 돌은 진리의 세계다. 한편 우리는 인간적인 오류세계의 영토에 살고 있다."(『왜 신경증에 걸릴까』)

결혼의 조건이 아무리 좋아도 반드시 행복할 수는 없다. 그런데 결혼 이후의 미래를 "떨어지는 돌의 방향을 계산"하는 것과 엇비슷하다고 생각하는 사람이 많다. 더불어 결혼으로 불행해질 거라고는 그 누구도 예상하거나 원하지도 않는다. "오늘은 비가 내리고 있다"고 말하지 "오늘은 비가 내리고 있다고 믿는다"고 말하지 않는다. 이

결혼생활엔 오차가 없을 수 없다. 예측 불가능한 상황에 자신을 내던져놓음으로써 비로소 타인과의 관계 속에서 진정한 자기 자신을 만들어나갈 수 있다.

것은 '지식'이다. 한편 "내일은 비가 올 것이라고 믿는다(생각한다)"는 것은 '신념'이다. "결혼하면 행복해진다"는 것도 지식이 아니라 신념 일 뿐이다. '희망 사항'과 '미래의 현실'이 한 치의 오차도 없이 똑같을 거라고 생각하는 습관에 길들여지지 않아야 한다. 결혼생활이 시작된 이후에도 두 사람이 예전 그대로일 수는 없다. 두 사람의 관계가 나빠진다는 의미가 아니더라도, 시간이 지나고 두 사람을 둘러싼 상황이 바뀌는 가운데 두 사람의 마음이 바뀔 수도 있다는 얘기다. 그럼에도 불구하고 결혼에 한정하지 않고 모든 일이 예전 그대로 지속되기를 원하는 것은, 앞서 보았듯이, 인간은 예측과 예상이 불가능한 상황을 두려워하기 때문이다. 그러나 만일 미래의 일이 전부 예견된다면 어떤 일이 벌어질까?

"우리가 궁극의 목표에 도달할 수 없다는 사실을 고민하는 사람은 한 명도 없을 것이다. 한 사람, 혹은 인류 전체가 더 이상 아무런 어려움이 없는 위치에 이르렀다고 상상해보자. 이런 상황에서의 인생은 분명 시시해질 터이다. 모든 것이 예견되고, 모든 일을 미리 계산할 수 있기 때문이다. 인생에 대한 관심은 오로지 우리의 불확실성에서 온다. 만약 우리가 모든 걸 확신할 수 있고 알아야 할 것에 대해서 뭐든지 알고 있다면 좀더 나은 논의나 발견도 없을 것이다. 과학은 끝나고, 우리 주변의 우주는 두 번 이야기된 스토리에 지나지 않게 된다. 우리가 지향해야 할 이상을 제시해주는 예술과 종교는 이제 아무런 의미가 없어진다. 인생의 도전이 무진장하다는 것이야말로 행운이다. 장애물을 만나더라도 자신의 목표를 달성하는 일이 이 장애물보다 더 중요하다고 생각하며 끊임없이 노력하는 마음을 용기라 부른다. 인간이 무언가를 추구하려고 끝없이 노력하는 마음 곧 용기는 결코 바닥나지 않으며, 늘 새로운 대안을 찾거나 만들어낼 수 있고 사회적 협력과 타자 공헌을 위한 새로운 기회를 창출할 수 있다."(『인생 의미의 심리학』)

"우리가 궁극의 목표에 도달할 수 없다는 사실을 고민하는 사람은 한 명도 없을 것"이란 말은 다음과 같은 의미다. 인생의 과제는 충분히 해결될 것을 요구하지만 아들러의 말처럼 "인생은 너무 짧고, 우리 몸은 너무 약하기" 때문에 비록 잠정적인 해결책을 찾더라도 완전히 만족스러운 답에 도달할 수는 없다. 그렇다고 이상을 추구하는 노력을 멈출 수 없다. 왜냐하면 이상은 어디까지나 이상이며, 현실과 이상이 일치한다는 것은 있을 수 없기 때문이다. 예술과 종교는 이상을 제공하지만 그 이상이 현실과 같다면 이상을 추구하는 형태의 예술이나 종교에도 의미가 없어지고 만다. 예견할 수 없는 미래가 있기 때문에, 그리고 일어나는 일 중에는 재난과 같이 나쁜 것들도 많이 있으므로, 이를 해결하려는 의지에서 과학이 발달해왔다.

　인생이 "끊임없이 문제를 주는" 것이라면 그것을 해결하려는 노력을 아예 처음부터 포기하는 편이 더 나을 수도 있지 않을까? 그러나 목표를 지향하는 노력이 어렵고 끝없는 것이라 하더라도, 반대로 더 이상의 어려움이 없는 곳까지 도달하면 인생은 시시한 것이 되고 만다. 모든 일을 미리 계산할 수 있고, 예상과는 다른 일이 전혀 일어나지 않기 때문이다. "우리 주변의 우주는 두 번 이야기된 스토리에 지나지 않는다." 책을 재독할 때는 스토리를 알고 있다. 그래도 읽는다는 행위 자체는 과거와 지금이 같지는 않으므로 비록 같은 소설을 다시 읽더라도 이전과는 다른 의미를 새롭게 찾을 수 있다.

사랑하는 남녀는 결혼을 목표로 삼고 싶어한다. 그러나 먼저 무슨 일이 일어날지 모르기 때문에 두 사람은 사랑하려는 노력을 하는 것이지 모든 게 결정되어 있다면 그런 인생이 과연 살 만하겠는가. 이상을 목표로 하는 한 인생의 도전은 언제까지고 계속된다. 늘 새로운 문제가 불거진다. 그러나 도전할 기회가 무궁무진하다면 사회적 협력과 타자 공헌을 위한 새로운 기회가 될 것이다. 아들러가 좋아했다는 우화 중 이런 것이 있다. 임종을 앞둔 아버지를 아이들이 둘러싸고 있었다. 아들이 앞으로 나서서 미래에 대해 알고 있는 것을 가르쳐달라고 여쭈었다. 아버지가 대답했다.

"단 한 가지 확실한 것은, 확실한 일은 무엇 하나 없고, 모든 것은 변화한다는 점이다."

모든 것이 변화하기에 인생은, 그리고 내일은 불확실하며, 그러므로 불확실한데도 용기를 상실하지 않는 것이야말로 멋진 삶이 아니겠는가.

장래에 대한 두려움

"당신은 장래의 일을 두려워하며 자신감을 충분히 갖고 있지 않은 것 같습니다. 또 당신은 만사를 스스로 정하고 싶어하지 않고, 게다가 스스로 어떤 노력도 하지 않으면서 사랑받고 싶어합니다."(『아이들의 라이프스타일』)

공개 상담에서 기절 발작이 주요 증상인 25세의 여성에게 아들러가 한 말이다. 타인의 생각과 행동을 가늠할 수 없고, 앞으로 일어날 일도 헤아릴 수 없어 두렵다고 생각하는 이 여성은 "만사를 스스로 정하고 싶어하지 않는다"는 말을 들었다. 앞으로 일어날 일을 예측하지 못하고 그래서 자신감이 충분하지 않기 때문에 온갖 일을 스스로 결정할 수 없다. 이것이 이 여성의 논리이지만, 실제로는 어떤 일을 스스로 결정하기를 회피하며 그 이유로 장래에 대한 두려움을 들고 있는 것에 불과하다. 만사를 스스로 결정하기 싫은 까닭은 자신의 선택에 대한 책임을 질 용기가 없기 때문이다.

내가 선택하면 그 선택에 대한 책임을 떠맡지 않으면 안 된다. 자기 자신이 결정하면 당연히 자신에게 불리한 일이 일어날 수도 있겠지만, 결단하지 않음으로써 불거지는 불리함보다 결단하는 데 따른 책임을 회피하고 싶은 것이다. 사랑도 자신의 생각만으로는 아무것도 결정할 수 없다. 자신이 누군가를 사랑한다고 해서 그 상대가 자신을 사랑해줄 거라 단정할 수 없다. 그런데 상대방으로부터 확실히 사랑받고 있어야 자신도 상대방을 사랑하는 것 같다고 생각하는 사람이 있다. 이것은 비즈니스 거래 같지 않은가. 더구나 이런 사람은 자신이 사랑받으려는 노력을 하지 않는다. 사랑받고 싶다면 사랑받으려는 노력을 하는 게 당연하지만 그런 노력을 하지 않는다. 그냥 사랑받는 것을 기다릴 뿐이다.

사랑의 행방은 두 사람이 결정할 수밖에 없다. 그러나 아무리 크게 사랑하더라도 사랑이 영원히 계속된다는 보장은 없다. 내일의 일도 알지 못한다. 그런 사람에게는 결정할 수 없는 장래가 무섭게 다가오지 않을 수 없다. 하지만 내일의 일을 모른다 해도 오늘 이 사람을 사랑하겠다는 용기는 스스로 낼 수밖에 없다. 그 길밖엔 없다. 어쨌든 사랑의 길로 향하는 걸음을 내딛을 용기를 내는 건 스스로의 몫이다.

죽음에 대한 두려움

죽음은 만인 앞에 평등하다. 누구나 죽지만 그럼에도 미래의 일 중에서 가장 큰 두려움은 죽음이지 않을까. 많은 사람은 죽음이 무섭다고 생각하며, 게다가 죽음이 어떤 것인지 모른 채 죽음을 두려워한다. 죽음이 무섭다고 생각하는 까닭은 많다. 특히 언제 자신이 죽는가, 어떻게 죽는가를 스스로 결정하지 못하기 때문이다.

"죽음을 처음 접했는데 그것이 갑작스레 찾아오는 경우, 아이는 큰 충격을 느끼고 아이의 전 생애에 영향을 미친다. 죽음을 어떻게 인식해야 하는가에 대한 준비가 전혀 안 된 아이가 갑자기 주변에서 죽음을 맞닥뜨렸다. 아이는 처음으로 인생에는 끝이 있음을 인식한다. 이것은 아이의 용기를 완전히 꺾게 될지도 모른다."(『아이들의 교육』)

인생에는 끝이 있음을 인식하는 게 아이의 용기를 꺾는다는 것은 흔히 하는 말이며, 실제로는 인생의 과제에 직면하게 된 아이는 그것을 회피하기 위해서 죽음에 대한 두려움을 구실거리로 꺼낸다. 하지만 확실히 준비되지 않은 아이에게는 죽음이 큰 충격을 가져온다는 것도 사실이다. 죽음을 두려워하는 사람은 죽음에 대한 생각을 그만두거나 죽음을 통제하려고 한다. 본래 죽음이란 것은 조절할 수 없다고 말하는 수밖에 없는데, 죽음을 컨트롤할 수 있다고 생각하려는 사람도 있다.

이사카 고타로伊坂幸太郎는 소설 『사신死神의 부력浮力』에서 한 등장인물에게 "스스로 컨트롤할 수 있는 것은 안심이라고 생각하는 경향이 있다"고 말하게 한다. 가령 "총을 사용하는 것은 스스로 쓰는 타이밍을 통제할 수 있다". 그러나 이것은 자기 자신이 컨트롤할 수 있다고 생각하는 것에 불과한데, 자신이 운전하는 차량이 비행기보다 안전하다고 생각하는 것이 반증의 한 예가 된다. 즉 차 사고가 자주 일어나는 것에 비해, 비행기 사고로 인한 사망 사고는 아주 드물게 일어난다. "그럼에도 불구하고 인간은 비행기보다 자신이 운전하는 차가 더 안전하다고 느낀다. 왜인지 아는가?" "자기 자신이 컨트롤할 수 있기 때문이다." 실제로는 컨트롤할 수 없다는 가능성이 시사되고 있다. 지근거리에 총이 있으면 발작적으로 죽고 싶어졌을 때 자신을 쏠 가능성이 높아진다. 마찬가지로 담배나 마약도 스스로 사용 빈도를 조정할 수 있다고 과신하지만, 결과적으로 컨트롤하지 못할 때가 많다.

아들러는 형제의 죽음에 큰 충격을 받은 한 아이가 '장래에 무엇이 되고 싶은가'라는 질문을 받고 "자신이 묻어지는 게 아니라 다른 사람을 묻는 사람이 되고 싶다"(『개인심리학 강의』)라며 묏자리 파는 사람이 되고 싶다고 대답한 예를 든 적이 있다. "삶과 죽음의 주인이 되고 싶다"고 한 다른 아이는 사형집행인이 되고 싶다고 대답했다. 아들러는 묏자리 파는 사람이 되겠다는 목표에 대해서 이렇게 지적했다.

"이 목표는 인생에 유용하지 않은 면이 있다. 이 소년은 자신에게만 관심이 있기 때문이다." 자신에게만 관심이 있는 사람은 타인에게 관심을 두지 않는다. 타자에 대한 관심, 즉 social interest는 아들러가 미국으로 활동 거점을 옮긴 이후 Gemeinschaftsgefühl(공동체 감각)의 영역 단어로 택한 것이다. 자신에게만 관심이 있고 타자에 대한 관심social interest이 없다는 것은 공동체 감각이 없다는 말이다.

사형집행인이 되고 싶다는 소년의 대답에 대해서 아들러는 이렇게 진단했다.

"이 대답은 공동체 감각이 부족하다는 것을 나타내고 있다."

그 소년은 "삶과 죽음의 주인"이 되고 싶었지만, 이는 "신에게만 속하는 역할"이다. 사회보다 더 강해지고 싶다고 생각한 소년은 인생의 유용하지 않은 면으로 향했다고 아들러는 설명한다. 이런 아이는 자신에게만 관심이 있다. 한편 의사가 되려고 하는 아이도 있었다. 의사들의 전기에는 종종 의사라는 직업을 택한 까닭이 죽음과 갑자기 맞닥뜨렸기 때문이라고 적혀 있다. 이는 아들러 자신의 체험이기도 하다. 아들러가 쉰일곱 살 때였다. 그는 스물세 살의 (훗날 개인 심리학의 지도자가 되는) 알프레트 파우리와 이런 문답을 했나.

"아들러 선생님, 사람은 어떤 경우에라도 죽어야 한다고 생각하십니까?"

"그렇게 생각했다면 나는 의사가 안 됐을 걸세. 나는 죽음과 싸우고 싶었고, 죽음을 죽이며 죽음을 통제하려고까지 했지."

그러나 의학에 의해 어느 정도는 사람의 목숨을 연장시킬 수 있다고 해도 불사의 인간이란 개념은 없다. 훗날 파우라는 1935년에 아들러와 재회했다. 아들러가 타계하기 2년 전이었다.

"언젠가 자네에게 왜 내가 의사가 됐는지를 말한 적이 있네. 나는 '죽음'을 죽이고 싶었던 것이었네." 아들러는 약간 뜸을 들였다가 이렇게 덧붙였다.

"그런데 성공하지 못했어. 허나 도중에 발견한 것이 있지. 바로 개인심리학이네. 가치 있는 일이었다네."

의사가 되려는 것은 묏자리 파는 사람이나 사형집행인이 되려는 것과 어떤 면에서 다를까?

"의사가 되겠다는 목표도 삶과 죽음의 주인이 되고 싶다는, 신과 같은 욕구를 놓고 형성된다. 그러나 이 목표는 사회에 공헌하는 바를 통해 실현된다."(『개인심리학 강의』)

"고아와 입양아는 가끔 양친의 죽음을 자기 불행의 원인으로 돌린다."(『아이들의 교육』)

어릴 때 부모를 잃는 건 확실히 불행한 일이지만 그것을 뒤늦게, 인생의 과제를 회피하고 불행의 원인으로 귀속시키는 것은 바람직하지 않다. 그런 일을 계기로 의사가 되려는 사람은 '그 목표를 사회에 공헌함으로써 실현'하려고 해야 한다. 그들은 이런 의미에서 사회 혹은 타자에 대해 관심이 있는 것이고 결국 '공동체 감각이 있다'고 아들러는 역설한다.

"용기란 타인과 협력하고 사회적 관심을 표현해내는 능력이다. 사회의 일부라는 소속감을 느끼고, 이로 인한 장단점을 알고 있으며, 타인과 연결되어 있다는 유대감이 어떤 것인지를 아는 사람, 이런 사

람만이 진정 용기를 내는 자다. 이런 용기는 직업과 사회, 우정과 애
정생활에도 영향을 미친다."

자신을 제한하기

　　　　　　　　　　　　"모든 신경증자는 많든 적든 행동
의 영역을 제한하며 세계와의 접촉을 꺼린다. '직업, 교우, 사랑', 이
세 가지의 현실적이고 절박한 인생의 과제로부터 거리를 두며, 지
배할 수 있다고 느끼는 상황 속에 자신을 제한한다. 이렇게 해서
신경증자들은 좁은 방을 만들어 문을 닫고 바람과 햇살, 맑은 공
기에 노출되지 않는 생을 살아간다."(『인생 의미의 심리학』)

　그런 곳에서는 모든 것이 통제 하에 있다. 타자/사회와 관계를 맺
으려는 용기를 잃고 인생의 과제로부터 거리를 둠으로써 대인관계가
가족으로만 한정된다. 가정에서는 무슨 일이 일어날지 예측하기 쉽
다. 그런 의미에서 상황을 지배할 수 있다고 느끼는 것인데, 부모를
자신의 말이나 뜻대로 움직이겠다는 것도 여기서 언급한 통제 혹은
지배에 포함된다. 신경증자들은 바람과 햇살, 맑은 공기에 노출되지
않는 '좁은 방(타자와의 담쌓기)'이라는 자기 통제 하의 상황 속에서
인생을 보내지만, 그런 좁은 방 안에 있으면 시원한 바람과 따스한

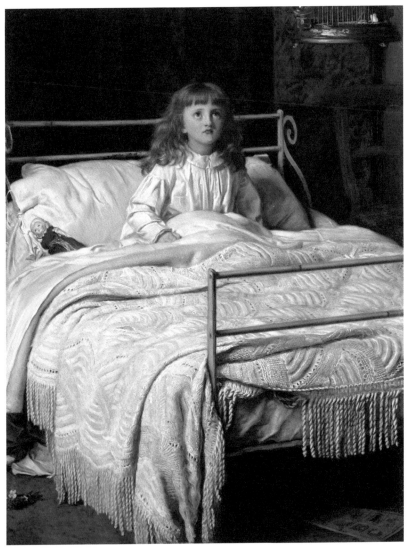

인생은 위험으로 가득 차 있다고 여기는 이들은 방 안에 머물며 익숙한 상황에만 자신을 놓아두려 한다. 이것이 신경증의 전형적인 증상이기도 하다.

햇살 그리고 신선한 공기를 누릴 수 없다. 아들러는 광장공포증에 걸린 신경증 환자를 자주 예로 든다.

"광장공포증은 '나는 결코 멀리까지 가서는 안 된다. 익숙한 상황에 머물러 있어야 한다. 인생은 위험으로 가득 차 있기에 그것을 피해야 한다'고 확신하는 증상이다. 이 태도가 일관되게 유지될 때 사람은 방에 틀어박히거나 침대에 누워 나오질 않는다."(『인생 의미의 심리학』) 집에서는 가족하고만 얼굴을 마주친다. 이곳에서는 어떤 일이 일어날지 예측하기 쉽지만 일단 집 밖으로 나가면 무슨 일이 일어날지 알지 못한다. 그런 바깥세상은 위험할 뿐이다. 밖에서 만나는 사람들, 그리고 그들의 인생도 위험으로 가득하다. 하지만 이는 그들이 그렇게 여기고 있을 뿐 실제로 세계가 위험한 것은 아니다. 그렇게 간주하는 행위는 "익숙한 상황"에 머무는 것을 정당화하는 데 불과하다. 타자를 적으로 보고 이 세계를 위험한 곳으로 여기는 사람에게 대인관계는 예측 곤란하므로 지배하거나 통제할 수 없다. 그런 까닭에 용기를 잃고 타자와 사회적 만남을 회피하려 한다. 하지만 타자를 '동료'로 보는 사람에게 대인관계는 예측할 수 없는 것이 아니다.

열등감

아들러는 누구나 태어나면서부터 '신

체적 불리함', 즉 '기관 열등성organ inferiority'을 느끼고 그런 뒤에는 다른 사람(어른이나 손위 형제자매)이 자기보다 크고 강하다는 사실에 열등감을 느낀다고 주장했다. 인간은 성숙한 어른으로 태어나지 못하기에 괴롭고 불행하다는 뜻이기도 하다. 그렇다, 인생이란 분명 고통이다. 특히 진지하게 살려는 사람에게는 더욱 그러하다. 하지만 인생이 그저 괴롭기만 한 것은 아니다. 아들러는 말한다.

"인생의 온갖 순간에 우리는 스스로 의미를 부여한다. 어떻게 의미를 부여하느냐는 개인의 라이프스타일에 달려 있다."

아들러는 사람이 다른 라이프스타일을 선택하려는 결심을 하면, 즉 인생에 대한 의미 부여를 이제까지와는 다르게 하자고 작심하면 삶이 변화할 수 있다고 한다. 물론 의미 부여를 다르게 해도 인생이 여전히 고통스러울 것이라는 데는 변함이 없다. 하지만 비둘기에 저항하는 공기가 비상을 방해하는 것이 아니라 도리어 비상을 돕는 것처럼 고통을 가져올 듯한 과제도 인생을 살아가는 데 거름이 될 수 있다. 그래서 아들러는 '고통과 열등감의 긍정성'에 대해 이렇게 말했다.

"이 고통에 차고 불안에 사로잡히게 하는 열등한 감정이 인간 정신 발달의 위대한 비약을 이끌어냈다."(『인생 의미의 심리학』)

한편 아들러는 열등감의 부정성에 대해서도 놓치지 않았다.

"열등감은 개인이 어떤 일에 대해 잘 적응하지 못하거나, 혹은 준비되어 있지 않아서 용기를 잃은 채 그 일을 해결할 수 없다는 자신의 확신을 언행으로 표현하는 경우에 나타난다."(『인생 의미의 심리학』)

아들러는 열등 콤플렉스를 강한 열등감이란 의미로 사용하기도 하지만, 그 본래적 의미는 "A이기 때문에(A가 아니기 때문에) B를 할 수 없다"는 논리로서 일상 커뮤니케이션에서 많이 쓰인다. 그리고 어떠한 이유가 있어서 B를 하지 못해도 자타가 어쩔 수 없다고 공히 납득할 만한 원인을 꺼내든다. 신경증이 종종 그 예로 거론된다. 할 수 없는 것을 인정하려 하지 않고, 가능하지 않은 일로 면목을 잃고 싶지 않기 때문이다. 그렇다고 해서 과제에 직면하려는 것도 아니다. 그래서 A를 B라는 과제에 직면하고 싶지 않은 이유로 들 수 있다.

"열등감은 늘 스트레스를 만들어내는 감정이기 때문에 언제나 우월감을 향해 나아가는 보상적인 움직임이라고 할 수 있다. 그렇다고 우월감을 얻는 것으로 문제를 해결하려는 방법은 올바른 방향이 아니다. 우월감만 추구하게 되면 인생의 무익한 측면으로 향해 정말 중요한 문제는 배제해버리기 때문이다. 개인은 자신의 행동 영역을 제한하려 함으로써 성공을 향해 노력하고 전진하기보다는 실패를 피하는 일에 몰두한다. 난관에 부딪히면 용기를 잃고 망설이면서 꼼짝도 하지 않거나 뒷걸음질치는 인상마저 줄 것이다."(『인생 의미의 심리학』)

이 열등 콤플렉스의 예가 광장공포증이다. 밖에 나오지 않고 집 안에서 부모를 자신의 통제 하에 두고 지배하려는 것이 광장공포증 환자가 추구하는 우월성이다. 인생의 유용한 측면으로서의 우월성 추구가 아니다. 용기를 내 적극적으로 과제에 맞서더라도 실패할 수 있기 때문에 실패를 회피하려고 하는 사람은 쉽게 소극적인 자세가 된다. 이 광장공포증 환자는 외부 세계가 위험한 탓에 밖에 나가려 하지 않는 것이 아니다. 밖에 나가면 누구도 자신을 주목해주지 않는다는 사실을 직면하고 싶지 않은 것이다.

"제거해야 할 마지막 장애는 그를 아랑곳하지 않는 사람, 예를 들면 대로를 걷는 사람과 마주칠 두려움을 제거하는 것이었다. 이 두려움은 자신이 주목의 중심이 아닌 상황은 모두 배제한다는 광장공포증에 의해 생겨나는 것이다."(『왜 신경증에 걸릴까』)

이 증상의 또 하나의 목적은 자신을 돌봐주는 사람으로부터 섬김을 받는 것에 있다. 응석받이였던 여성은 주목의 중심에 있고 싶기 때문에 아이를 낳고도 이를 기쁘게 여기지 않게 된다. 자신이 아니라 아이가 주목을 받기 때문이다. 아들러는 다음과 같은 사례를 소개한다.

"가령 응석받이로 자란 여성을 예로 들어보자. 이 여인은 언제나 자신이 형에 의해 권리를 제한당했다고 느끼던 남자와 결혼했다. 이 남자가 이 외동딸의 부드러움과 온화함에 끌렸다는 것을 짐작할 수 있다. 그러나 그녀 또한 언제나 좋은 소리를 듣고 총애받기를 원하는 사람이었다. 둘 사이에 아이가 태어날 때까지 결혼생활은 꽤 행복했다. 그런데 아이가 생기면서 둘 사이에 어떤 일이 벌어졌는지 우리는 예측할 수 있다. 아내는 관심의 중심이 되기를 원했기에 아이가 그 자리를 차지하게 되지나 않을까 두려웠다. 그래서 그녀는 아이를 낳으면서도 썩 행복하지 않았다.

한편 남편도 자신이 더 사랑받기를 원해 아기가 자기 위치를 빼앗을까봐 겁이 났다. 결국 남편과 아내는 서로를 의심하게 되었다. 그들은 아이 돌보기를 게을리하지 않았으며 꽤 괜찮은 부모였다. 그러나 두 사람은 똑같이 서로에 대한 사랑이 식을 것이라고 예상하고 있었다. 그런 의심은 위험하다. 왜냐하면 만일 한쪽이 상대방의 모든 말과 행동, 동작과 표정을 관찰하기 시작하면 애정이 식어가는 증거를 발견하는 것은 아주 쉬운 일이기 때문이다. 두 당사자 모두 그 증거를 발견했다.

공교롭게도 남편은 휴가를 얻어 파리로 여행을 가서 즐거운 시간을 보냈다. 그 사이에 아내는 출산 후유증을 극복하며 아기를 돌보았다. 남편은 파리에서 아내에게 편지를 썼다. 즐거운 시간을 보내고 있으며 온갖 부류의 사람들을 만나고 있다는 등의 내용이었다. 아내는 자신이 잊히고 있다는 걸 느끼기 시작했다. 그래서 그녀는 이전만큼 행복하지 않았으며 꽤 심한 우울증에 시달리면서 곧 광장공포증으로 고통을 받기 시작했다. 이제 그녀는 혼자서는 더 이상 외출을 할 수 없게 되었다. 남편은 여행에서 돌아온 뒤로 항상 그녀와 동행해야 했다. 적어도 표면적으로는 그녀가 자신의 목표를 성취한 것처럼, 말하자면 관심의 중심이 된 것처럼 보인다. 그럼에도 불구하고 그녀는 결코 만족한 게 아니었다. 왜냐하면 그녀는 자신의 광장공포증이 사라지면 남편도 사라질 거라는 느낌을 받았기 때문이다. 그래서 그녀는 계속 광장공포증을 앓았다."(『개인심리학 강의』)

그녀는 이 병으로 힘들어하는 동안 의사가 자신에게 관심을 많이 쏟는다는 사실을 깨달았다. 의사의 보살핌을 받으면서 그녀는 많이 나아졌다. 우정이라는 그녀의 감정이 온통 의사에게로 향하기 시작한 것이다. 그러나 의사는 환자의 상태가 나아진 것을 확인하고는 그녀를 떠났다. 그녀는 멋진 문장으로 의사에게 감사의 편지를 썼다. 그러나 의사는 그 편지에 답장을 하지 않았다. 이때부터 그녀의 병은 더 악화되었다. 신경증은 이 사례에서처럼 자립심을 키우겠다는 용기를 잃고 만성이 되든가, 아니면 증상으로 목표를 달성할 수 있다면 하나의 증상이 사라지더라도 곧바로 다른 증상을 '만들게' 된다.

고정관념

왜 인생의 과제에 맞닥뜨려 용기 있게 돌파하려고 하지 않는 것일까? 아들러는 인생의 과제를 해결하려

하지 않는 원인을, 자신과 타인을 납득시키기 위한 구실거리로 삼아 열등감을 '만들어낸다'는 것에서 찾았다. 또한 타인의 평가를 두려워 한다는 건 낮은 평가를 두려워해서 과제에 뛰어들지 않는다는 뜻이 아니라, 과제에 뛰어들지 않기 위해 평가를 두려워한다고도 말했다. 타인의 인정이나 평가를 두려워하지 않는다면 굳이 타인에게서 좋은 말을 들으려고 어려운 과제에 뛰어들지 않는다. 반대로 실패하더라 도 남들이 어떻게 생각할지 노심초사하지 않는다.

　하물며 실패하지 않기 위해 과제에 도전하려고 시도조차 하지 않 는 경우도 있는데, 과제가 주어지면 가능한 것부터 조금씩 해보는 용 기를 내고 실패하면 다시 도전하는 용기를 북돋우는 게, 과제에 뛰어 들지 않는 게으름이나 비겁함보다 훨씬 더 바람직하다. 더욱이 타인 의 평가와 자신의 실수를 두려워하지 않는 용기를 내다보면 경쟁에 서도 자유로워질 수 있다. 시험이나 성적과 같은 경쟁도 과제를 성공 적으로 완수하는 것이 중요하지, 실패한다고 해서 자신의 인격에 대 한 평가가 떨어지는 것은 결코 아니다.

　실패를 두려워하는 사람은 과제 해결 자체에 관심이 있는 것이 아 니라 과제를 둘러싼 대인관계에 관심이 있는 셈이다. 아들러는 "과 제를 완수하거나 혹은 그러지 못할 때 남이 어떻게 여길지 염려하고, 평가가 떨어질 것을 두려워해 과제를 포기하는 사람은 이기적"이라 고 지적한다. 보통 인생의 과제는 자신만을 위한 것이 아니기 때문이 다. 즉 대인관계를 둘러싼 과제가 대부분이다.

그렇다면 자신의 한계나 '난 원래 용기가 없어'라는 잘못된 고정관념을 떨쳐버리고 다른 사람의 시선이나 평가를 두려워하지 않는 것만으로 무엇이든 할 수 있을까? 물론 그렇지는 않다. 어떤 일이든 처음에는 어렵다. 처음부터 운전을 잘하거나 바둑의 달인인 사람은 없다. 아무리 어려워도 자신에게 주어진 과제는 스스로 할 수밖에 없으며 아무도 대신해주지 않는다. 그러나 도전할 용기를 내고 끈기 있게 하다보면 도저히 못 할 것 같던 과제도 잘할 수 있게 된다.

이처럼 용기를 내어 노력하면 극복할 수 있는데도 실력이 없다는 둥 핑곗거리를 찾고, 혹은 타인으로부터 낮은 평가를 받는 일이 계기가 되어 '나는 본래 열등하다'는 고정관념을 갖게 된다. 그런데 그 사건이 열등감을 갖게 된 진짜 원인은 아니다. 용기를 잃고 '나는 못 한다' '나는 열등하다'는 생각이 고정관념이 된다기보다는, 과제에 뛰어들지 않으려고 열등감이라는 고정관념을 '만든다'는 편이 정확하다.

물의 힘

"잘난 체하며 상황을 지배하거나 혹은 우는소리를 해 지배할지는, 받은 교육에 달렸다. 자신의 목적 때문에 가장 유효하다고 생각한 방법을 선택한다. 때로는 하나의 방법에 만족하지 못하면 다른 방법을 시도한다. 어느 경우에라도 목표는 같다. 즉 상황을 개선하기 위해 자신은 아무것도 안 하며 우월감을 얻는 것이다."(『인생 의미의 심리학』)

으스대며 잘난 체하는 사람은 주위 사람을 겁주면서 지배하려든다. 우는소리를 하며 지배하는 사람은 주위 사람에게 그 넋두리를 하는 사람 대신 뭔가를 해줘야겠다고 생각하게 만든다. 모두 자신은 아무것도 하지 않겠다는 심보가 공통점이다.

"용기를 꺾고, 우는 일로 무엇이든 자신의 생각대로 하고자 하는 아이는 울보가 될 것이다. 울보 아이는 어른이 되면 그대로 우울증 환자가 된다. 눈물과 불평―나는 그것을 '물의 힘'이라고 불러왔다―은 협력을 흩뜨리고 타인을 종속시키는 데 극도로 효과적인 무기다. 부끄러워하거나 당황하거나 죄책감에 시달리는 사람과 마찬가지로 우는 사람에게는 열등 콤플렉스가 있다는 걸 알 수 있다."(『인생 의미의 심리학』)

갓난아이는 살아가기 위해서 부모에게 음식을 자기 입에 나르게 하지 않으면 안 된다. 아직 말을 하지 못하기 때문에 말 대신 울음소리로 주위 어른이 자신을 보살피도록 하는 것이다. 분명 처음에는 그렇지 하지 않으면 생존할 수 없다. 그런데 곧 말을 할 수 있게 되더라도 여전히 울거나 시무룩하거나 마구 으스대거나 하며 주위 사람을 지배하려드는 경우가 있다. 그러나 말을 하지 않는 이런 방식은 모두 용기를 결여한 행동이다. 말을 하면 자신의 생각을 전달할 수 있다는 것을 주위 어른들이 가르쳐주지 않으면 안 된다.

나는 아이와 유치원에서 돌아오는 길에 슈퍼마켓에 들르곤 했다. 아이가 장난감 판매점이나 과자 가게 앞에서 울면서 옴짝달싹하지 않을 때, 나는 아이에게 이렇게 말했다.

"울지 않아도 되니까 말로 부탁해주지 않으렴?"

그러면 아이는 울음을 그치고 "저 과자를 사준다면 정말 기쁠 텐데요"라고 털어놓는다. 부모는 아이의 요구 사항이 아닌 요구하는 방법에 집중해서 울거나 떼를 쓰지 않고 말로 어떻게 부탁해야 하는지를 가르쳐야만 한다.

우울증

편집증과 우울증은 타인에 대한 거리감을 노골적으로 드러낸다. 편집증 환자는 모든 타인을 비난한다. 타인들이 자신을 겨냥한 음모에 몰래 가담하고 있다고 생각하기 때문이다. 한편 우울증 환자는 우선 자기 자신을 비난한다. 하지만 이는 겉모습일 뿐이며 실제로 비난의 화살은 타인을 향해 있다. 아들러는 『인생 의미의 심리학』에서 다음과 같은 예로 우울증 환자가 용기를 상실하는 이유를 설명한다.

유명 인사인 한 여성이 사고를 당하는 바람에 사회생활을 못 하게 되었다. 세 명의 딸은 모두 결혼해서 분가한 상태였다. 그녀는 극심한 외로움을 느꼈다. 얼마 후 그녀는 남편마저 잃었다. 그전에는 타인의 관심과 사랑을 듬뿍 받았던 그녀는 잃어버린 애정을 되찾으려고 갖은 애를 썼다. 먼저 해외여행을 가기 시작했다. 하지만 예전처럼 다른 사람의 주목과 사랑을 받지 못했다. 해외에서도 우울증이 도졌다. 새 친구들도 그녀 곁을 떠났다. 그러자 그녀는 딸들에게 연락을 했다. 딸들은 핑계를 대며 아무도 찾아오지 않고 간병인에게 어머니를 돌보게 했다. 그런데도 그녀는 이렇게 말하곤 했다.

"내 딸들은 무척이나 다정하지."

하지만 사실 이 말은 딸들을 향한 비난이었다. 우울증은 타인을 향한 분노와 비난의 감정이 오랫동안 지속되는 상태다. 우울증 환자들은 보살핌과 동정심, 도움을 얻을 목적으로 겉으로는 실의에 빠진 모습을 한다. 여기서 증세가 더 심해지면 타인에게 복수하기 위해 자살을 감행한다. 따라서 의사는 환자에게 자살할 구실거리를 주지 않아야 한다. 아들러도 환자들의 긴장감을 덜어주기 위해 누누이 이렇게 말했다.

"당신이 좋아하지 않는 일은 절대로 하지 마세요."

이는 우울증 환자들의 우월 욕구를 충족시켜주기 때문이다. 하지만 이런 상황은 환자들의 라이프스타일에 그리 부합하지 않는다. 환자들은 타인을 지배하며 비난하고 싶어한다. 그런데 타인이 환자의 주장에 동의해버리면, 환자는 그를 지배하고 비난할 구실이 없어진다. 아들러는 이 원칙이 문제의 근원을 파고 들어가는 방법이라고 강조한다. 우울증 환자들이 자신이 원하는 것을 자유롭게 할 수 있다면 누구를 비난하겠는가? 누군가에게 복수할 명분이 없어진다.

또한 아들러는 살아갈 용기를 잃고 우울증에 빠진 환자에게는 점잖으며 다정한 태도로 치료를 하라고 권한다. 환자의 사회적 관심을 증대시키는 데 의사의 모든 노력을 집중하라는 말이다. 정신질환이 발생하는 근본적인 원인은 사회적 협력을 할 용기의 상실에서 비롯되기 때문이다.

섀도복싱

　　　　　　　　　　　　"열등 콤플렉스가 신경증자들에게 말한다. '협력하여 성공하는 것은 너 때문에 안 된다.' 그들은 인생의 진짜 문제에서 벗어나 자신의 힘을 재확인하기 위한 섀도복싱shadow boxing(권투에서 상대가 앞에 있다고 가정하고 공격과 수비의 동작을 연습하는 방법)을 한다."(『인생 의미의 심리학』)

타인을 지배하는 것이 아니라 타인과 협력할 수 있다는 용기를 갖고 인생의 과제를 해결하는 데 임해야 한다. 인생의 과제는 이미 살펴보았듯이, 대인관계의 과제이기 때문이다. 섀도복싱을 하는 사람은 가상의 적을 상정하고 그 적의 공격을 따돌리거나 펀치를 날린다.

이는 혼자서 하는 것이다. 반면 대인관계는 섀도복싱과는 다르다. 혼자서는 대인관계가 성립되지 않으며, 대인관계의 상대는 '적'이 아니기 때문이다. 여기서 혼자 하는 섀도복싱은 "자신의 힘을 재확인하기 위해서"라고 하지만, 가상의 적을 상대로 한 연습에서는 자신의 진짜 힘을 확인할 수 없을 것이다. 혼자서는 대인관계라는 인생의 과제를 리허설조차 하기 어렵다. 가상의 적으로서의 상대는 자신이 만든 것이지만, 현실세계에서는 타인을 지배할 수 없기 때문이다.

자신감의 정체

아들러는 생각했다. 사람은 우월성이라는 목표를 추구하며 행동한다고. 완전히 무력한 상태에서 벗어나고 싶다는 바람으로서의 우월성, 이런 뜻으로 뛰어나고 싶은 것은 누구에게서나 볼 수 있는 보편적인 욕구다.

"모든 사람에게 동기 부여를 해주는, 우리가 우리 문화를 이루는 모든 공헌의 원천은 우월성의 추구다. 인간의 생활 전체가 이 활동의 굵은 선에 따라서, 즉 아래에서 위로, 마이너스에서 플러스로, 패배가 아니라 승리를 하고자 하는 쪽으로 진행된다."(『인생 의미의 심리학』)

이 우월성의 추구와 대립 항을 이루는 게 열등감이다. 모두에게,

그 누구에게라도 있는.

"(우월성 추구도, 열등감도) 병이 아니라 건강하고 정상적인 노력과 성장에 대한 '자극'이다."(『개인심리학 강의』)

"모든 사람의 목표는 우월해지는 것이다. 그러나 용기와 자신감을 잃은 사람의 경우, 그것은 인생의 유용한 면에서 유용하지 않은 면으로 방향이 변한다."(『왜 신경증에 걸릴까』)

강한 열등감과 과도한 우월성의 추구는 각각 열등 콤플렉스, 우월 콤플렉스라 불리며 둘 다 인생의 유용하지 않은 측면이다. 열등 콤플렉스가 심해지면 신경증이 된다. 우월 콤플렉스는 우월성 추구가 과도한 상태로서 개인적인 우월성의 추구, 혹은 신경증적인 우월성의 추구(병적인 권력 집착)로 바꿔 부를 수 있다.

관심의 중심으로부터의 탈각

광장공포증이 있는 사람이 밖으로 나오려고 하지 않는 데에는 바깥세상을 위험한 곳으로 여기는 것 외에 한 가지 이유가 더 있다는 점은 앞서 살펴보았다.

"신경증적 라이프스타일을 연구할 때에는 이 증상들이 누구를 겨냥하고 있는지 알아야 하며, 환자의 병으로 가장 고통받는 사람이 누구인가에 주목해야 한다. 그 대상은 보통 가족 중 한 명이며 이성일 때도 있다. 하지만 증세가 사회 전체에 대한 공격으로 나타나는 경우도 있다. 신경증에는 이렇게 항상 비난이 감춰져 있고 환자는 자신의 권리(관심과 주목의 중심이 될 권리)를 박탈당한 것처럼 느끼며 다른 사람을 탓하고 책임을 지우고 싶어한다. 문제아와 신경증 환자들은 이처럼 복수와 비난을 감추고 있거나, 사회적 행동을 배제하고 규칙과 사람들에 맞서 싸움으로써 불만을 약간 누그러뜨린다."(『왜 신경증에 걸릴까』)

광장공포증뿐만 아니라 일반적으로 신경증 환자를 진찰할 때에는 항상 상대역을 찾을 수 있다. 신경증자의 언동에 의해서 곤란한 사람이 있다면, 그가 바로 신경증자의 언행이 향하는 상대역이다. 신경증자는 그 상대역에 해당되는 사람에게서 어떤 주목을 얻고자 한다. 상대역이 신경증자가 원하는 듯한 주목을 하고 있는 한 문제가 생기지 않거나, 발병 후 증상은 비교적 안정된다.

하지만 가족이라 해도 항상 신경증 환자인 가족에게 주목하고 있을 수만은 없기 때문에 주목의 중심에 서는 권리, 즉 특권을 빼앗겼다고 느끼고 자신을 주목하지 않은 사람을 비난하기 시작한다. 공격적으로 변하기도 하는데, 이런 신경증에는 '숨겨진 비난'이 있다.

이처럼 익숙한 상황 속에서 상대의 관심을 끄는 일은 인생의 과제를 해결하는 데 적절한 방법이 아니다. 왜냐하면 응석받이와 마찬가지로 부적절한 행동으로 타인을 귀찮게 하고, 자기는 아무것도 하지 않으며, 주목의 중심이 되려고 하는 데 지나지 않기 때문이다. 분명 가족 등 공동체의 일원이라고 느끼는 것, 공동체 안에서 제자리가 있다고 느껴지는 것은 다른 무엇을 제쳐놓고서라도 달성하고 싶은 인간의 기본적인 욕구이지만, 공동체에 소속된다는 건 그것의 중심에 선다는 의미가 아니다. 타인은 내 기대만을 충족시키려고 사는 존재가 아니기 때문이다. 자신의 일거수일투족이 주목받지 못한다고 해서 불평을 늘어놓을 수는 없는 노릇이다. 게다가 공동체에 아무런 기여도 하지 않고 수동적으로 소속되는 것만으로는 충분하지 않다. 자신 또한 공동체에 소속된 타인과 적극적으로 교류함으로써 능동적으로 소속될 필요가 있다. 주목만 받는 것, 인정만 받는 것을 기대하는 것은 옳지 않으며 타자와 교류나 협력을 할 용기를 상실하고 스스로 노력하지 않으면 주목도 인정도 받을 수 없다.

타인의 기대

"사춘기에는 이전에 이미 확립된 성격이 역전되는 경향이 뚜렷하게 보인다. 많은 측면에서 기대를 받은 아이들이 공부나 일에서 실패하기 시작하는 한편, 예전에는 별로 소질이 없다고 생각한 아이들이 다른 아이들을 따라잡으며 생각지도 못한 능력을 보인다. 이것은 이전의 성격과 전혀 모순되는 게 아니다. 매우 전도유망했던 아이가 기존에 받아왔던 기대를 저버리지 않을까 하고 걱정하며 용기를 잃어버리는 까닭은 무엇일까? 그들은 지지받고 칭찬받는 동안에는 앞으로 나아갈 수 있었다. 그러나 스스로 노력할 때가 찾아오자 용기가 무너지고 후퇴한다."(『인생 의미의 심리학』)

　사춘기에 접어들자 많은 측면에서 기대를 받아왔던 아이들이 공부나 일에서 실패하기 시작하는 까닭이 있다. 이는 과제가 어려워졌기 때문이 아니다. 받아온 기대를 저버리지나 않을까 하는 불안으로, 이른바 살아갈 용기가 무너지고 만 것이다. 여기서도 과제에 실패하기 시작했을 때의 이유로 타자로부터의 기대를 들고 있는데, 이런 사람은 먼저 "타인이 내 기대를 충족시키기 위해 살아가는 것은 아니다"라는 점, 또한 "나는 타인의 기대를 충족시키려고 살아가는 것이 아니다"라는 점을 인지해야 한다. 인생의 과제에 늘 스스로 최선을 다하면 될 뿐, 그 과제 달성으로 다른 사람의 기대를 충족시키겠다는 데에 맹목적으로 집착하지 않아도 된다. 그런데 공부를 잘할 수 있는 수재가 '다른 사람의 기대를 충족시키지 않으면 안 된다'고 생각하고 용기와 힘을 내지 못하는 경우가 의외로 많다.

　특히 경쟁이 심한 사회에서는 생존하기 위해 타인의 호감을 사고, 인정을 받을 필요가 있다. 자신보다 더 힘 있는 사람에게 호감을 얻는 게 유일한 생존 수단이다. 우리가 필요 이상으로 타인에게 좋은 평가를 받지 못하는 것을 두려워하게 된 데에는 이러한 사회적 배경이 짙게 깔려 있다. 호감을 사고 인정받는 것이 생존이라는 사회적 경험은 인간의 심리에 깊이 각인된다. 그런 까닭에 우리가 '칭찬'에서 자유로워지는 것은 말처럼 그리 간단한 문제가 아니다.

아들러는 때로 "부주의하게 칭찬하다"라는 말을 쓰는데, 여기서는 칭찬받는 것의 폐해에 대해서 분명히 밝히고 있다. 아이들은 "지지받고 칭찬받는 동안"에는 앞으로 나아가지만, "스스로 노력할 때가 찾아오자(더 이상 지지받지 않고 칭찬받지 못한다는 함축이 있다) 용기가 무너지고 후퇴하는" 일이 벌어질 수 있다. 인간은 남에게 인정받고 싶고, 칭찬받고 싶다는 '인정 욕구'가 강하지만 그것을 당연하다고 보지 않는 것이 아들러 개인심리학의 고갱이다.

무관심

"사회적 협력은 신경증적 경향이 심해지는 것에 저항하는 유일한 안전장치다. 사회적 협력을 방해하는 어떤 형태든 심각한 결과를 초래할 수 있다. 예를 들어 응석받이는 자신(의 일)에게만 관심을 갖는 법을 배워왔기 때문에 학교 친구들에게 관심을 갖지 않는다. 공부에 관심을 보이긴 하나 이는 선생님에게 칭찬을 받는다고 생각하는 선에서만 그렇다. 또 자신에게 유리하다고 생각하는 것만 듣는다. 마침내 어른이 되면서 공동체 감각의 결핍을 드러내고 만다. 인생의 의미를 처음 오해했을 때, 책임과 자립을 위해 자신을 훈련하는 일을 그만두고 마는 것이다. 이제 어떤 인생의 시련이나 역경에도 자립할 용기를 갖고 준비를 하기 힘들다.”(『인생 의미의 심리학』)

　여기서도 칭찬의 폐해가 응석받이에게서 일어난다고 말한다. 그런 아이가 공부에 관심을 갖는 이유는 과목이 재미있기 때문이 아니라 선생님에게 칭찬을 받아서이다. 그런 아이는 교사로부터 칭찬을 받지 않게 되거나 혹은 교사가 싫어지면 순식간에 공부에 대한 흥미를 잃는다. 결국 자신에게 주어진 과제를 푸는 것만이 관심거리다. 타인이 자신을 어떻게 생각할까에만 몰두하는 사람은 역설적으로 자기 자신에게밖에 관심이 없다.

　응석받이는 자신에게만 관심을 두고 다른 아이에게는 무관심하다. 타인에게 관심을 갖는 것은 공동체 감각을 지니고 있다는 의미다. 타인에 대한 관심을 가질 수 없게 된 원인은 엄마의 영향 때문이다. 엄마는 자식이 세상에서 최초로 만나는 동료다. 그렇다고 엄마만 아이의 동료인 것은 아닌데도, 자기 이외의 동료가 있다는 사실을 자녀에게 가르치지 않고 아이가 다른 사람에게 관심을 돌리는 일을 불허하는 경우가 있다. 이렇게 아이와 엄마가 결속하여 공동으로

응석받이는 학교에서 자신이 아닌 친구에게 관심을 갖기 어렵다. 가족이 아닌 사회로 나왔을 때 전형적으로 공동체 감각의 결여를 드러내는 것이다.

이 세계와 대치하게 된다. 그런 아이에게 엄마가 지켜준 세계는 안전하겠지만, 그곳으로부터 한 걸음 밖으로 나오면 틈을 주지 않고 적이 자신을 모함하는 위험한 세계를 맞이하게 된다.

　지금 이곳의 세계를 그렇게 생각하게 된 아이는 타인에게 관심을 가질 수 없게 된다. 응석받이가 "어떤 인생의 시련이나 역경도 자립할 용기를 갖고 준비할 수 없다"는 것은 이런 뜻이다. 엄마가 아이에게 지나치게 헌신하여, 본래 스스로의 힘으로 해결해야 할 인생의 과제도 대신 해주기 때문에 아이는 '자립할 용기'를 잃어버리면서 자신의 과제를 자력으로 해내지 못하는 무책임한 존재로 전락해버린다. 그 결과 받는take 것만 알고, 주는give 것은 배우지 못해 사회적 협력을 해야 하는 일의 중요성도 모르게 된다. 자신은 아무것도 하지 않아도 타인으로부터 받는 게 마땅하다고 생각하는 것, 이것이 "인생의 의미를 오해한다"는 뜻이다. 인생의 의미는 정말로 응석받이의 시각과 정반대인 곳에 있다.

사회적 목표

　　　　　사회적으로 무익한 목표를 세우면 용기를 잃고 늘 자신을 정당화하는 구실에 매달린다. 아들러는 잘못된 목표가 어떻게 반사회적으로 바뀌는지를 몇 가지 임상 사례를 통해 살펴보았다. 14세 여자아이의 경우를 보자.

이 아이는 정직한 부모 밑에서 자랐다. 최선을 다해 가족을 부양하던, 부지런하고 성실한 아빠에게 어느 날 불쑥 병마가 덮쳤다. 성품이 온화하고 정직한 엄마는 여섯 자녀에게 사랑을 듬뿍 쏟았다. 첫째 아이는 똑똑한 딸이었는데 그만 열두 살에 세상을 등지고 말았다. 둘째 딸도 병마에 시달렸지만 마침내 회복해 직장을 구하고 가족의 생계를 도왔다.

셋째가 이 사례의 주인공인 앤이다. 그녀는 씩씩하고 건강하게 자랐다. 엄마는 아픈 딸들과 남편을 돌보느라 이 아이를 보살필 여력이 없었다. 앤의 남동생은 똑똑했지만 역시 건강이 좋지 않았다. 그런 까닭에 앤은 선한 아이이긴 했으나 사랑받는 두 형제 틈에 끼여 그들만큼 사랑을 받지 못한다고 생각했다. 무시당하는 느낌마저 들었다. 앤은 우등생이었다. 선생님은 앤에게 공부를 계속하라고 격려했다. 앤은 열세 살에 고등학교로 진학했다. 담임교사는 앤을 별로 탐탁지 않게 여겼다. 아이는 초반에는 뛰어난 학생이었지만 자신에 대한 평가가 좋지 못하자 성적이 조금 나빠졌다. 그렇다고 문제아는 아니었다. 성적도 그런대로 괜찮은 편이었고 친구들에게 인기 있는 고등학생이었다.

하지만 심리학자가 당시의 그녀를 상담했다면 뭔가 잘못되어가고 있음을 직감했을 것이다. 앤이 늘 친구들을 비난하고 지배하려들었던 것이다. 항상 돋보이고 싶은 우월감에 시달리고 타자로부터 관심을 받고 싶은 충동에 휘둘렸다. 누구에게라도 나쁜 평가를 받으면 참아내질 못했다.

　앤의 본래 인생 목표는 타인에게 인정을 받는 것이었다. 그녀는 가정에서는 이런 일이 불가능했고 그리하여 오로지 학교에서만 가능할 거라고 생각했다. 그런데 고등학교에서 다른 사람의 시선을 한 몸에 받는 게 여의치 않다는 것을 알게 되었다. 선생님은 수업 준비를 충분히 해오지 않았다며 앤을 혼내고 나쁜 점수를 주었다. 어느 날 앤은 무단결석을 했다. 그녀가 학교에 돌아왔을 때 상황은 악화 일로로 치달았다. 선생님이 앤을 퇴학시키려고 한 것이다. 사실 퇴학으로 개선될 점은 전혀 없었을 뿐 아니라, 그런 조치는 학교와 교사에게 문제 해결력이 없다는 것을 드러내는 일이나 마찬가지였다. 학부모를 불러 상담한 뒤 앤을 전학 보낼 수도 있고, 그녀를 잘 이해할 수 있는 다른 교사에게 맡겨볼 수도 있었다. 하지만 앤의 담임교사는 '무단결석 학생은 퇴학 처리가 마땅하다'며 요지부동이었다. 담임교사의 이 같은 고집은 개인적인 논리일 뿐 일반적인 상식은 아니다. 앤은 모두가 자신을 버렸다는 생각에 빠져들었다. 결국 퇴학당한 앤은 가족에게서 받았던 아주 작은 인정조차 받을 수 없게 되었다. 앤은 사라졌다. 훗날 그녀는 군인을 만나 사랑에 빠졌다.

　아들러는 앤의 행동을 잘 이해할 수 있었다. 그녀의 삶의 목표는 '타자로부터의 인정'이었다. 퇴학 전까지는 나름대로 인생의 유익한 측면에서 자신을 발전시켜왔다. 하지만 이제 인생의 무익한 측면으로 돌진해 들어갔다. 앤의 애인인 그 군인은 처음엔 그녀를 크게 인정해주고 좋아했다. 그런데 한참 뒤 가족에게 보낸 앤의 편지는 심각했다. 그녀가 임신 중이며 독약을 먹고 죽고 싶다고 한 것이었다. 가족에게 편지를 쓴 행동에는 인정받고 싶어하는 앤의 성격이 투영되어 있다. 마침내 앤은 가족의 품으로 돌아왔다. 그녀는 엄마가 절망에 빠진 나머지 자신을 꾸짖지는 않을 것임을 알고 있었다. 가족의 품으로 돌아온 사실 자체에 기뻐할 것이라 여겼던 것이다.

아들러는 이런 환자들을 대할 때는 "무엇보다 동일시가 중요하다"고 강조했다. 가령 인정받고 싶은 단 하나의 목표를 향해 달려가는 사람이 있다고 치자. 이때 그 사람과 동일시하려면 자문해봐야 한다.

"내가 저 사람 입장이라면 어떻게 할까?"

그 사람의 성性과 나이도 고려해야 한다. 아들러는 늘 그런 그 사람의 삶이 올바른 방향으로 나아갈 수 있도록 격려해야 한다고 역설했다. 앤이 다음과 같이 말할 수 있도록.

"다른 학교로 옮기는 게 좋겠어요. 그렇다고 제가 뒷걸음치는 건 절대 아니에요. 제가 공부를 열심히 안 했을 수도 있거든요. 너무 제 감정과 생각만 앞세우느라 선생님을 이해하지 못했을지도 모르고요."

아들러는 다른 사람이 앤의 처지에 놓였다고 가정해볼 것을 권했다.

"가령 앤 또래의 남학생이었다면 범죄자가 되었을지도 모른다. 간혹 그런 사례를 찾을 수 있다. 학교에서 용기가 손상되면 폭력단의 일원이 되기도 한다. 이런 행동은 쉽게 이해할 수 있다. 인생의 목표와 용기를 잃으면 우선 게으름을 피우기 시작한다. 숙제와 같은 작은 인생의 과제 앞에서도 핑곗거리를 만들어낸다. 그러다 무단결석을 하고 가출하기 적당한 곳을 찾다가 자신과 처지가 비슷한 사람들을 만나 쉽게 무용한 조직의 구성원이 될 것이다. 결국에는 학교와 영영 멀어지고 자기가 하고 싶은 대로 하는 것만이 옳다는 오해에 휘둘리는 삶을 살아갈 것이다."(『개인심리학 강의』)

　아들러는 열등 콤플렉스에 시달리는 아이가 용기까지 잃게 되면 앤처럼 황폐한 삶의 길로 접어든다면서, 이런 아이에게 용기를 불어넣어 삶의 유용하고 올바른 방향으로 이끌어주는 게 교육과 양육의 책무라고 강조했다. 그런 아이가 상실한 용기를 되찾으면 스스로를 단련할 준비를 한다면서.

부모의 모르쇠

　　　　　　　　　"부모는 아이들이 사회의 뛰어난 일원이 되길 원한다. 그러나 어떻게 해야 할지는 모른다. 부모가 독재적이고 엄격하면 성공할 기회가 없을 것이다. 만약 아이를 응석받이로 기르고 무대의 중심이 되도록 하고 있다면, 아이에게 타인의 입장에서 생각하도록 노력하게 만들지 않고 자신만이 중요하다고 생각하게끔 가르치는 꼴이 된다. 그래서 이런 아이들은 타인과 함께 살아가려는 용기와 노력의 힘을 잃고 만다. 그들은 항상 주목받고 싶어서 무언가를 기대하고 있다. 만약 만족을 얻는 손쉬운 방법을 찾지 못하면 그 일로 뭔가 혹은 다른 누군가를 비난하게 된다."(『인생 의미의 심리학』)

부모가 아이를 응석꾸러기로 기르면 아이도 어리광을 부리며 언제까지나 부모에게 매달린다. 엄마의 비호 아래 있는 한 이 세계는 안락하며, 자기는 아무것도 하지 않아도 원하는 것을 얻을뿐더러 끊임없이 주목의 중심에 설 수 있다고 생각하게 된다. 아무 노력 없이 주목의 중심에 서는 데 익숙해져버리면, 공동체 감각에 바탕을 둔 사회적 협력을 요구받았을 때, 혹은 '온실 속 화초'처럼 안락한 환경에서 자란 아이가 바깥세계로 나아가게 되었을 때에, 그 아이는 공공연하게 반항하고 앙탈을 부릴 것이다. 바깥세상이 몹시 차갑게 느껴지기 때문이다. "만약 만족을 얻는 손쉬운 방법을 찾지 못하면 그 일로 뭔가 혹은 다른 누군가를 비난할 것"이라고 아들러가 말하는 건, 이를 지적하는 것이다. 게다가 응석받이로 자란 사람은 사랑과 결혼의 문제에 대해서도 타인에게 관심을 가질 용기를 상실한다.

"응석받이로 자란 아이들은 결혼생활에서도 응석받이 습관을 내비친다. 배우자가 자신의 응석을 받아주길 바라는 것이다. 연애할 때나 결혼 초반에는 별문제 없이 관계가 유지된다. 하지만 나중에는 복잡한 상황이 벌어진다. 응석받이로 자란 두 남녀가 결혼했을 때는 상황이 더욱 심각하다. 남녀 모두 상대방이 자신의 응석을 받아주길 원하기 때문이다. 물론 어느 누구도 응석을 받아주는 위치에 놓이려 하지 않는다. 두 사람 모두 주고 싶지는 않고, 받기만 하려는 모양새다. 그러고 나서 상대방에게 이해받지 못한다고 느낀다."(『개인심리학 강의』)

"어린 시절에 응석받이로 자란 사람들은 결혼 후 자신이 배우자로부터 도외시된다고 느끼는 경우가 많다. 사회생활에 적응하는 훈련을 받지 않았기 때문이다. 응석받이들은 결혼생활에서 심각한 폭군이 될지도 모른다. 이럴 경우 배우자는 결혼의 덫에 걸렸다고 느끼면서 저항하기 시작한다. 응석받이로 자란 두 남녀가 결혼하면 어떤 현상이 나타날까? 두 사람 다 자기에게 관심과 주의를 기울여달라고 요구하지만 어느 쪽도 만족하지 못한다. 그다음 단계는? 탈출구를 찾는다. 더 많은 관심을 받고자 바람을 피우기 시작한다. 동시에 두 사람과 동시에 연애해야만 자유롭다고 느끼는 사람들도 있다. 그들은 한쪽 상대에게 싫증이 나면 다른 쪽으로 도피한다. 절대로 사랑의 책임을 충분히 지려 하지 않는다. 하지만 두 사람을 동시에 사랑한다는 것은 사실상 어느 한 사람도 제대로 사랑

응석받이들은 결혼생활에서도 적절한 신뢰관계를 갖지 못한다. 상대가 자신이 원하는 만큼의 관심을 기울여주지 않을 때 극단적인 일탈의 행동을 보이는 것은 바로 이런 이유에서다.

하지 못한다는 뜻이다."(『인생 의미의 심리학』)

응석받이들은 어떤 상황에서도 "내가 원하는 것을 모두 얻을 수 있는가?"라고 묻는다. 그들은 자신이 원하는 모든 것을 얻을 수 없으면 인생이 무의미하다고 생각한다. 응석받이들은 염세주의적으로 변하고 '죽음에 대한 동경'을 품으며 신경증에 걸린다. 그러고는 잘못된 라이프스타일을 바탕으로 자신만의 개똥철학을 구축한다. 자신의 잘못된 인생관이 독창적이고 매우 중요하다고까지 속단한다.

"응석받이들은 자신의 충동과 감정을 억제해야 하는 상황에 부딪히면 온 우주가 자신에게 앙심을 품고 있다고 생각하기 십상이다. 그런 식으로 훈련받으며 살아왔던 탓이다. 아주 오래전 그들은 원하는 모든 것을 얻을 수 있는 황금 시절에 살았다. 응석받이들 가운데 일부는 항의를 계속하며 타인과의 협력을 거부하면 자기가 원하는 것을 다시 전부 얻을 수 있을 거라 믿는지도 모른다. 그들은 인생과 사회를 공동체의 관점이나 타인을 배려하는 시선으로 바라보지 못하고 오로지 개인적인 이익 추구에만 골몰한다. 결국 응석받이들은 타인과 사회에 공헌하려 하지 않는다. 그들은 결혼조차 '반품 허용 조건'을 내걸며 구매하는 상품으로 간주한다. 그래서 우애결혼이나 시험결혼 혹은 자유로운 이혼을 선호한다. 그들은 신혼 초부터 언제든지 외도할 자유와 권리를 요구하기도 한다."(『인생 의미의 심리학』)

    부모가 아이를 마냥 응석부리게 하면 "자신만이 중요하다고 생각하는 것을 가르치는 꼴"이 되고 만다. 이런 아이에게 "그냥 그렇게 있는 너로서 좋다"고 말하면 분명히 이런 일이 벌어질 위험성이 크다. 그렇다면 아이를 응석받이로 기른 부모에게만 책임이 있을까? 그렇지 않다. 물론 응석을 부릴 수 있는 부모가 없다면 아이는 응석꾸러기가 되지 않는다. 그러나 한편으로, 아이는 비록 부모가 응석부리게 하더라도 그것을 거부하는 일이 일어날 수 있다. 하지만 부모에게 어리광 부린 것의 책임은 아이도 면할 수 없다. 아들러는 아이가 자립할 용기를 갖춘 어른으로 자라게 하려면 부모가 "그냥 있기만 해서"는 안 되고, 타인과 협력하고 타자에게 공헌하는 것을 배우게 해야 한다고 말한다. 아이에게 어떤 문제가 있더라도, 혹은 부모의 이상과는 동떨어져 있더라도 "그냥 있기"에 고마운 존재다. 그렇지만 이는 부모 입장에서 볼 때 그런 것이며 행위가 없는 '존재' 차원의 이야기에 해당된다.

용기의 정의

용기란 무엇인가?

용기라는 개념은 단순하다. 바로 인생의 과제를 잘 해결하겠다고 마음먹는 것이 바로 용기 있는 행동
이다.

유용한 용기

"우선 용기란 무엇을 의미하는지 구체적으로 정의해야 한다. 진정한 용기는 항상 유용한 용기다. 그리고 인생에서 흔히 있는 과제에 잘 대처하려고 하는 마음가짐을 '용기가 있다'고 한다."(『아들러가 말하다』)

살아가면서 흔히 닥치는 과제에 잘 대처하는 것을 '용기가 있다'고 말한다면, 반대로 "인생에서 흔히 있는 문제"에 대처하지 않는 것은 '용기가 없다'는 뜻이기도 하다. 그러나 인생의 과제로부터 도망치지 않았다 하더라도 유용하지 못한 용기가 있다.

영웅주의

"그것(용기)은 영웅주의heroism와 다르다. 단 영웅주의 자체는 필시 보통의 용기를 예사롭지 않은 어려움에 적용하는 것에 불과하지만."(『아들러가 말하다』)

"때로는 매우 소심한 아이가 어떤 상황에서는 영웅으로 보일 수 있을지 모른다. 이는 억지로 최고가 되려고 할 때 일어난다. 가령 헤 엄치는 법을 몰랐던 소년에게서 뚜렷이 드러난다. 어느 날 그는 꼬 임에 넘어가 다른 소년과 수영을 하러 갔다. 물이 아주 깊었다. 수 영을 못 하는 이 소년은 하마터면 익사할 뻔했다. 이는 당연히 진 정한 용기가 아니라, 인생의 유용하지 않은 측면이다. 소년은 그저 칭찬받고 싶었기 때문에 수영을 못 하는데도 헤엄치려고 했다. 그 는 자신이 빠져 있는 위험을 무시했다. 그리고 남이 구해줄 거라고 기대한 것이다."(『개인심리학 강의』)

확실히 과제를 회피하지 않고 그에 대처하지만, 위험을 무릅쓰고 자신의 능력을 넘어선 일을 하려는 사람이 있다. 여기에는 용기보다 는 만용蠻勇이란 말이 더 잘 어울린다. 용기 있는 사람은 무작정 돌 진하는 막무가내가 아니라 자신이 처한 상황에서 무엇을 하는 게 적 절한지를 판단한다. 용기와 만용은 다르기 때문이다. 허세를 부리며 무모한 행위를 하려는 목적은 당면한 과제를 해결하기보다 다른 사 람이 자신을 '영웅'이라 여겨주고, 더 나아가 자신이 찬양을 받는 데 있다.

이 소년의 경우 다른 사람이 구해줄 거라고 기대했다. 말하자면 스스로 자신을 주인공으로 삼는 각본을 쓰고, 그럴 때 타인이 어떤 시선으로 바라보며 무슨 상찬의 말을 하고 어떻게 행동할까에 이르 기까지 미리 상정했을 법하다. 이 아이가 도움을 받은 일은 이따금 일어나는 우연이며, 아무도 구해주지 않을 가능성도 크다. 아무도 도와주지 않을 거란 점을 알았다면, 처음부터 물에 뛰어들거나 하지도 않았을 것이다. 이런 아이가 "유용한 용기"를 갖고 있다고 말할 수는 없다.

물에 빠진 사람을 도와야만 한다며, 강과 바다에 뛰어들어 결과적으로 자신도 익사하는 사람이 있다. 그런 사람은 돕고 싶다는 일념으로 뛰어들었기에 칭송받고 싶다는 생각도 하지 않았을 것이다. 나는 이런 행위를 만용이라고 보지 않는다. 그렇다 해도 목숨을 잃어버린 일은 마음 아프다. 이런 일이 가능한 사람에게, 물속으로 뛰어드는 행위는 곤란한 사람이 있으면 손을 내미는 "보통의 행위"이며, 그 "보통의 행위"를 누군가 물에 빠져 있는 "예사롭지 않는 어려움"에 적용한 것이다.

이에 입각해서 이 행위에 문제가 있다고 한다면, 문제는 당사자가 아닌 사람이 누군가 물에 빠져 있을 때, 위험을 무릅쓰고 자진해서 강이나 바다에 뛰어들어 구조해야만 한다고 타인에게 권장하는 점에 있다. 혹은 그런 행위를 두고 자신을 희생하는 영웅적 행동으로써 남에게 강권했을 때 일어난다. 그런 행위를 도덕적이라 여기며, 그럴 수 있는지 없는지에 의해 사람의 가치를 재는 듯한 사회는 답답해서 살기 어렵다. 용기는 스스로 내는 것이다. 누군가 그것을 강요한다면 진정한 용기라고 할 수 없기에 용기는 영웅주의와 다르다.

플랫폼에서 사람이 선로에 떨어졌을 때 어떻게 해야 하는가라는 문제에 직면할 수 있다. 돕는 행위가 훌륭한 행위임을 부정하진 않는다. 그렇다고 '당신도 그렇게 하라'면서 등을 떠밀 수는 없다. 추락한 사람이 있는 데까지 가더라도 곧바로 전차가 와서 자신도 전차에 치일 수 있다고 생각하면, 공포로 발이 얼어붙어 아무것도 못 할지 모른다. 그러나 그런 사람을 누구도 탓할 순 없다. 영웅주의 행위를 간단하게 상찬하는 사람은, 그 일로 타인이 희생적인 행동을 하고 목숨을 잃는 일이 벌어졌을 때 책임을 질 거라고 생각하지 않는다.

용기의 증명

"언제나 용기를 시험하며, 얼마나 견딜 수 있는지를 살펴보려고 하는 사람을 용기 있다고 해야만 하는 건 아니다. 이런 사람이 스스로 영웅임을 증명하려는 것은 자신이 겁쟁이인 게 들통날까봐 두렵기 때문이다. 우리는 항상 그들에게서 자신감의 결여를 엿보게 된다. 그리고 그들이 상황 논리에 따라 진짜 문제와 어려움을 피하려고 하는 게 아닌가 하는 의구심을 던질 수 있다. 대다수의 사람은 '힘'에 대해 다음과 같은 가상시험을 한다. 나는 얼마나 고통을 견딜 수 있을까, 두려워할까. 만약 더 큰 위험 속에 있으면 내구력 기록을 세워야만 할까. 이런 시험은 모두 겁쟁이임을 감추려고 하는 짓이다."(『아들러가 말하다』)

"용기가 무언가를 증명해야만 한다고 느낄 때는 언제든 지나친 경향이 있다."(『아이들의 교육』)

용기를 시험하는 것은 겁쟁이임을 감추려는 짓이다. 아들러는 사자 우리 앞에 끌려간 세 가지 유형의 남자아이로 이를 설명한다.

"인생의 어떤 상황에 대한 사람의 반응은 동물 종류의 수만큼이나 다양하다. 같은 상황에서도 토끼는 늑대나 호랑이와 다르게 반응한다. 인간도 제각기 다른 반응을 한다. 세 가지 유형의 다른 남자아이를 사자 우리 앞으로 데려가는 실험을 한 적이 있다. 아이들이 무서운 동물을 처음 봤을 때 어떻게 반응하는지를 관찰하기 위해서였다. 첫 번째 소년은 뒤를 돌아보았다. '집에 갈 거야.' 두 번째 소년이 갔다. '어쩜, 이렇게 멋지다니!' 그는 자신에게 용기가 있음을 뽐내고 싶었던 것이지만 실제로는 중얼거리면서 바르르 떨고 있었다. 소심한 아이였다. 세 번째 소년이 갔다. '사자에게 침 뱉어도 돼?' 여기서 세 가지 다른 반응, 즉 같은 상황을 경험한 세 가지 다른 행동을 엿볼 수 있다. 또한 대부분 두려워하는 경향을 보이는 것도 알 수 있다."(『개인심리학 강의』)

나는 첫 번째 소년의 태도가 건전하다고 생각한다. 물론 이 경우 사자가 우리 밖에 있는 것이 아니기 때문에 과잉 반응일 수 있다. 개를 무서워하는 아이가 있다. 드물게는 개가 아이를 무는 경우도 있다. 그래서 달아나고 싶은 기분도 십분 이해할 만하다. 하지만 그 두려움이 과도하면, 개를 두려워하는 것으로 부모에게서 보호를 받는 특권을 누리고 있을지도 모른다. 뒤의 두 아이는 실제로는 무서운데도 두려움을 감추려 하며, 나아가 허세까지 부리고 있다. 아들러는 이런 아이에게는 '허영심'이 있다고 말한다.

평판

　　　　　　　　　　　"실패와 어려움은 노력과 삶의 기술의 증가를 자극할 수밖에 없다. 이런 사람은 자신을 동정하지 않고, 특별한 배려를 받는 것도 구하지 않는다. 인생의 과제를 해결하는 데 전력투구할 것이다. 사람이 자신밖에 생각하지 않는 유일한 이유는 실패를 두려워하기 때문이다. 용기 없고 내향적인 사람은 성공을 확신하면 바로 변할 것이다."(『아들러가 말하다』)

우리가 부딪히는 과제는 많든 적든 어렵기 마련이며, 과제에 도전해도 실패할 가능성이 있다. 그러나 실패했을 때조차 타인이 자신을 어떻게 생각할지를(평가할지를) 고려하지 않고, 오로지 다음에는 어떻게 해야 실패하지 않을까 궁리하며 재도전할 수 있다.

"내향적인 사람"은 실패를 두려워하며, 과제에 도전하겠다고 적극적으로 나서지 않는다. 그런 사람이라도 "성공을 확신하면" 과제에 도전할 수 있는 게 인지상정이지만 말이다. 여기서 말하는 성공의 확신, 그것의 의미가 과제가 쉬워서 성공을 확신하는 거라면, 그 도전은 타인의 시선에 어떻게 비춰질까만을 신경 쓰는 것이나 다름없다.

성공을 확신한다 해도 꼭 성공할지는 알 수 없지만, 실패를 두려워하거나 다른 사람의 평판을 두려워해 과제에 도전하지 않거나, 혹은 누군가가 반드시 성공한다는 보장을 해줘야만 도전한다고 하면 인생에서는 아무 일도 일어나지 않는다. 실패를 두려워하며 자신은 할 수 없다는 것을 처음부터 기정사실화하지 않는다면, 또한 도전 결과에 대한 타인의 평판을 초월하는 용기를 낸다면, 이는 곧 내향적인 사람을 변화시키는 계기가 된다.

자유와 용기의 물리학

"(사춘기가 되면 스스로 노력할 수밖에 없기 때문에 용기가 꺾이는 사람이 있는 한편) 새로이 발견된 자유에 의해 용기가 북돋아질지도 모른다. 그들은 눈앞에 있는 자신의 희망 사항이 성취되는 길을 분명하게 본다. 새로운 생각과 계획이 가득하다. 그들의 창조성은 강화되고 인간 생활의 모든 측면에 대한 그들의 관심은 더 선명하고 열렬해진다. 그들 스스로 용기를 갖는 자립은, 그들에게 어려움과 실패의 위험이 아니라, 목표를 달성하고 타자 공헌을 하기 위한 기회가 더 열려 있다는 것을 의미한다."(『인생 의미의 심리학』)

앞서 "실패와 어려움은 노력과 삶의 기술의 증가를 자극할 수밖에 없다"고 했다. 여기서는 사춘기에 새롭게 발견된 자유와 자립이 어려움과 실패의 위험을 뜻하는 게 아니라, "목표를 달성하고 타자 공헌을 하기 위한 기회"를 더 크게 열어준다고 한 점에 주목할 필요가 있다. 타자 공헌은 용기를 고찰할 때 키워드이다. 타자를 위한 공헌감을 가지면 자신을 받아들이며 자신에게서 가치를 찾을 수 있고, 그러면 인생의 과제에도 기꺼이 도전할 수 있다. 용기 있는 사람은 과제에 정면으로 맞선다. 과제에 임하는 용기를 불러오는 것은 역설적으로 어려움과 실패인 셈이기에, 실패를 두려워하지 않으면 마침내 용기도 커진다.

자유를 타자 공헌의 기회로 여기지 않는 아이에 대해서 아들러는 다음과 같이 말한다.

"만약 누군가가 아이에게 필요한 과제에 대처하도록 강요하기 위해 늘 존재한다면, 그 아이는 그 과제에 직면하려고 한다. 그러나 혼자가 되면 주저주저하며 실패하고 만다. 이런 아이는 예속될 때에는 과제를 수행하려 하지만 자유가 주어지면 어찌해야 좋을지 몰라 우왕좌왕한다."(『인생 의미의 심리학』)

누군가에게 예속되고, 그냥 시키는 일밖에 하지 않는 사람은 자유를 누릴 용기가 없는 것이나 다름없다. 가령 자신이 '창의적으로' 연구했다가 실패할 때에 생기는 책임을 회피하려고 하는 사람이 그렇다. 누군가의 손에 떠밀려서 마지못해 실행한 일에는 책임이 따르지는 않는다고 생각하기 마련이다. 실제로는 떠밀려서 했다 해도 거절할 수 있었다. 물론 강제로 떠밀려서 한 일에도 책임은 따르기 마련이다.

예속된 아이는 부모가 잃어버린 물건이 없도록 시끄럽게 잔소리를 하는 동안에는 물건을 잃어버리지 않으려고 한다. 그러나 부모가 잃어버린 물건이 없는지 체크하는 일을 게을리하면, 아이는 "오늘은 엄마가 잃은 물건이 없나 하고 잔소리를 하지 않았기 때문에 물건을 잃어버렸다"고 변명하면서 부모의 신경을 건드린다. 하지만 아이가 그렇게 말하는 것은 부모의 과보호에 의한 것이므로, 부모가 자녀의 무책임한 발언에 화를 낼 이유도 없다.

약간 분량의 용기

"용기 있는 사람은 인생의 모든 점에 있어서 어떤 일과 관계를 맺고 있다. 그들은 '이것이 나를 넘어섰다'는 압박감에 시달리지 않는다. 그들은 모든 과제를 앞두고 가능한 한 전체적인 상황을 고려한다."(『아들러가 말하다』)

어떤 일이라도 밖에서 보는 것처럼 쉽지만은 않다. 우리가 임하는 일에는 반드시 어떤 곤란함이 뒤따르게 마련이다. 한편, 극단적으로 어렵고 절대로 달성할 수 없는 일도 그다지 많지 않다. 처음에는 부모로부터 '너는 아직 할 수 없다'는 말을 들은 게 계기가 되고, 자기 스스로도 그렇게 생각한 나머지 어느새 '자력'으로 할 수 있는 일조차 못 하는, 늘 "나를 넘어서고 있다"고만 말하며 과제를 회피하는 경우도 있다. 하지만 발분하듯, 특별한 용기를 불러일으키지 않아도 할 수 있는 일은 많다.

프랑스어에는 영어에 없는 부분관사部分冠詞라는, 셀 수 없는 것에 붙는 관사가 있다. '용기'는 프랑스어로 'du courage'다. 학창 시절에 프랑스어 선생님이 이를 "약간 분량의 용기"라고, 설명한 일을 지금도 또렷이 기억한다. 뭔가를 하려면 "약간 분량의 용기"가 필요하다. 그러나 이 '대수롭지 않은 약간의 용기'가 반드시 인생을 바꾼다.

"우리는 현실생활에서 용기를 줄이지 않고 그것을 줄곧 유지한 사람을 찾아내지 않는다. 우리는 모두 어느 정도 자신에게 제한을 부과하며, 우리의 노력을 충분히 살릴 수 없다는 변명을 해왔다. 그러나 용기의 정도와 그 결과로서의 공동체 감각 능력의 정도는 정신건강의 지표다. 어떤 문제라도 그것을 해결하는 진정한 방법은 항상 더 많은 용기와 협력정신을 발휘하는 것이다. 용기에 관한 실패는 어느 것이든 상황을 더 곤란하게 만들 뿐이다. 가장 중요한 것은, 우리가 개인심리학 기술을 이용해서 인생의 어려운 과제를 앞두고 기가 꺾인 사람에게 용기를 북돋우는 방법, 아이들의 용기가 그들이 인생의 조기 단계에서 부딪힌 역경에 의해 악화되지 않도록 용기와 협력의 정신을 발달시키는 훈련을 하는 방법을 찾는 것이다."(『아들러가 말하다』)

우리는 종종 자기 자신에게 스스로 제한을 부과한다. 또 노력해도 힘든 것이 아니라, 노력하지 않기 위해 처음부터 자신은 할 수 없다고 결정하고 만다. 어떤 일이 실제로 어렵기 때문에 할 수 없다기보다, 그것을 하지 않고도 살 수 있는 것처럼 여기며, 자신은 할 수 없다고 생각하고자 하는 게 사실이다. 자신은 할 수 있다고 생각하기 위해서는 용기가 필요하다. 어떻게 하면 용기를 갖도록 도울 수 있을까.

대수롭지 않은 "약간 분량"의 용기가 인생을 바꾸게 된다.

"최근 백 몇 세의 할머니(이 할머니는 대여행가다) 한 분이 프랑스 신문에 썼습니다. 저는 히말라야에 오를 때도 제 정원을 걸을 때와 같이 걸을 수밖에 없습니다. 어떤 경우에라도 걷는 이상, 같은 일밖에 할 수 없다는 것입니다."(철학자 모리 아리마사, 『산다는 것과 생각하는 것』)

이 등산가의 발언은 용기에 대해서 중요한 시각을 제공한다. 히말라야에 오르는 것은 쉬운 일이 아니며, 히말라야뿐 아니라 높은 산에 오를 때면 반드시 어려움이 따르기 마련이지만 어쨌든 자신의 정원을 걸을 때와 기본적으로 같다고 생각하는 것이다. 평상시대로의 용기이자 약간 분량의 용기다. 용기는 본래 그렇게 '평소의 작은 용량'으로부터 시작해 점점 더 부피가 커진다.

존재 차원의 용기

나 자신이 반드시 타인의 기대를 충족시켜야만 할 당위성이 없듯, 남 역시 마찬가지다. 우리가 병문안을 가는 까닭은 환자의 건강을 염려하기 때문이다. 내가 아플 때 그 역시 병문안을 와주리라 기대하면서 가는 사람은 별로 없을 것이다.

내담자들 중에는 타인에게 받는 것만을 바라는 사람이 있다. 그런 타입은 어려서부터 응석받이로 자랐을 가능성이 높다. 부모가 온 갖 뒤치다꺼리를 해주고 늘 관심을 독차지했던 자녀는 이를 당연시하며, 자신은 가만히 있기만 해도 남이 다 해준다고 생각하는 버릇이 생기기 쉬운 것이다.

　사람은 기본적으로 소속감, 즉 자신이 설 자리가 있다고 느끼는 '존재 증명의 만족감'을 느끼려 하는 게 인지상정이다. 심지어 인생에 유용하지 않은 문제 행동을 일으키거나 신경증을 앓으면서까지 소속감을 얻으려고 한다. 쾌적하게 설 자리가 없으면 불안이 영혼을 잠식한다. 하지만 문제 행동이나 신경증은 소속감을 얻는 데 적절한 방법이 아니다. 또한 자기 자신에 대한 가치를 느끼며 자존감을 얻기 위해 늘 타인에게서 인정을 받으려고 하는 사람이 있다. 그러나 자신의 가치를 느끼고 스스로를 좋아하기 위해 반드시 타인에게 인정받을 필요는 없다. 미움받을 용기를 내야 한다. 그렇다고 해서 대인관계가 필요 없다는 말은 아니다. 매 순간 타인으로부터 인정을 갈구하지 않더라도, 대인관계를 맺다보면 인정받을 수도 있고 그렇지 못하기도 하기 때문이다.

　더구나 타인에게 특별하고도 각별한 행동이나 격려, 즉 행위 차원의 기여를 하지 않아도 관심과 아낌을 받을 수 있다. 바로 살아 있다는 그 자체로 말이다. 누군가가 살아 있다는 것 자체로 타인에게 도움이 된다고 느끼려면 우선 자신의 존재가 타인에게 힘이 된다는 걸 깨달을 용기가 필요하다. 이는 항상 관심의 중심이 되기를 바라는 응석받이 타입이, 자신은 있는 그 자체로 중요하다고 생각하는 것과는 맥락이 다르다.

행위로만 타자 공헌을 해야 한다면, 그럴 수 없는 사람도 있지 않겠는가? 가령 노모를 정성껏 간병하는 아들이 있다고 하자. 노모는 자신의 존재 그 자체로서 도움이 된다고 느낄 수 있다. 자신이 아들에게 무언가를 해주어서가 아니라 존재 자체만으로 도움이 되는 것이다. 특별한 일을 하지 않아도 존재 차원에서 타인에게 아낌을 받거나 도움을 줄 수 있다는 용기로부터, 원만한 대인관계 그리고 타자 공헌의 기회가 기별도 없이 다가온다.

타자와 용기

"우리 수변에는 타자가 존재한다. 그리고 우리는 타자와 연결되어 살고 있다. 인간은 개인으로서는 약하다는 한계가 있으므로, 혼자서는 자신의 목표를 이루어낼 수 없다. 만약 혼자서 살아가고, 문제를 혼자서 풀어나가려고 아등바등하면 망하고 말 것이다. 자기 자신의 삶을 지속할 수 없을뿐더러 인류의 삶도 계속될 수 없다."(『인생 의미의 심리학』)

사람은 혼자서 살아갈 수 없다. 인간이 약하기 때문만은 아닐 것

늙었다고 하여 자신의 쓸모를 한탄해서는 안 될 것이다. 왜냐하면 우리는 존재 그 자체만으로도 타자 공헌을 하는 것이기 때문이다.

이다. 우리는 본질적으로 처음부터 타자라는 존재를 전제로 하며, 타자와 함께 있고 서로 연결되어 있으므로, 나─너I and thou 사이에 있는 존재로서의 "인간人間"이다. 사람은 '나 홀로=혼자서'는 '인간'이 될 수 없다. 사람에게 혼자 살아갈 용기가 있을지라도 혹은 이익에 따라서 타자와 공생할 수밖에 없다 할지라도 사람은 애초부터 '사회적 존재'라는 점을 인지해야 한다. 사회나 공동체를 떠나서 살아가는 절대적 단독자는 있을 수 없는 법이다. 진실하다, 선하다, 신뢰한다, 용감하다, 당당하다…… 이런 긍정적인 가치들은 모두 사람 사이에 협력이 잘되고 있다는 것을 내포한다. 그러므로 용기란 결코 개인 영역에서 가능한 것이 아니다. 용기란 대인관계를 이해하고 사회 안에서 함께 살아가겠다는 의지다. 그래서 우리 모두는 우선 나─너 사이에 있는 존재로서의 인간이라는 점을 인정하는 용기가 절실하다.

용기의 형식

　　　　　　　　　"만약 사람이 무한한 용기를 가지고 이 세상을 살아간다면 직업, 교우, 혹은 사랑의 과제를 결코 피하지 않을 것이다. 물론 실패할 수도 있다. 그렇다고 과제를 회피해서는 안 될 텐데, 왜냐하면 우리는 실패로부터 배우기 때문이다. 그러나 이러한 실패는 작은 것이며, 같은 실패를 두 번 반복하는 일

은 적어질 것이다. '용기의 형식'에 대한 가장 뛰어난 표현 중 하나
는 '실패할 용기' '불완전한 용기' '잘못을 밝히는 용기'다."(『아들러
가 말하다』)

생명과 관련이 있는 경우라면 한 번의 실패도 허용되지 않겠지만,
단 한 번도 실패한 적이 없는 사람은 없을 것이다. 사람은 어려서부
터 수많은 실패를 거듭하면서 그로부터 많은 것을 배우고 성장한다.
누구나 '실패할 용기가 있어서 인생의 과제를 떠맡을 수 있다'고 말할
수 있는 것이다. 실패를 전혀 하지 않는 게 있을 수 없는 이상, 치명
적인 실수가 아니면 조금은 너그럽게 보고 꾸짖으면서도 달래줄 필
요가 있다. 그럼에도 같은 실패를 두 번, 세 번 되풀이하는 것은 바람
직하지 않다. 중요한 것은 실패한 뒤에 어떻게 하느냐이다. 실패로
부터 배우는 게 있다고 한다면, 아무것도 하지 않는다고 해서 좋을
게 하나도 없는 것이다.

구체적으로는 실패로 인해 잃어버린 것, 망가진 것이 있다면 그것
을 가능한 한 원상태로 회복시키려는 책임을 떠맡는 행동을 할 뿐 아
니라, 같은 실패를 하지 않기 위해 앞으로 어떻게 할까를 심사숙고하
지 않으면 안 된다. 고의가 아니라 해도 상대에게 상처를 입힌 일이
있으면 사과하는 것도 실패를 책임지는 방법이다. 실패했을 때 아무
것도 하지 않으면 같은 일이 반드시 반복된다.

자신이 실패할 수 있다는 걸 인정하는 일은 자기 자신이 "불완전

한 용기"를 갖고 있다는 것을 인지하는 마음이다. 실패해서는 안 되고 실패할 리 없다고 생각하면, 조금이라도 실패할 것이 예상될 때 과제에 임하는 것조차 하지 않게 된다. 때로는 실패한 것 자체를 인정하고 싶지 않기 때문에 실패한 사실을 은폐할 수 있다. 기업의 간부들이 사과 기자회견을 열고 고개를 숙이며 사과의 변을 늘어놓는 광경을 텔레비전에서 흔히 볼 수 있다. 아들러라면 실패를 숨기거나, 발각됐을 경우 머리를 숙이는 척하는 사람은 자신밖에 모르는 자라고 혀를 내두를 것이다. 실패했을 때 타인이 어떻게 생각할지에만 신경을 곤두세울 게 아니라 실패를 극복하고 다시 도전하는 일이 중요하다.

스스로 실패했음을 인정하는 것도 힘들고, 타인으로부터 실패를 지적받는 게 싫은 사람도 물론 있다. 아들러는 그래서 "잘못을 밝히는 용기"를 말하고 있다. 나는 물리학자 유카와 히데키湯川秀樹(1949년 중간자 이론으로 일본 최초 노벨물리학상 수상)의 다음과 같은 일화가 생각난다.

"어느 날 강의를 하던 유카와 히데키는 칠판에 쓴 수식을 몇 번이나 뚫어져라 쳐다봅니다. 그리고 '좀 기다려라'라고 말하고는 교실에서 나갔지요. 마침내 수학 선생님을 데리고 와서 '선생님, 어쩐지 이상한 것 같은데 틀렸나요?'라고 물었습니다. 물론 학생들 앞에서 말이죠. 방문하신 수학 선생님이 대답했습니다. '아아, 이거, 여기가 틀렸는데요.' 그렇게 말하고는 수식을 조금 고쳤지요. 유카와는 그러자

다시 강의를 계속했습니다."(쓰루미 슌스케鶴見俊輔, 『어른이 된다는 게 뭐야?』)

학생들 앞에서 유카와처럼 행동할 수 없는 교사도 많을 것이다. 유카와에게는 공식을 푸는 것이 중요하기에, 학생들 앞이지만 다른 교사에게 잘못을 지적당하는 교사라고 비판하는 학생이 있다 하더라도 그런 건 문제가 되지 않았다. 유카와는 "잘못을 밝히는 용기"를 갖고 있기에 그렇게 할 수 있었다. "자기밖에 모르는 사람"이라면 체면과 면목 유지에 급급할 게 틀림없겠지만.

불완전한 용기

앞서 말했듯이 인생의 과제로는 세 가지(직업, 교우, 사랑)가 있다. 용기 있는 사람은 각각의 과제에 어떻게 임하는지 살펴보자.

"'실패할 용기' '불완전한 용기' '잘못을 밝히는 용기'를 가진 사람은 사회의 좋은 일꾼이 될 수 있다. 왜냐하면 인생의 여러 문제를 스스로 해결할 수 있도록 훈련받아왔기 때문이다. 이런 사람은 실천을 통해서 적절할 때 옳은 일을 하는 삶의 기술사전을 터득할 수 있다. 그리고 참된 업적을 잇달아 이루어낼 것이다. 또 목표를 갖고 일하며, 시작한 일은 끝까지 해낼 것이다. (…) 좋은 친구는 다른 사람을 화나게 하는 것을 두려워하지 않는다. 그러나 늘 타자의 행복에 관심이 있다. 이런 사람은 유용하고 적절한 수단으로 타자의 삶에 자발적으로 기여한다. 그렇다고 타인에게서 찬양을 받기 위해 기다리지 않는다. 소극적으로 망설이거나 내성적으로 행동하지 않는다. 그렇게 하는 것은 그저 겁쟁이(라는 표시)일 뿐이다."
(『아들러가 말하다』)

　때로는 과제 자체가 수행하기에 벅찰 수도 있다. 그럴 때 과제를 헤쳐나가지 못한다고 해서 부끄러워할 이유는 없다. 문제는 과제의 난이도를 객관적으로 정할 수 없다는 것이다. 그렇더라도 분명한 점은, 과제에 임할 용기가 없으면 어떤 과제든 어렵게 느껴진다는 것이다. 아들러가 말하는 우월 콤플렉스를 갖고 있을 때도 그렇다. 우월 콤플렉스가 있으면 실제보다 자신을 잘 보이게 하려고 꿍꿍이를 쓴다. 이 우월 콤플렉스는 열등감의 또 다른 거울이다. 어떤 콤플렉스든 간에 결국은 과제에 대한 도전 자체를 회피하려고 구실거리를 찾는다. 아들러는 '하면 할 수 있다'는 가능태 속에 사는 편이 '무조건 못 한다'는 현실태에 안주해서 사는 것보다 낫다고 강조했다. 비록 과제를 완전히 해결할 수는 없다 해도 조금이나마 할 수 있는 데가 있으면 거기서부터 시작해야 한다는 메시지다. 이는 '용기의 문제'인데, 아들러는 이것을 '불완전한 용기'라 불렀다.(『아들러가 말하다』)

아들러는 이어서 '실패할 용기'를 말한다. 같은 실패를 몇 번이나 되풀이하는 것은 문제가 있다. 하지만 아들러가 정의한 '불완전한 용기' '실패할 용기'를 가지면 어쨌든 과제에 대처할 용기를 지닐 수 있다. 어떤 과제를 완벽하게 수행해내는가 혹은 그에 실패하는가라는 문제와는 별개로, 어떤 과제든 일단 임하지 않으면 아무것도 할 수 없다. 아들러는 과제를 달성하기 힘들 때 모조건 회피하려는 라이프 스타일을 '모 아니면 도all or nothing'라고 설명한다. 설령 반밖에 달성하지 못한다 해도 아무것도 하지 않는 '제로zero'보다는 훨씬 낫다.

타인의 행복

타인을 화나게 하는 것 자체는 좋을 리가 없고 가능하면 그런 일을 피하고 싶지만, 다른 사람이 자신의 말과 행동을 어떻게 해석할지는 그 사람의 과제다. 즉 타인이 내 언동을 어떻게 해석하고 어떤 태도로 나올지는 내가 정할 수 없는 노릇이다.

그러나 타인을 화나게 하고, 다른 사람으로부터 미움을 받는 게 두려워서 항상 남의 시선을 의식하며 눈치를 보고, 게다가 친구가 잘못을 했을 때 그것을 지적하지 않고 필요한 조언도 하지 않겠다는 태도라면, 그 사람과의 관계는 결코 대등한 것이 아니다. 타인의 마음에 들기 위해 자신의 신념을 굽히면서까지 상대방의 비위를 맞추는 것 따위는 하지 않고 '미움받을 용기'를 내어 자신의 생각을 제대로 주장할 수 있는 것이, 비록 상대방의 기분을 해칠망정 결과적으로는 친구와의 관계를 지속시킬 수 있는 왕도다.

남에게 상처 주지 않는 것은 중요한 일이며 어떤 경우에라도 타인을 상하게 하는 것은 용서받기 힘들지만, 상대의 심중을 지나치게 헤아리다가 꼭 말해야 할 것도 억제하게 된다면 참된 친구관계는 지속되지 않는다. 자신의 생각을 주장하는 것은 상대를 이기고 싶기 때문이 아니라, 아들러의 말처럼 "상대의 행복"(자신의 행복이 아니라는 게 중요하다)에 관심을 갖고 있기 때문에 그러한 것이다. 타자의 행복에 대한 관심이야말로 참된 용기라 할 수 있다. "이 사람은 타인의 인생에 자발적으로 공헌할 것이다"라고 말하는 것은, 강요받거나, 지시를 기다리는 게 아니라 '자기 자신이 자발적으로 타자에게 공헌을 한다'는 의미다. 그런데 자발적으로 타자 공헌을 하는 사람은 대가를 요구하지 않으므로 타인으로부터 자신의 공헌을 승인받지 못한다 해도 아무렇지 않아 한다. 타자의 행복에 관심이 없는 사람에 대해서는 아들러가 어떻게 말했을까?

"인류의 행복에 관심이 없는 사람이 있다. 그런 사람은 '나는 동료인 인간에게 어떤 공헌이 가능할까' 그리고 '나는 어떻게 사회 구성원이 될 수 있을까'라는 물음을 인생의 근저에 있는 시각으로 갖는 대신 '타인의 인생이 나에게 도움이 될 수 있나. 나는 마땅히 칭찬 받아야 하지 않나'라고 묻고 싶어한다. 만약 타인에 대한 이러한 태도가 한 개인의 인생관으로 굳어져 있다면 그런 사람은 사랑과 결혼의 과제를 같은 방법으로 해결하려 할 것이다. 그들은 항상 묻는다. '나는 거기서 무엇을 얻을 수 있는가'라고."(『인생 의미의 심리학』)

이 인용에서는 사랑과 결혼의 과제에 대해 말하고 있지만, 교우의 과제도 마찬가지다. 버릇없이 자란 사람은 타인에게 무엇을 기여할지를 생각하지 않고 '다른 사람으로부터 무엇을 얻을 수 있을까'밖에 생각하지 않는다. 그런 사람은 사랑의 과제뿐만 아니라 교우의 과제에 있어서도 친구로서 사귀기 어렵다는 점을 깨달아야 한다. 무엇을 하더라도 그에 대해서 인정받지 못할 경우 직성이 풀리지 않는 사람이라면 타인이 자기가 행한 일을 몰라줄 때 화를 낸다. 하지만 교우관계에서 용기 있는 사람은 칭송받고 싶다거나 인정받고 싶다고 생각하지 않는다. 아들러는 말한다.

"이전에는 멸시와 무시를 당한다고 느끼던 아이들이, 아마도 이제, 동료인 인간과 더 좋은 관계를 맺었을 때 마침내 인정받는 것이라고 기대하기 시작한다. 그들 대부분은 이러한 칭찬의 갈망에 사로잡힌다. 소년이 인정욕구 추구에 너무 집중하는 것은 위험하다. 한

사랑을 단단하게 만드는 유일한 길은 상대의 인생을 풍요롭게 하는 용기를 훈련하는 데 있다.

편 많은 소녀가 소년들보다 한층 더 용기와 자신감을 결여하고 있는 탓에 타인으로부터 인정받고 칭찬받는 일을 자신의 가치를 증명하는 유일한 수단으로 삼곤 한다. 이와 같은 소녀들은, 쉽게 그녀들을 치켜세우는 방법을 알고 있는 남자의 먹잇감이 된다."(『인생 의미의 심리학』)

어릴 적부터 아이들을 칭찬해서 키우면 인정받는 일에 몰입하게 되고, 그것에 의해서만 자신의 가치를 증명할 수밖에 없다고 생각하게 된 아이는 커서도, 아들러가 말한 대로, 응석받이가 되기 쉽다. 타자의 인정에 목매지 않는 용기를 내며, 칭찬받거나 인정받는 것과는 다른 방법으로 자신의 가치를 증명하려면 어떻게 해야 할까. 또한 그렇게 되도록 도울 때 어떻게 해야 할지에 대해서는 나중에 살펴보겠다.

사랑의 과제

"사랑할 때에는 진정한 파트너가 되어야 한다. 그리고 다른 사람을 희생해서 자신의 가치를 과장할 필요를 느끼지 않아야 한다. 이런 사람은 사랑을 잃을 것도 두려워하지 않는다. 사랑을 확립하는 유일한 방법은 타인의 인생을 풍요롭고 안락하게 하는 용기를 훈련하는 것이기 때문이다."(『아들러가 말하다』)

　　사랑의 관계에서 진정한 파트너(동반자)가 되는 사람들 사이에는 그 어떤 의미의 '타산'도 끼어들지 않는다. 아들러가 되풀이하여 말하듯이, 둘의 관계는 완전히 대등하며 한쪽이 다른 한쪽을 희생시키는 일은 없다. 여기서 "어떤 타인을 희생해서 자신의 가치를 과장한다"는 말은, 결혼 상대가 유명 인사일 경우 자신 또한 가치가 높아졌다고 생각하는 사람을 가리킨다. 희생이라는 말이 적절할지는 모르겠지만 자신의 가치를 높이는 데 이용된 사람의 입장에서 보면 섬뜩한 얘기다.

　　"이런 사람은 사랑을 잃을 것도 두려워하지 않는다"는 말은, 교우의 과제에서 "상대를 화나게 하는 걸 두려워하지 않는다"는 이치와 같다. 사랑의 관계에서도 주장해야 할 것은 마땅히 해야 한다. 사랑을 잃을 것을 두려워하는 사람은 대등하게 사랑할 용기를 잃고 상대방에게 아무것도 말하지 않을 텐데, 이처럼 항상 상대의 라이프스타일에 자신을 무조건적으로 맞추는 행위는 결코 사랑이 아니다.

　　그다음 말에도 주목해야 한다. "사랑을 확립하는 유일한 방법은 타인의 인생을 풍요롭고 안락하게 하는 용기를 훈련하는 것이기 때문이다." 여기서 아들러는 '자신의' 삶을 풍요롭고 안락하게 만드는 것이라고 말하지 않는다. '이 사람은 내 인생을 풍요롭게 할까'라며 상대로부터 '받을' 무언가만 생각하는 것은 사랑이 아니다. 파트너에게 무엇을 해줄 수 있는가가 중요하다. 파트너의 인생이 풍요로워진다면 비록 사랑을 잃는 일이 있더라도 평온해질 수 있다. 파트너가 행복해지는 것을 왜 사랑하는 사람이 원치 않겠는가!

용기로서의 공동체 감각

"공동체 감각이 없는 사람은 직업, 교우, 사랑의 과제에 임할 때 그것들이 타자와 협력함으로써 해결된다고 믿지 않는다. 내가 행한 바에서 이익을 얻는 사람은 나 자신뿐이라고 생각하며, 관심이 자기 자신에게로만 향한다."(『인생의 의미의 심리학』)

이렇게 생각하는 사람은 타자에게 협력하는 것은 손실이라 단정 짓는 듯하다. 다른 사람에게 협력하고 기여하면 자신에게도 행복이 돌아온다는 것을 알지 못한다. 그들은 스스로 무엇이든 할 수 있다고 착각한다. 실제로 자력으로는 아무것도 해낼 수 없는데도 "내가 행한 바에서 이익을 얻는 사람은 나 자신뿐"이라며, 타자와 협력하거나 도움 받는 것을 거부한다. 그런 사람이 마침내 다른 사람에게 도움을 청한다면 아무도 거들떠보지 않을 것이다.

"공동체 감각을 방해하는 곳에서는 어디서나 자기중심적인 태도만 남는다. 아이는 느낀다. '왜 다른 사람을 위해 무언가를 해야만 하는가?' 그리고 이 마음의 틀 속에서는 인생의 과제를 풀지 못하는 탓에, 주저주저하며 간편한 퇴로를 찾는다. 고생은 곤란하다고만 생각하며 타인에게 상처를 줘도 아무런 느낌이 없다. 공동체 감각이 부재한 사람은 대인관계를 적과의 싸움으로 본다. 그리고 어쨌든 이런 싸움에 목을 매며 살아간다."(『인생 의미의 심리학』)

"왜 다른 사람을 위해 무언가를 해야만 하는가?" 이는 자기중심적인 사람, 연애에서는 짝을 사랑하는 게 아니라 사랑받는 것만 생각하는 사람이 던지는 물음이다. 어떤 과제든 해결하려면 노력이 요구된다. 그러나 스스로 아무런 노력도 하지 않는 사람은 "간편한 퇴로"를 찾으려고만 한다. 가령 노동을 해서 수입을 얻은 대신 절도를 한다. 타인을 자신의 목표를 달성하기 위한 수단으로밖에 보지 않는 사람도 있다. 그런 이는 남에게 상처를 입혀도 태연자약하다. 목표 달성은 중요하지만 그것 때문에 타인을 수단으로 삼거나 상처를 주어서는 안 된다. 그런 일이 예상될 경우 목표 그 자체를 파기하는 것도 필요하다. 약해서 죽어가는 친구를 남겨두고 자기만 히말라야 등정에 성공한들 아무런 의미가 없다.

"종교가 부여하는 가장 중요한 의무는 항상 '당신의 이웃을 사랑하라'이다. 여기서도 우리는 또 다른 형태로서 '동료에 대한 관심을 키우는' 노력을 엿볼 수 있다. 이러한 노력의 가치를 이제 과학적인 견지에서 확인할 수 있는 것도 흥미롭다. 응석받이는 '내가 왜 이웃을 사랑하지 않으면 안 되는가, 내 이웃은 나를 사랑할까'라고 묻는다. 이렇게 질문하는 경우, 협력하는 훈련이 부족해 자기 자신에게만 관심을 두고 있다는 게 명백해진다. 인생에서 최대의 어려움에 부딪혀 타인에게 가장 큰 해를 주는 사람은 동료에게 관심이 없는 유형이다. 인간에게서 발생하는 모든 실패는 바로 이런 사람 때문일 것이다. 공동체 감각을 제각기 독자적인 방식으로 함양시키려 하는 많은 종교가 있다. 나 자신은, 사회적 협력을 최종 목표로 인정하는 모든 인간의 노력에 동참한다. 서로 싸우거나 평가하거나 과소평가할 필요는 없다. 그 누구라도 결코 진리를 독점할 수 없기 때문에 사회적 협력이라는 최종 목표로 가는 길은 많은 법이다."
(『인생 의미의 심리학』)

아들러가 생존했을 당시부터 개인심리학을 종교 차원으로 해석하는 학자도 있었다. '타자에게 관심을 쏟을 줄 아는 용기', 그러한 의미로서의 '공동체 감각'이 기독교에서 말하는 '이웃 사랑'에 가깝기 때문이다. 과학은 가치중립적인 학문이기에, 아들러가 공동체 감각 같은 사상을 주장하는 것은 객관적인 과학과는 어울리지 않아 종교와 엇비슷하다고 한 사람도 있었다. 하지만 아들러는 자신이 창시한 개인심리학을 '과학'이라 불렀다. 과학을 가치와 떼어놓을 수 없다는 아들러의 생각은 오히려 시대를 앞섰다. 앞에서 아들러는 "진정한 용기는 유용한 용기"라고 강조했다. 다시 "유용한 용기"란 무엇일까?

"용기는 타자와 협력하면서 공동체 감각을 표명하는 능력이다. 자신이 전체의 일부라고 느끼고, 이 지구상에서 안심하며 쾌적하게 살아간다는 것을 체감하고, 인생의 이점도 불리한 점도 예상하며, 타인과 함께 있을 때 소속감을 갖는 사람만이 용기를 표명하는 자다. 용기는 일, 교우, 친밀의 문제를 해결할 때 인생의 유용한 면으로만 발현된다. 인생의 유용하지 않은 면은 참된 뜻으로서의 용기를 요구하지 않는다."(『아들러가 말하다』)

자신이 '전체의 일부'라고 느낀다! 여기서 '전체'가 무엇을 가리키는지가 문제다. 바로 공동체를 뜻한다. 결코 국가와 같이 좁은 범위에만 한정되지 않는다. 인생의 과제에 임하기 위해서는 결단의 용기도 필요하다. 인생의 유용한 측면에 한해서다. 하지만 인생의 유용하지 않은 면에서는 용기가 필요치 않다. 타인을 해칠 때 더더욱 손쉬운 방법을 찾으려는 노력과 이를 실천할 용기는 어떤 형태로든 허용할 수 없는 것이다. 인생의 유용하지 않은 면에 쓰는 감정이나 힘(능력)은 용기가 아니라 분별없이 함부로 날뛰는 허세이거나 만용일 따름이다.

공동체 감각을 일깨우는 심리학은 어떤 면에서 보면 이웃 사랑을 강조하는 종교와 매우 밀접한 관계에 있다.

"우선은 먼저 공동체 감각을 이해할 필요가 있다. 왜냐하면 공동체 감각은 우리의 교육과 심리 치료에서 가장 중요한 부분이기 때문이다. 용기 있고 자신감이 있고 따뜻하며 편안한 사람만이 인생의 유리한 측면에서뿐만 아니라 곤란으로부터도 이로운 점을 얻을 수 있다. 그런 사람은 결코 두려워하지 않는다. 어려움이 있다는 걸 알지만 그것을 극복할 수 있다는 것도 알고 있으며, 모두가 예외 없이 대인관계의 문제인 인생의 온갖 문제에 대해서 용기를 갖추고 있기 때문이다."(『개인심리학 강의』)

용기란 타인과 협력하고 사회적 관심을 표현해내는 능력이다. 사회의 일부라고 소속감을 가지며, 이로 인한 장단점을 알고 있고 다른 사람과 연대하는 게 어떤 느낌인지를 아는 사람만이 진정 용기를 내는 자다. 이런 용기는 직업과 사회생활, 교우관계와 연애 및 결혼생활에도 영향을 미친다. 직장생활에 어려움을 겪거나 친구 혹은 연인과 반복되는 갈등을 일으키는 사람에게는 용기가 없을 가능성이 큰 까닭이다.

공동체 감각을 갖는 것, 바꿔 말하면 타자에 대한 관심social interest을 갖고 다른 사람을 동료로 인정하며, 자기가 소속되어 있는 공동체에 자신의 거처가 있다고 느끼는 동시에 그냥 받는 것뿐만 아니라 어떤 형태로든 공동체에 기여할 수 있다면 곤란으로부터도 이로운 점을 얻을 수 있다. 타자와의 쓸모없는 경쟁을 할 필요 없이 편안해질 수 있고, 타자를 동료라고 생각해야만 타자(공동체) 공헌을 함으로써 자신이 '도움이 되는 인간'임을 느끼는 자존감이 싹튼다. 자신은 쓸모없는 사람이라고 여겼는데 '이런 나도 남에게 도움을 줄 수 있구나' 하고 생각할 때 사람은 자신이 가치 있음을 알고 그런 자신을 좋아하게 되는 것이다.

만인의 공동체 감각

"사회 부적응은 열등감과 우월하고자 하는 욕구에서 비롯된다. 열등 콤플렉스와 우월 콤플렉스라는 용어 자체에 이미 부적응이라는 의미가 함축되어 있다. 물론 콤플렉스가 세포나 혈액에 들어 있는 것은 아니다. 두 가지 콤플렉스는 개인이 사회 환경과 상호 작용하는 과정에서 나타난다. 그렇다면 콤플렉스가 모두에게 나타나지 않는 까닭은 무엇일까?

모든 사람은 어느 정도 열등감을 지니고 있으며, 또한 성공과 우월성을 추구한다. 이것들은 당연히 정신생활을 구성하는 요소다. 대부분의 사람은 열등감과 우월감이라는 심리 메커니즘을 사회적으로 유용하게 사용한다. 콤플렉스가 모든 이에게 기승하지 않는 이유다. 여기서 심리 메커니즘이란 용기, 공동체 감각, 타자에 대한 관심, 사회적 협력, 상식의 논리 등을 일컫는다.

열등감과 우월감의 순기능 및 역기능을 살펴보자. 열등감이 심하지 않으면 아이는 자신을 가치 있는 사람으로 여기고 자신에게나 사회에나 유익한 방식으로 살아갈 용기를 낸다. 또한 자신의 목표를 이루기 위해 타자에게 관심을 갖는다. 이때 공동체 감각과 사회 적응은 당연하고도 정상적인 보상이다. 이 경우 우월함을 추구하면서 발전하지 못하는 게 오히려 이상하다. 진심으로 '나는 타인에게 관심이 없다'고 말하는 사람은 드물다. 어떤 이는 세상에 전혀 관심이 없는 것처럼 행동하지만 정말 그런지는 알 수 없다. 오히려 사회 적응을 잘하지 못한다는 사실을 감추고자 타자에게 관심이 있다고 주장하기도 한다. 바로 공동체 감각이 보편적이라는 사실을 보여주는 무언의 증거다. 사람은 누구나 공동체 감각을 가지고 있는 것이다."(『개인심리학 강의』)

누구나 존재 그 자체로 타인에게 기쁨을 줄 수 있고 온전한 관계를 맺을 수 있다. 하지만 스스로 열등하다는 생각이 지나쳐 사회적으로 유익한 행동을 하지 못하는 이유는 용기가 부족하기 때문이다. 유용한 사회인이 되는 과정을 제대로 밟지 못하도록 막는 것은 바로 이 용기의 부족이다.

"공동체에 유용한 테두리 바깥에서의 행위는 모두 인간의 가치 감정을 깎아먹기 때문에 사람의 자신감과 용기를 제한한다. 유용하지 않은 행동은 인간에게 열등감을 심어주고 타인과 대립하게 한다. 사람은 타인과 관계를 맺고 있다는 삶의 이치를 위반할 때 언제든 새로운 어려움과 맞닥뜨리게 된다. 사람의 행동이 유용하지 않으면 타인은 적대적이라고 느낀다. 이런 사람이 스스로 중요하다고 느끼는, 즉 자존감을 갖는 유일한 방법은 온갖 종류의 거짓말, 변명, 구실거리, 권모술수 그리고 자기합리화뿐이다. 그러나 이것들은 인생을 한층 더 까다롭게 만들 뿐이다. 아이들이 삶의 유용한 측면에서 자신이 소중하다는 가치를 얻을 수 있다고 믿는 한 그들은 용기를 갖고 이를 발달시킬 것이다."(『아들러가 말하다』)

공동체에 유용한 행동으로 사람은 자신감과 용기를 얻는데, 이 공동체의 범위에 대해서는 잘 궁리해봐야 한다.

"국가는 세계 공동체에 관심을 갖고 있을 때에만 앞으로 나아갈 수 있다. 우리 나라에 대한 관심만 전면에 내세우면 다른 국가가 항의할 것이다."(『개인심리학의 기술』)

아들러가 말한 공동체를 국가로 등치시키는 사람도 있지만, 여기서는 국가가 '지구촌＝세계 공동체'에 관심을 갖는다는 표현에서 알 수 있듯이, 공동체는 그 외연이 국가보다 더 넓은 개념인 게 분명하다.

"공동체는 가족뿐만 아니라 일족, 국가, 모든 인류에까지 확대되는 개념이다. 심지어 이 한계를 넘어 동물, 식물, 무생물, 심지어 우주로까지 넓혀진다."(『인간 지의 심리학』)

공동체를 국가로만 제한하면, 아들러가 말한 공동체 감각은 쉽게 국가주의에 빠지고 만다. 공동체 간의 이해가 대립한다면 더 큰 공동체의 이해를 고려할 필요가 있다. 한 나라에 이익을 가져다주긴 하나 더 큰 공동체에 해가 된다면 그 이익 추구는 그만두어야 하지 않을까. 아들러 사상이 시대를 초월해 진보적인 사상으로 평가되는 이유다.

"공동체 감각을 아예 갖고 있지 않은 사람은 없다. 공동체 감각은 만인의 심리다. 신경증자와 범죄자도 이 공공연한 비밀을 알고 있다. 그들이 그것을 알고 있다는 것은, 자신의 라이프스타일을 정당화하거나 혹은 타인에게 죄를 뒤집어씌우느라 고생하는 것을 통해 알 수 있다. 그들은 유용한 방식으로 행동할 용기를 잃어버렸다."
(『인생 의미의 심리학』)

유용한 방식으로 행동하는 것이 참된 용기다. 범죄자를 감옥에 가두고 벌을 가한다 해도 효과는 없을 것이다. 공동체 감각을 갖도록 원조하지 않는 한, 그 어떤 형벌을 가하더라도 같은 잘못을 되풀이할 가능성이 커진다.

함께 살아갈 용기

신경증자도 최선의 의도를 가지고 공

동체 감각과 인생의 과제에 직면할 필요성을 확신한다. 그러나 이 보편적인 요구는 그 자신의 경우만 예외다. 그들을 이 보편적인 요구로부터 면제해주는 것은 신경증 그 자체다. 신경증자는 이렇게 말하곤 한다.

"나는 내 과제를 모두 해결하고 싶다. 하지만 불행히도 그렇게 하는 것을 방해받고 있다."

범죄자들은 어떤가?

"신경증자는 범죄자와는 다르다. 범죄자들은 종종 나쁜 의도를 갖고 있음을 공언하며 공동체 감각을 숨기고 억압한다. 어느 쪽이 인간의 행복에 가장 큰 해를 입히는지는 단정짓기 어렵다. 신경증자의 동기는 아주 좋은데도 행동에 악의가 있으며, 동료인 인간의 협력을 방해하는 게 의도된 것처럼 보인다. 즉 이기적이다. 한편 범죄자는 그 적의가 매우 공공연하게 드러나는데, 공동체 감각의 잔재를 억제하려는 노력을 하고 있다."(『인생 의미의 심리학』)

신경증자는 좋은 의도를 갖고 있지만 그것만으로는 충분치 않다고 아들러는 지적한다. 여기서 신경증자는 "공동체 감각과 인생의 과제에 직면할 필요"를 확신하지만 자신은 예외라며, 왠지 자기편의적인 말투를 쓰고 있다.

게다가 자신은 예외로 쳐야 한다는 이유로 신경증을 든다. "나는 내 과제들을 모두 해결하고 싶다. 하지만 불행히도 내가 그렇게 하는 것을 방해받고 있다"라는, 신경증자 특유의 논리로 말이다. 그들이

"하지만"이라고 변명할 때, 입으로는 "나는 내 문제를 모두 해결하고 싶다"고 말하더라도 실제로는 "해결하고 싶지 않다"고 말하는 것과 같다. 범죄자에 대해서도 공동체 감각이 전혀 없는 건 아니라고 한다. 적의가 공공연하기에, 이 점을 인정하지 않으면 범죄자의 갱생은 어려울 것이다.

> "범죄자는 두 유형으로 나뉜다. 이 세계에 동료가 있음을 알고 있지만 동료를 경험한 적이 없는 사람이 있다. 이런 범죄자는 다른 사람들에게 적대적인 태도를 취한다. 배제됨으로써 자신이 인정받지 못했다고 느끼는 것이다. 또 다른 타입은 응석받이다. 나는 종종 죄수가 다음과 같이 불평하는 것을 안다. '내가 범죄의 길로 들어선 것은 어머니가 나를 너무 응석받이로 길렀기 때문이다.' 범죄자는 여러 방법으로 정도正道의 협력이 가능하게끔 양육되거나 훈련받지 못한 것이다."(『인생 의미의 심리학』)

범죄자의 두 유형 중 전자는 밉보인 아이, 후자는 응석받이인데, 그들은 커서 범죄의 길로 들어섰다. 전자는 이 세계에 동료가 있다는 것은 알고 있다. 부모가 동료로서의 역할을 하지 못했던 유년 시절을 보냈다면, 훗날의 삶에서 만나는 범죄자가 곧 동료가 된다. 그러므로 더더욱 진정한 동료를 만나는 경험을 할 수 있도록 도움을 주어야 한다. 후자의 경우인 응석받이에게 끊임없이 그 자신에게 주목하고 보살펴주는 엄마는 분명히 동료이지만, 엄마 이외에도 동료가 있다는 것을 엄마가 가르쳐주지 않은 탓에, 아이는 세계를 적으로 돌리게 된다. 그런 아이가 커서 타인에게 협력하리라 기대할 순 없다.

　엄마가 아이 대신 무엇이든 해준다면 아이는 자립할 수 없고, 자력으로는 아무것도 할 수 없게 된다. 타자에게 협력하지 않기 때문에 '공헌감'을 갖지 못하고, 인생의 무용한 측면에서 간편한 방식으로 우월성을 추구하려 한다. 그것이 바로 범죄다.

　범죄자들 사이에서 공통으로 발견되지 않는 게 용기다. 그들은 항상 문제 상황을 이야기한다. 손에는 총을 들고 원하는 것은 무엇이든 할 수 있는 듯이 말하지만, 총을 들고 있다는 것 자체가 용기 없음을 드러낸다. 타인을 힘으로 억누르려 하고, 남들 모르게 무언가를 빼앗으려 한다는 것, 이것이야말로 가장 용기 없고 비겁한 행동이다. 그런 범죄자를 갱생시키려면 타자에게 관심을 갖고 협력하는 것, 즉 "함께 살 용기=협력할 용기"를 심어주어야 한다. 과거에 협력할 용기를 내는 훈련을 받지 못했더라도 앞으로 사회적 협력을 할 용기를 훈련하면, 범죄자도 반드시 갱생할 수 있다.

천재의 자질

　　　　　　　사회는 구성원 모두로부터 공동선

common good에 대한 이바지와 협력의 능력을 필요로 한다. 여기서 '선'이란 무슨 뜻일까?

"선과 악은, 다른 성격적 특질을 표현하는 단어처럼, 대인관계의 맥락에서만 의미를 갖는다. 선과 악은 사회적 환경 속에서 동료끼리의 훈련 결과다. 또한 인간 행동이 타자의 행복에 기여하는가, 아니면 타자의 행복과 대립하는가라는 가치 판단을 내포하고 있다. 인간은 태어나기 전에는 이런 의미의 사회관계적 맥락 속에 있지 않았다. 태어날 때는 어느 쪽으로든 발달할 가능성을 지니고 있다. 아이가 태어나 어느 길로 갈 것인가? 이는 아이가 환경과 자신의 몸이 느끼는 인상 및 감각 그리고 그것을 해석하는 방법론에 달려 있다."(『인생 의미의 심리학』)

선과 악, 둘 중 어느 쪽으로 발달할지는 아이가 스스로 결정할 수도 있지만, 아이가 타자의 행복에 공헌하는 방향으로 발달하게 하는 데에는 부모의 원조가 필수적이다.

"작금의 문화에서 누리는 모든 이점은 공헌한 사람의 노력으로 가능해진 것이다. 만약 인간이 협력적이지 않고, 타자에게 관심을 갖지 않으며, 공동체에 공헌하지 않았더라면 우리네 인생은 불모이고, 궤적도 없이 지구상에서 사라져버렸을 것이다. 무릇 공헌한 사람의 자취는 남는 법이고, 정신은 살아서 영원하다. 만약 이를 아동 교육의 바탕으로 삼는다면 아이들은 협력적인 일을 자연스럽게 좋아하면서 자랄 것이다. 역경에 봉착하더라도 물러터지지 않을 것이며, 이를 만인을 이롭게 하는 방식으로 해결할 수 있도록 강해질 것이다. (…) 모름지기 인류 공동의 이익에 크게 이바지한 천재들만이 참다운 천재로 불린다. 인류에게 아무런 혜택도 남기지 않은 천재는 천재가 아니다. 공동선에 크게 이바지한 개인만이 천재다. 인류에게 아무런 이로움도 남기지 않은 천재를 상상할 수 있겠는가? 예술은 가장 협력적인 사람이 탄생시킨 것이며, 인류의 위대한 천재들은 우리 문화의 전체 수준을 향상시켜왔다."(『인생 의미의 심리학』)

"내 견해로는, 천재는 본질적으로 매우 유용한 사람이다. 예술가라면 자기 작품으로 수많은 사람의 여가생활에 특별한 빛과 가치를 주어 문화에 기여한다. 그리고 알맹이 없이 겉만 찬란한 공허의 빛을 발산하지 않는 참된 가치는 고도의 용기와 공동체적 직관력에 의존한다. 우리는 신체 기관의 부자유가 천재를 만드는 요인이라고 가정할 만큼 바보가 아니다. 프로이트학파 중에는 천재들의 숭고한 작품이 성적 억압에 의해 탄생했다고 생각하는 사람이 많다. 하지만 우리는 그런 기이한 일반화를 하지 않는다."(『왜 신경증에 걸릴까』)

진정한 천재는 개인적인 성공이나 명성만을 목표로 삼지 않는다.

또한 아무런 노력도 하지 않고 간단하게 그것들을 손에 넣으려는 사람과는 달리 항상 공동체 혹은 타자가 자신의 시야에서 벗어나지 않게 한다. 천재의 자질은 개인의 반응이면서도 사회적으로 긍정적인 행동을 할 수 있는 능력이다. 타자 공헌에 대한 용기야말로 천재의 출발점인 것이다. 아들러는 말한다.

"천재들이 모든 인간 중에서 가장 협력적이다. 그들의 개인적인 행동과 태도의 몇 가지 측면에서는 아마 그들의 협력적 능력을 보지 못할 수도 있다. 그러나 그들의 인생 전체 상에서는 협력적 능력을 명확하게 볼 수 있다. 천재라고 해서 타자와 협력하기란 쉽지 않다. 그들이 어려운 길을 택했기 때문이며, 또한 싸워야 할 수많은 장애를 가졌기 때문이다. 그들은 종종 가혹한 신체적 장애를 가지고 인생을 시작해야 했다. 거의 모든 걸출한 사람에게서는 어떤 기관열등성organ inferiority이 보인다. 그러나 그들은 인생 초기에, 아픈 만큼 고통이지만, 싸우면서 어려움을 극복했다. 그들의 관심이 어떻게 인생 초기에 시작되었는지, 유년 시절에 장애를 극복하기 위한 훈련을 얼마나 열심히 했는지 뚜렷하게 살펴볼 수 있다.
천재들은 흥미를 느끼는 분야를 아주 일찍 드러내며, 어린 시절부터 열정적으로 자신을 훈련한다. 세계의 문제를 접하며 그것을 이해하기 위해서 감각을 예민하게 기른다. 치열한 조기 훈련을 고려한다면, 천재들의 예술성과 독창성은 과분한 선물이 아니라 각고의 노력에 의한 창조물이라는 결론을 내릴 수 있다. 결코 자연이나 유전의 '불공평한' 선물이 아니다. 천재들이 분투한 덕분에 우리는 그 은혜를 누리고 있다."(『개인심리학 강의』)

흔히 일상생활에 지장을 줄 수 있는 신체적 장애를 기관열등성이라고 한다. 기관열등성이 있는 아이가 자력으로 해결할 수 있는 일을 부모나 타인에게 의존하는 경우도 있지만, 반대로 사회적 협력을 위한 훈련을 받음으로써 이 난관을 극복하고 인류에게 쓸모 있는 업적을 이뤄낸 천재가 많다. 타고난 재능의 유무가 아니라, 어려움을 극복하는 용기를 갖고 공동선에 공헌하는 방향으로 노력했다는 점에서 아들러는 천재의 전정한 가치를 되새기고 있다.

특히 예술은 가장 협동적인 이들의 산물이다. 고대 그리스의 시인 호메로스가 자신의 서사시에서 언급한 색상은 세 종류뿐이었다. 이 세 가지 명칭으로 온갖 색깔의 미묘한 차이를 표현할 수밖에 없었다. 그 당시 사람들도 더 많은 색상의 차이를 육안으로는 구별할 수 있었지만, 그 차이가 미미하다고 여겨 별도의 명칭을 붙이지 않았다. 그렇다면 오늘날 우리가 갖가지 색상을 구별할 수 있도록 해준 사람은 누구일까? 바로 화가들이다. 오늘날 우리가 조화로운 음조로 음악을 즐길 수 있는 것은 작곡가들 덕분이다. 또 누가 우리의 감수성을 섬세하게 다듬고, 우리의 느낌을 명료하게 표현할 수 있는 언어를 이해하도록 가르쳐주었는가? 바로 시인이다.

긍정적인 우월성 추구를 하는 데 있어 기관열등성은 극복할 수 있는 대상이다. 역사 속에서 수많은 예를 찾을 수 있는데, 가령 『일리아스』와 『오디세이아』를 쓴 호메로스만 해도 장님이었다는 설이 전해온다.

예술가들 중에는 기관열등성이 직업 선택에 영향을 미치고, 긍정적인 우월성 추구를 위해 어디에 노력을 집중하며 보상을 받았는지를 알 수 있는 예가 많아 흥미롭다. 『실락원』을 쓴 영국 시인 밀턴은 눈이 먼 탓으로 생긴 고립감과 고통스런 생각을 음악과 회화로 극복하려고 애썼다. 서사시 『일리아드』와 『오디세이아』를 쓴 호메로스는 장님이었다는 설이 있고, 독일 작곡가 베토벤은 제9번 교향곡 「합창」을 초연할 때 스스로 지휘를 했지만 곡이 끝날 때 난청인 탓에 갈채 소리를 듣지 못했다. 고대 그리스의 웅변가 데모스테네스는 말더듬이였던 탓에 변론 연설에 실패하면서도 파도를 향해서 외치는 맹연습에 돌입했다.

"라이프스타일은 인생 초기 몇 년 동안 발달하는데, 쉽진 않지만 바꿀 수도 있다. 왜냐하면 문제가 있는 사람이 성장하면서 자신의 잘못을 인정하고 인류 전체의 행복을 목적으로 다시 타자와 관계를 맺게 되는 때가 올 수도 있기 때문이다."(『살아가는 의미를 찾아서』)

인류 전체의 공동선, 혹은 앞서 말한 대로 '천재가 지닌 자질로서의 참된 용기'는 천재뿐 아니라 모든 사람이 그것을 목적으로 하는 라이프스타일을 습관화할 수 있다. 자신이 행복해지기를 바라는 것은 당연한 일이지만, "타자의 행복에 공헌한다"는 용기를 내지 않으면 자신 또한 행복해질 수 없다. 미야자와 겐지(동화작가이자 시인)는 "세계가 전부 행복해지지 않는 한 개인의 행복은 있을 수 없다"(『농민예술론 요강』)고 말했는데, 이는 아들러의 생각과 같은 맥락이다.

공동체의 도구라는 리듬

"우리가 '좋다'고 부르는 것은 모든 사람에게 유용하다는 관점에서 좋은 것이고, 우리가 '아름답다'고 부르는 것은 이 관점에서만 아름답다. 공동체 이념은 이런 언어와 사고의 근저에 있다. 인간이 살아가는 길이 옳은지는 공동체의 관점에서만 말할 수 있다. 공동체 감각은 개인을 타자와 긴밀히 유대하게 한다. 사람의 내면에서 뿜어져 나오는 용기는 개인이 공동체의 도구라고 느끼게 하는 리듬이다.

적극적인 낙관주의가 마음속에 꽉 찬 사람만이 인간의 역사에 대해 의견을 말할 수 있었다. 그들은 지금까지도, 앞으로도 발전의 일꾼이다. 다른 사람들은 발전의 진행을 막고 있다. 그들은 진보의 바퀴를 굴리고 있는 사람보다 행복감을 느낄 수 없다. 이 결론은 개인심리학의 관찰에서 도출된 것이다. 인간은 단지 관용구가 아니라 공동체의 구성원이다. 오늘도 많은 사람이 이 길을 찾지 못하고 있는 것은 자기 자신의 잘못 때문이다. 개인끼리의 유대감, 즉 공동체성을 깨달은 사람은 누구나 공동체의 행복으로 향하는 흐름에 참여하기를 서슴지 않는다."(『개인심리학의 기술』)

앞서 선과 악은 대인관계의 맥락에서만 의미를 지니며, 인간의 행동이 타자의 행복에 기여하는가, 아니면 타자의 행복과 대립하는가 라는 가치 판단을 내포하고 있다는 것을 살펴보았다. 여기서 "좋다 (선)"는 만인에게 혹은 공동체에 유용하다는 뜻이다. 공동체에 가져 다주는 의미를 살펴보지 않으면 어떤 행동이 선인지 혹은 나쁜 것인 지를 판단할 수 없다. 공동체나 전체를 고려하지 않고 자기 생각만 하면서 내놓는 답은 이기적일 따름이다. 문제는 '공동체의 범위'다. 이해집단끼리의 이해가 대립하는 경우가 있다. 그럴 때는 어떤 이해 집단의 이해관계가 가장 큰 공동체의 선을 위해 이바지하는가를 판 단해야 한다. 공동체의 관점에서 벗어나 선이냐 악이냐를 결정할 수 는 없다.

사람이 공동체의 구성원임을 끊임없이 강조하는 아들러는, 그렇 게 느끼는 사람만이 공동체와 긴밀히 연결되어 인류 속에서 편안해 질 수 있고, 더욱이 문화에 의해 자신에게 주어지는 이점을 기대할 뿐만 아니라 불리한 점을 각오하며, 이 불리한 점을 자신에게 속하는 것으로 여기고 받아들일 수 있다고까지 역설한다. 이점뿐만 아니라 불리한 점을 받아들인다는 것이 중요하다. 요즘의 화제에 빗대어 말 하자면, 후쿠시마 제1원자력발전 사고가 없었던 것처럼 현실을 결코 외면해서는 안 된다는 것이다.

우리라는 존재는 "있다"가 아니라 "되어간다"고 아들러는 말한다. 인간은 정지된 존재가 아니라 움직이는 존재라는 뜻이다. 공동체 또 한 그렇게 동적인 형태로 봄으로써 "공동체 감각"은 개인을 타자와 긴밀하게 유대하도록 한다. 사람의 내면에서 뿜어져 나오는 용기는 개인의 공동체의 도구라고 느끼게 하는 리듬이다"라며 공동체 감각과 용기에 대한 역동적인 정의를 내리고 있다. 불리한 점, 부족한 점은 극복해야 할 새로운 과제다. 이 과제를 풀려고 노력해야 낙관주의를 가질 수 있다. 이 낙관주의의 반의어는 비관주의다.

비관주의와 낙관주의

　　　　개구리 두 마리가 우유 항아리에 빠졌다. 한 마리는 "이제 끝났구나"라며 우유에 빠져 익사할 각오를 다졌지만, 포기하지 않은 다른 한 마리는 쉬지 않고 다리를 버둥거렸다. 그러자 개구리 다리로 휘저어진 우유가 굳었다. 딱딱한 버터로 변한 것이다. 개구리는 버터를 딛고 항아리 밖으로 껑충! 탈출에 성공했다. 이렇듯 사물과 현상을 '어떤 시선으로' 받아들이는가에 따라 용기를 얻고 낙관적인 결과를 얻을 수도 있는 반면, 용기를 상실하고 비관적인 결말을 맛볼 수도 있다. 아들러는 학생들에게 이런 이야기를 자주 했다고 한다.

　우리의 머나먼 조상이 나뭇가지에 앉아 있다고 상상해보라. 그 조상의 엉덩이에는 아직 감긴 꼬리가 있고 사는 게 너무 비참해 뭘 할지 궁리 중이다. 아무개가 말한다.

"안타까워한다고 어쩌란 말이냐. 사태는 우리의 힘을 넘어섰다. 어쩔 수 없다. 나무 위에 있는 게 가장 좋다."

이 설득이 폭넓게 받아들여졌다면 어떻게 되었을까. 우리는 지금도 계속 나무 위에 앉아 꼬리를 감은 채 살고 있을 것이다. 실제로는 어떤가. 나무 위에 있던 사람은 지금 어디에 있는가? 절멸해버렸다. 이 멸종과정은 지금도 계속되고 있다. 인생의 과제에 대한 답을 잘못 얻은 현실의 논리는 참혹하다. 아들러는 어쩔 수 없다고 해서 아무것도 하지 않는 것을 비관주의라 명명하며, 이는 용기를 잃은 사람에게서 나타나는 존재 방식이라고 했다. 아무리 분투해도 현실은 바뀌지 않는다며 포기하는 삶의 태도로 사는 게 비관주의라는 것이다.

"반면에 인간 성격의 발달이 전체적으로 곧은 방향을 향해 가는 게 낙관주의다. 모든 역경을 용기로 맞서기에 어려움을 심각하게 받아들이지 않는다. 자신감을 갖고 인생에 대한 유리한 태도를 찾고자 분투한다. 지나친 요구도 하지 않는다. 인생의 어려운 과제로 인해 자신을 약하고 불완전한 존재라고 쉽사리 단정하는 비관주의자보다, 낙관주의자는 인내심이 강해 어려운 상황에 처하더라도 곤란함이나 실패는 다시 보상받을 수 있다고 확신하며 침착해질 수 있다. 자기평가력과 자기결정력, 즉 자존감이 높고 자신이 대수롭지 않다고 생각하지 않는다."(『성격의 심리학』)

낙관주의자는 비관주의자와 달리 베르길리우스가 『아이네이스』에서 "할 수 있다고 생각하니까 할 수 있는 것"이라고 한 말을 실천한다. 아들러는 아동 교육에서도 낙관주의를 심어줄 필요가 있다고 강조했다.

"아이들에게 진정 필요한 삶의 태도는 낙관주의다. 낙관주의자는 용기가 있고 참을성이 강할뿐더러 자신감을 가지고 있다. 실패는 결코 용기를 꺾을 수 없다며, 아이들에게 새로운 과제를 해결해나갈 수 있도록 교육하는 편이 훨씬 더 중요하다고 생각한다."(『아이들의 교육』)

실패하지 않는 사람은 없다. 누구나 실패했을 때 그 실패에 대한 책임을 질 수밖에 없다. 자신이 "약하며 불완전하다"고 간주하려는 비관주의자는 실패로 인해 비탄에 잠기거나 반성하는 척하겠지만, 그럼에도 현실의 사태는 전혀 호전되지 않는다. 비관주의자는 사실 곤경에 처했을 때 아무것도 하지 않는다. 반면 낙관주의자는 자신의 힘으로 이루지 못하는 한계가 있음을 인정하면서도 '할 수 있는 일은 하는' 사람이다. 달리 말해 낙관주의는 늘 현실을 직시하고 현실을 있는 그대로 보면서도 바로 그 현실에서 출발할 줄 아는 삶의 태도다. 무엇을 하든 효과가 없다고 하는 게 아니라 '어쨌든 지금 여기서 할 수 있는 만큼은 해보자'는 인생관이다. 그래서 일단 '지금 여기서' 가능한 일을 시도하므로 현실을 조금씩이나마 변화하게 한다.

그런데 무작정 자신은 못 하는 게 없다고 생각하는 것은 스스로에게 지나친 능력을 요구하는 행태다. 인간의 힘이 미치지 않는 듯한 일을 앞두고서도 아무 근거 없이 뭔가 된다는 식으로 말만 앞선다.

실제로는 아무것도 하지 않으면서 무슨 일이 일어나도 괜찮다는 투다. 이런 부류의 사람을 아들러는 낙천주의자라고 불렀다. 낙천주의자는 인생의 과제를 앞두고 '어쨌든, 어찌어찌 되긴 하겠지'라며 현실을 직시하지 않는다. 결국 아무런 실천도 하지 않고 그런 까닭에 현실적으로 바뀌는 것은 전혀 없다.

아들러는 무조건 낙천적이면 비관주의자로 돌변하기 쉽다고 지적했다. 비관주의자나 낙천주의자나 결국 과제를 앞두고 어떤 실천도 하지 않는 탓에 둘 다 똑같이 현실을 바꿀 수 없기 때문이다. 흥미롭게도 낙천적인 사람은 패배에 직면해도 놀라지 않는다. 모든 게 이미 '운명론처럼' 정해져 있다고 생각해서다. 이렇듯 지독한 비관주의가 겉모양새로는 낙천주의처럼 보인다. 그러면 당신은 앞서 이야기한 개구리 두 마리 중에서 어떤 개구리가 되고 싶은가?

사랑할 용기

어떤 남성은 여성에게 접근할 때 신중한 태도를 보이는 반면 다른 남성은 성급하거나 경솔한 자세를 보이기도 한다. 아들러는 한 사람이 이성에게 접근하는 태도를 보면 용기와 사회적 협력의 정도를 알 수 있다고 말한다. 사랑에 빠진 사람의 행동 방식을 통해 인류의 미래를 긍정적으로 생각하는지, 자신감은 있는지, 협조적인 인간인지 아니면 오로지 자신에게만 관심 있는 이기적인 사람인지를 가늠할 수 있다는 것이다. 모든 사람은 연애할 때 각자의 라이프스타일에서 연유하는 특징적인 교류 방식을 드러내기 때문이다. 특히 아들러는 사랑할 용기를 잃어버린 사람의 예를 통해 사회적 적응의 중요성을 역설한다.

한 젊은 청년이 결혼을 약속한 처녀와 함께 무도회에서 춤을 추고 있었다. 그때 갑자기 청년의 안경이 떨어졌다. 청년은 재빨리 안경을 주우려다가 그만 처녀를 넘어뜨릴 뻔했다. 주위 사람들도 모두 화들짝 놀랐다. 나중에 한 친구가 그에게 물었다.

"대체 왜 그랬어?"

청년은 대답했다.

"내 안경을 밟아 부수도록 내버려둘 순 없잖아."

청년은 아직 결혼할 준비가 되어 있지 않았다. 실제로 그 처녀도 청년과 결혼하지 않았다. 훗날 청년은 의사를 찾아와 우울증에 시달리고 있다고 호소했다. 아들러는, 우울증은 자신에게 지나치게 관심을 쏟는 사람이 흔히 걸리는 병이라고 진단한다.

"연애와 결혼에서 일어나는 문제는 다른 대인관계에서 일어나는 문제와 기본적으로 같다. 만약 자기 일에만 관심이 있고 그때까지도 다른 사람에게 별로 관심을 보이지 않은 채 자신만 생각하며 살아온 사람이라면 연애와 결혼에 있어서도 반드시 막다른 외길에 놓이게 된다."(『개인심리학 강의』)

타자에게 관심을 갖고 동료임을 인정하며 타자 공헌을 하는 것을 일러 아들러는 공동체 감각이라고 한다. 영어로 공동체 감각에 해당되는 단어는 social interest다. 반대말은 self-interest 곧 자기관심이다. 아들러는 육아, 교육, 치료, 사랑의 목적은 한마디로 말하면 공동체 감각 기르기인데, 그 의미는 self-interest를 social interest로 전환시키는 것이라고 강조한다. 흥미롭게도 애초에 이 관심interest은 자신에게로 향하는 게 아니었다. interest는 라틴어로는 'inter esse(est는 esse의 삼인칭 단수형이다)'다. '가운데'나 '사이에 있다'는 뜻이다. '관심이 있다'는 것은 상대방과 자기 '사이에inter' 관련성이 '있다est'는 것이다.

만약 아무개가 공동체 감각의 결여로 인해 자기중심적 라이프스타일을 갖고 있었다면, 설사 누군가와 연애관계에 돌입한다고 해서 단시일 내에 그런 라이프스타일을 바꿀 순 없다. 자신이 세계의 중심에 놓여 있다고 생각하는 사람은 연애와 결혼을 할 준비가 되어 있지 않다고 볼 수 있는 것이다. 아들러는 타인을 동료로 바라보고, 타인에게 도움이 될 수 있다는 공헌감을 가지려면 용기가 필요하다고 끊임없이 강조했다. 그런데 공헌감을 느끼지 못하고 용기를 잃어버린 사람은 타인에게 호감을 사거나 사랑받지 못하며 타인을 부정적으로 바라보는 악순환에 빠진다. 이런 사람은 연애할 때에도 자기밖에 생각하지 않아서 파트너가 자신에게 무엇을 해줄 수 있는가에만 골몰한다. 누군가에게 사랑을 받으면 그 사람을 좋아하게 된다. 거꾸로 말해 받는 게 아니라 주면 사랑받을 텐데, 사랑받는 것밖에는 관심이 없으니 사랑받지 못하는 것이다.

어떤 사람이 사랑할 용기를 잃고 결혼할 준비가 되어 있지 않은지를 보여주는 징후는 아주 많다. 가령 별다른 이유 없이 매번 약속 시간에 늦는 사람은 사랑한다 해도 신뢰할 수 없다. 줏대 없이 망설이는 태도가 강한 사람도 사랑과 결혼이라는 인생의 과제에 대응할 준비가 아직 덜 되었다고 할 수 있다. 배우자를 가르치려고만 들거나 비판만 하는 사람도 마찬가지이며, 지나치게 예민한 성격도 열등 콤플렉스의 징조이므로 좋지 않은 신호다. 친구가 한 명도 없고 모임에 자연스럽게 섞이지 못하는 사람도 마찬가지이며 직업 선택을 미루는 것도 좋은 신호는 아니다. 행복한 인생 그 자체에 비관적인 태도를 보이는 사람도 사랑의 교류에 직면할 용기가 부족하다는 증거이므로 결혼생활에 부적합하다. 아들러는 말한다.

"사회에 잘 적응하는 사람이 사랑과 결혼 문제도 잘 해결할 준비가 되어 있다. 사랑에 대한 문제는 사회적 관심을 가질 용기의 결여로 불거진 결과이므로, 사람 그 자체가 사랑할 용기, 결혼으로 행복해질 용기를 가진 낙관주의자로 변해야 문제가 비로소 해결된다. 결혼은 두 사람만의 과제다. 우리는 홀로 수행하는 과제나 단체로 수행하는 과제에 대해서는 충분한 교육을 받았다. 하지만 남녀 두 사람이 수행할 과제에 대한 교육은 받지 못했다. 그럼에도 두 사람이

연애와 결혼에서 일어나는 문제는 다른 대인관계에서 발생하는 문제와 같다. 상대를 생각하지 않고, 자기 생각만 해온 사람이라면 연애관계에서도 막다른 길에 놓일 수밖에 없을 것이다.

상대방의 부족함을 인정하면서 서로 대등하다는 인식을 가지고 사랑할 용기를 내면서 모든 일에 접근한다면 결혼생활을 무난하게 꾸려나갈 수 있을 것이다.”(『개인심리학 강의』)

행복해질 용기

　　　　　　　　　　　“만약 아이가 모두에게 동료가 되고, 커서 유익한 일과 행복한 결혼으로 공동체에 공헌하면, 남보다 뒤처지고 있다거나 인생에 실패했다는 느낌은 갖지 않는다. 자신의 용기와 노력으로 어려운 과제를 해결해나가며, 이 우호적인 세계에서 행복해질 용기를 낼 수 있다. 또 '이 세계는 나의 세계다. 기다리거나 기대하지 않고, 내가 행동해 발전시키고 무언가를 창조하지 않으면 안 된다'고 생각한다. 그리고 현재는 인류 역사에서 단 한 번뿐인 시기이며, 인류의 전체 역사—과거, 현재, 미래—에 속해 있다고 확신한다. 그러므로 '지금 여기서야말로' 자신이 창조적인 과제를 성취하고, 인간의 발전에 직접 기여할 때라고도 느낀다. 확실히 이 세계에는 악, 곤란함, 편견이 있지만, 그것마저 이 세계의 구성 요소이며 그 이점이나 불리한 점도 모두 인류의 것이다. 우리는 이 세계 속에서 일하면서 진보해나갈 것이고, 누군가가 자신의 과제에 적절한 방식으로 두려워하지 않고 행복해질 용기로 맞선다면, 세계를 개선할 때 그 자신의 역할을 할 수 있기를 희망해도 좋다."(『인생 의미의 심리학』)

타자 공헌을 하며 피해의식에 젖지 않고 열등감을 극복하고 지나친 경쟁에서 벗어나면, 사람은 이 세계에서 '행복해질 용기'를 낼 수 있다. 과도한 경쟁이야말로 정신 건강을 가장 해치는 요인이다. 아들러는 그래서 이 세계는 결코 위험한 곳이 아니라 "우호적"이라고 역설한다. 이 세계야말로 "나의 세계"이며, 타자가 도와주기만을 "기다리거나 기대하지 않고, 내가 행동해 발전시키고 무언가를 창조하지 않으면 안 된다"고 강조한다. 공동체 감각을 발현해 자신이 먼저 행동하는 용기를 내라는 말이다.

나 또한 "현재는 인류 역사에서 단 한 번뿐인 시기"라고 생각한다. 개인의 인생에서도 마찬가지다. 이제 과거는 없고 미래 또한 아직 없기에 '지금 여기서'의 시간을 살아갈 수밖에 없다. 과거에 사로잡혀, 과거의 일이 지금의 자신을 규정하고 있거나, 무엇이 일어날지 모르니 지레 겁부터 먹고 제자리걸음을 하며, 지금 여기서 해야 하고 지금밖에 하지 못하는 것을 쭈뼛거리면서 실행하지 않는 일이 있으면 안 된다.

아들러는 또한 이 세계에 악과 곤란함, 편견 등이 존재한다는 것에도 주목한다. 그것들의 이점도, 불리한 점도 있는 이 세계 속에서 자신의 과제를 유용한 방식으로 풀어나가면서 두려워하지 않고 맞선다

면 "세계를 개선할 때 자신의 역할을 다할 수 있다"고 강조한다. 아무
것도 하지 않은 채 손을 놓고 있지 말고 자신의 역할을 수행하는 것,
그럼으로써 이 세계에서 행복해질 용기를 내어 타자 공헌을 하면, 악
과 부조리, 편견, 불합리한 일에 맞닥뜨리더라도 그 안에서 자기 자
존감을 증명할 수 있는 제자리(의 일)를 찾을 수 있다는 말이다.

3장

용기의 훼손

왜 용기가 꺾이는가?

용기 꺾기 | 과제 회피 | "크면 안다" | 꾸중의 역효과 | 권위주의와 체벌 | 상벌

교육 | 위험 과장 | 부끄럼쟁이 | 상식 결여 | 열등감 | 인격 무시와 과거 집착 |

원인 집착 | 꼬투리 | 만약이라는 가정법 | 비관주의 | 고립의 올가미 | 아이에

대한 절망 | 과잉보호 | 특정 아이 편애 | 지배하고 억압할 때

용기 꺾기

아들러는 곤경을 극복하는 힘을 '용기'라고 불렀다. 용기가 있으면 공동체 감각을 잃어버리지 않고 어려움을 해결할 수 있다. 그러나 용기가 훼손되면 역경을 뛰어넘을 에너지를 갖지 못하고 인생의 과제로부터 달아나버린다. 공동체 감각을 버리고 손쉬운 도피처, 즉 인생의 유용하지 않은 면으로 도망쳐버리는 것이다. 아들러는 그래서 용기가 꺾이면 범죄자나 알코올의존 환자, 약물중독자가 되거나 신경증과 정신병을 일으키기도 한다고 보았다.

인생의 과제에 부딪히면 누구나 갈림길에 선다. 과제에 맞서 씨름하며 행복하게 살아갈 용기를 낼 것인가, 자존감이나 공동체 감각을 버리고 '내면의 악천후=신경증' 혹은 인생의 어두운 측면(범죄세계) 속으로 빨려들어갈 것인가. 어느 길로 접어들 것인가를 판가름하는 것이 '용기의 엔트로피'다. 용기가 있느냐 없느냐가 인생의 행복을 결정한다. 그렇다면 우리는 용기를 얼마나 갖고 있을까? 그리고 타자에게 얼마나 용기를 부여해주고 있을까?

'용기 부여(용기 북돋우기)'의 정반대는 '용기 꺾기'다. 아들러라면 당연히 용기를 '꺾는 법'이라는 표현을 좋아하지 않겠지만 '왜 용기가 꺾이는지'를 밝힘으로써, 역설적으로 용기를 '북돋우는 방법'을 분명하게 보여주려고 한다. 현실에서 타자, 특히 아이들에게 용기를 부여하는 일은 쉽지 않다. 그러므로 '용기를 꺾는 법'을 먼저 살펴보면 평소 하고 있는 일이 아이의 용기를 꺾는 게 아닌가 하는 의식을 갖게 된다. 대인관계가 원만하지 않을 때를 떠올려보라. 상대방이 용기를 꺾고 있는 경우가 많다. 그런데 아들러는 "용기를 꺾는 사람은 자기 자신에게 용기가 없는 사람일 가능성이 크다"고 지적한다. 또한 타인의 용기를 위악적으로 꺾는 걸 즐기는 자는 다음과 같이 행동하는 특징을 보인다. 상대방의 단점을 꼬집는다. 타인에게 지나치게 높은 요구를 한다. 상대의 실패를 철저하게 비난한다. 상대방 탓이라며 일방적으로 단정짓는다. 아들러는 말한다.

"공격적인 사람은 마음속에 두려움을 가진 사람이다."

이렇듯 타인을 공격하며 용기를 꺾는 사람은 나약한 자기 자신이나 타인을 두려워한다. 하지만 공포로부터 자신을 지키기 위해서 공격적인 태도를 드러낸다는 것을 그 스스로는 눈치 채지 못한다. 따라서 '용기 꺾기'를 즐기는 사람은 사실 두려워할 만한 존재가 아니다. 용기를 꺾는 사람이 무슨 말을 할 때마다 일일이 대꾸하거나 다투는 것은 어리석은 일일 따름이다.

과제 회피

아이들이 인생의 과제를 회피하려 한
다면, 과제 그 자체가 까다로워서라기보다는 자신에게 가치가 없다
고 생각하기 때문인 경우가 많다. 직면한 과제 중에는 어려운 것도 있
고 때로는 해결할 수 없는 일도 있을 것이다. 하지만 대개는 자신에게
가치가 없다고 생각하기 때문에 과제에 직면할 용기를 잃어버린다.

그러므로 용기 부여는 과제 해결능력을 심어준다기보다 아이 스
스로 가치 있다고 생각하도록 돕는 것이다. 의욕을 내지 않겠다고
결심한 아이를 움직이게 할 때 지나치게 신중할 필요는 없다. 부모
나 교사는 아이가 공부하지 않으면 어떻게든 공부를 시키려고 하는
데 자칫하면 아무것도 하지 않을 때보다 사태가 더 악화된다. 어떤
아이든 과제를 달성할 수 없다고 생각하는 것은 용기가 훼손된 탓이
다. 그런 아이가 과제에 힘을 쏟을 수 있도록 도와야 하는데, 이때 아
이가 스스로 자신의 과제에 힘쓰도록 해야지, 부모가 아이로 하여금
과제에 힘쓰도록 강제하는 것은 가장 바람직하지 않다. 부모가 자녀
에게 그 나이에 달성할 수 있는 것 이상을 성취하라고 강제하면 아이
의 용기는 분명 꺾이기 때문이다. 내 아이도 아주 어릴 적에 혼자서
쇼핑을 갔다. 그런데 집에 거의 다 돌아와서 넘어지는 바람에 사들고
온 달걀을 깨뜨렸다. 아이가 울먹이면서 말했다. 이제 쇼핑은 하지

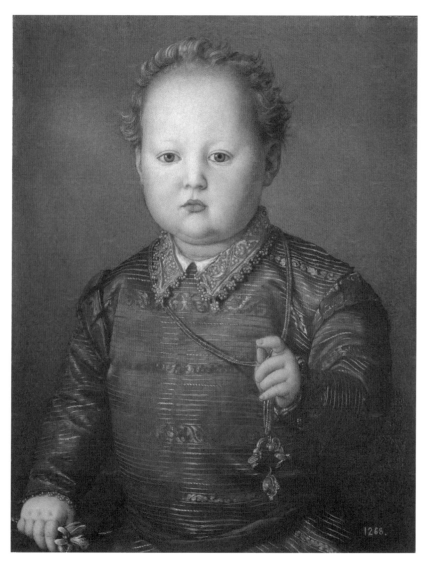

갓난아이에게는 어른의 도움이 필수이지만, 아이가 궁극적으로 용기를 갖게 하려면 자립할 수 있도록 도와주는 게 최선이다.

않겠다고. 아들러는 말한다.

"갓난아이는 어른의 원조가 없으면 살아갈 수 없다. 부모가 밥을 먹여줘야 한다. 말을 할 수 없어 울음소리에 의해서만 자신의 바람을 전달한다. 그러나 언제까지나 이럴 수는 없다. 부모에게 의존하지 않고 자립해야 한다. 육아와 교육의 목적은 아이의 자립이다. 아이가 직면한 과제를 '자력으로 해결하는 용기'를 발달시키도록 도와주는 게 어른의 몫이다. 부모가 자녀의 자립심을 과소평가하는 경우가 있다. 물론 모든 일은 처음부터 순조롭게 되지 않고 실패할 때도 있다. 그런데 자신의 힘을 과소평가하는 아이는 한 번의 실패에도 '이제 따라잡지 못한다'고 못박아버린다. 설상가상으로 이것이 전 생애에 걸친 고정관념이 돼버리기도 한다."(『아이들의 교육』)

실패하면 용기가 꺾여 두번 다시 도전하지 않는 까닭은 '사람들이 어떻게 생각할까'를 의식하기 때문이다. 과제에 도전해서 해결하려 하기보다는 만약 과제를 해결하지 못하면 다른 사람들이 어떻게 생각할까를 고민한다. 타인의 평가가 신경 쓰여서 아예 과제에 도전할 용기조차 내지 않는다. 과제에 도전하지 않으면, '만약 그때 과제에 도전했더라면 할 수 있었을 텐데'라는 여지를 남겨둘 수 있지 않은가. 반면 용기 있는 사람은 남이 어떻게 생각할지 신경 쓰지 않는다. 또 과제를 해결하여 자신을 좋게 보이려고 하지도 않는다. 그런 사람은 과제를 둘러싼 타인의 평가와 시선이 어떻든 개의치 않는다. 미움받을 용기를 낼 줄 안다. 과제가 주어지면 자신이 할 수 있는 일부터 시작하고, 실패하면 다시 시작하면 된다고 생각한다. 이처럼 평가받거나 실패하는 것을 두려워하지 않으면 타인과의 경쟁에서도 자유로워진다.

실패에 대한 두려움 탓에 용기가 훼손된 아이가 어느 정도 능력을 갖고 있는지를 판별하는 게 중요한데, 이것이 쉽지만은 않다. 아이의 능력보다 훨씬 더 큰 것을 요구하면 혼자서 쇼핑 갔을 때 실패하고 용기가 꺾인 내 아이처럼 된다. 또한 아이가 자력으로 할 수 있는데도 불구하고 아이의 과제를 대신하고 마는 경우가 있다. 아이가 스스로 과제에 임하면서 용기를 키울 수 있는데 그런 기회를 박탈당하고 만 것이다. 아이의 자립을 차단하면, 그리고 아이를 지나치게 걱정하면, 아이는 이 세계가 위험하다며 언제까지나 용기가 훼손된 채 살아갈 것이다. 어른의 걱정이나 불안은 아이에게 쉽게 전염되기 때문이다.

"크면 안다"

"아이들이 질문을 하면 '크면 안다'고 곧잘 대답한다. 이것도 당신이 아이들을 대등한 인간으로 보고 있지 않음을 아이들에게 표시하는 것이다. 그들은 용기가 훼손되어 질문을 그만두고 어리석어진다."(『아들러가 말하다』)

어른과 아이는 대등하다는 게 아들러의 기본적인 생각이다. 물론 어른과 아이가 '똑같지'는 않다. 맡은 바 책임의 크기도 다르다. 그렇다고 해서 어른이 아이보다 뛰어나다고 할 수는 없다. 일본의 국민 시인 다니카와 슌타로는 「어른의 시간」이라는 시에서 노래한다. 아이는 일주일만 지나도 그만큼 영리해지지만 어른은 제자리걸음이다. 아이는 늘 새로운 것을 배우며 자신을 변화시키지만, 어른은 날마다 일상다반사처럼 똑같은 신문이나 읽고 텔레비전 뉴스에만 귀를 쫑긋하며, "어른은 일주일 내내/아이를 야단칠 수 있을 뿐"인 데서 살아 있다는 느낌을 받고 있는지도 모른다. 하지만 어른의 지식과 경험은 "배운 (어른의) 시간이 길었다"는 것일 뿐이다. 어른과 어린이는 '차이'가 있지만, 그래도 대등한 존재다.

"함께 사이좋게 지내고 싶다면 서로를 대등한 사람으로 대우해야 한다."(『왜 신경증에 걸릴까』)

아들러는 모든 대인관계가 기본적으로 대등하지 않으면 친밀해질 수 없다고 생각했다. 하지만 대다수 사람이, 특히 어른과 아이의 관계에 대해서는, 여전히 어른이 위이고 아이는 아래라고 못 박는다. 아이를 어른과 대등하다고 여기지 않고 꾸짖거나 체벌할 수 있다고 생각하는 것이다. 이 순간, 아이의 용기는 꺾이기 시작한다.

꾸중의 역효과

　　　　　　　나무람이 필요한 경우도 있을까? 살다 보면 분명 아이를 꾸짖을 수밖에 없다. 그러나 나무람은 '아이 스스로 자신에게 가치가 있다'고 생각하게 만들 수 없다. 결국 아이가 자신의 과제에 힘쓰도록 도울 수 없다. 꾸지람을 받고 두려움 없이 과제에 매진하는 아이도 있지만, 꾸짖으면 반발하는 아이도 있다. 이 경우 아이는 '엄마 아빠의 말이 맞다'는 것을 잘 알고 있다.

　가령 엄마 아빠가 아이에게 잠자리에 들기 전에 미리 숙제를 해두라고 잔소리를 했다고 하자. 아이 입장에서 보면 굳이 말하지 않아도 아는 것을 다시 지청구처럼 듣게 되니 은근히 화가 난다. 그래서 과제에 힘쓰지 않겠다며 토라진다. 관건은 과제에 힘쓰지 않겠다는 아이의 결심을 부모의 나무람으로 뒤집을 수는 없다는 것이다. 아이가 어른의 질책을 받아 과제에 힘을 쏟는 것처럼 보였다고 해도 자발적으로 다짐한 게 아니라면 언제든 원래 상태로 되돌아갈 여지가 있다. 혼내는 것을 포함해, 아이를 체벌하면 아이는 용기를 잃고 자신에게 가치가 있다고 생각하지 않게 된다. 아들러는 "사람은 자신에게 가치가 있다고 생각할 때에만 용기를 가질 수 있다"고 말한다. 다음으로 아이는 꾸짖는 사람을 동료라고 생각하지 않는 게 문제다. 질책 행위에는 분노의 감정이 뒤따르는데, 아들러는 "분노가 사람과 사람을 멀어지게 하는 감정"이라고 말한다. 육아의 목표는 아이의 자립이지만, 아이가 어릴 때는 물론이고 자라면서도 아이를 원조해야 한다. 아이를 원조하기 위해서는 자녀와의 거리가 가깝지 않으면 안 된다. 그런데도 꾸짖음으로써 자식과의 관계를 나쁘게 하고, 거리를 멀게 만들면서 아이를 원조하려고 한다. 그런 일은 불가능하다. 아이는 꾸짖는 어른을 '동료'로 바라보지 못한다.

그렇다면 꾸중으로는 왜 아이를 도울 수 없을까? 아이는 꾸중으로 아무것도 배우지 못하기 때문이다. 엄마 아빠는 아이의 잘못된 행동을 개선하려 하겠지만, 안타깝게도 그 목적은 이루기가 까다롭다. 실수했을 때 부모가 무섭게 느껴진다면 아이는 실패를 두려워하게 된다. 실수를 두려워하는 아이는 결과를 떠나 과제에 힘을 쏟을 용기가 훼손되어 자신에게 능력이 없다고 생각한다. 이는 고정관념이 되어 아이는 '난 무능력하다'고 믿게 된다.

일단 움츠러든 아이는 뭔가를 나서서 적극적으로 하려고 애쓰지 않는다. 타자 공헌을 할 생각을 하기는커녕 자기 자신에게만 골몰한다. 꾸짖는 것의 역효과가 꾸중 듣는 아이에게만 나타나는 것은 아니다. 함께 놀던 친구가 강물에 빠졌는지도 모르고 그대로 돌아가는 바람에 결국 숨진 채 발견되는 사건이 있었다. 그 아이는 왜 알리지 않았을까? 강에서 논 사실을 부모가 알고 혼낼까봐 무서워서다. 엄마 아빠에게 혼나더라도 먼저 알리는 게 당연한 일일 텐데, 혼나는 게 두려웠던 아이는 자신의 처지만 생각하고 만 것이다.

언젠가는 발각될 것을 알면서도, 할 수만 있다면 숨기자며 부정을 감추는 공무원이나 기업도 마찬가지 아닐까? 이것 역시 꾸중 교육의 영향을 받은 결과다. 엄마 아빠의 질책이 두려워, 책임지기 싫어서 잘못을 숨기려는 아이처럼 어른도 자기 자신은 물론 소속 단체가 불리해지는 것을 두려워한 나머지 실수나 부정을 은폐한다. 들키지 않으면 된다는 의식은 꾸짖는 교육이 키워온 명백한 부작용이다.

엄마 아빠의 나무람은 주목받고 싶어하는 아이가 유발하기도 한다. 아주 어린애가 아니라면 어떤 행동이 부모를 화나게 하는지 잘 안다. 그럼에도 그런 행동을 하는 것은 나무람을 듣는 방식으로라도 부모의 주목을 받고 싶기 때문이다. 꾸짖어도 아이가 문제 행동을 멈추지 않는 것은 그 때문이다. 아이러니하게로 꾸중을 들을 수 있기 때문에 문제 행동을 더욱더 그만두지 않는 것이다.

꾸짖는 사람은 상대를 대등한 관계로 보지 않는다. 대등하게 본다면 애초부터 꾸짖지 않을 것이다. 어떤 행동을 고치길 바란다고 해도 상대가 나와 대등하다고 생각한다면 꾸짖을 필요를 느끼지 못했을 것이고, 그럴 수도 없다. 나무람은 상대를 나보다 낮춰 보기 때문인데, 대인관계에서 아래에 있는 사람은 이를 달가워하지 않는다. 결론적으로 어른이 대등한 의식을 가지고 자녀를 키우거나 가르치면, 아이는 용기를 지니고 자립하게 되지만, 그렇지 않으면 용기가 훼손되어 자립심 없는 아이로 커나간다.

꾸중은 아무것도 변화시키지 못한다. 꾸지람을 받고 자란 아이는 결국 타자 공헌에 대한 생각을 하지 못하고 자기 자신에게만 골몰하고 말 것이다.

권위주의와 체벌

　　　　가능하면 꾸짖지 말자고 생각하는 사람이라도, 아이를 길들이기 위해, 혹은 아이에게 선악을 가르치기 위해 야단치는 것은 필요하지 않은가라고 궁리하면서 학교에서의 교사 체벌을 용인한다. 아들러는 처벌을 용인하는 권위주의적 교육은 어른과 아이의 관계를 멀어지게 한다고 강조한다. 그는 체벌 교육을 부정했는데, 이는 아이들의 용기를 꺾어버릴 뿐이기 때문이다. 더 나아가 아들러는 아이에게 창피를 주거나 체면을 잃게 만드는 것이 행동을 개선하는 데 전혀 도움이 되지 않는다고 지적한다.

　"아이들을 체벌해보라. 그러면 아이들은, 어른은 강하고 아이는 약하다는 것을 터득한다. 그래도 아이는 자신이 중요하다는 것을 내보이려고 노력할 테지만 반드시 실패한다고 느끼게 될 것이다."(『아들러가 말하다』)

　"내가 알기로 체벌은 공동체 감각을 가로막는 최악의 방법이다. 체벌을 가하는 부모와는 어떤 관계도 확립될 수 없다."(『아이들의 라이프스타일』)

　"체벌은 효과가 없다. 왜냐하면 사회는 적대적이고, 협력 불가능하다는 것을 범죄자에게 확신시킬 뿐이기 때문이다. 이런 종류의 방식이 범죄자에게, 어쩌면 학교에서 이뤄진다. 타인과 협력하는 훈련을 받지 못했으므로 공부는 하지 않고 교실에서 문제를 일으킨다. 그는 꾸지람을 듣고 체벌을 받았다. 지금 그렇게 하는 게 '협력하는 용기'를 북돋울 수 있을까? 상황은 이전보다 더 절망적이다. 그는 타인이 자신에게 적대적이라고 느낀다. 물론 학교도 싫어한다. 비난받고 체벌이 예상되는 곳을 좋아할 사람이 누가 있겠는가."(『인생 의미의 심리학』)

자신의 적에게 협력하겠다고 다짐하는 사람은 없을 것이다. 동료라고 생각하기 때문에 그 사람에게 협력하고 공헌하려고 마음먹는 것이다. 체벌을 가하면, 체벌한 사람은 물론이고 사회 전체가 자신을 적대시하고 있다고 확신하게 되므로 그와 같은 타자에게 협력할 용기를 내라고 주문하는 것은 어불성설이다.

"처벌은 다른 이유에서도 효과가 없다. 대다수의 범죄자는 자신의 인생에 별로 높은 가치를 두지 않는다. 인생의 어느 시기에 자살을 하기도 한다. 신체적 처벌 혹은 사형도 그들에게 공포감을 심어주지 못한다. 범죄자는 경찰을 앞지르고 싶다는 욕망에 사로잡혀 있어서 체벌의 고통도 느끼지 않는다. 이는 그들이 도전으로 간주하는 것에 대한 전반적인 반응의 일부다. 교도 담당자에게 심하게 맞으면, 혹은 가혹한 취급을 받으면 받을수록 저항의지를 더 불태운다. 이는 그들에게 경찰보다 더 똑똑하다는 감각을 키우도록 만든다. 그들은 사회와의 접촉을 일종의 우월성을 찾기 위한 끊임없는 싸움으로 간주하며 승리를 차지하려고 고군분투한다. 전기의자도 이런 의미에서 도전으로 여겨진다. 범죄자는 자기 자신을, 강한 공포에도 불구하고, 강한 역경에 맞서 싸우는 전사로 상상한다. 처벌이 무거우면 무거울수록 뛰어난 계략으로 대응하겠다는 그들의 욕망도 커진다. 많은 범죄자가 자신들의 범죄를 이런 식으로만 보기 쉽다. 가령 전기의자로 사형에 처해지는 죄수는 '내가 안경을 남겨두지만 않았어도 잡히지 않았을 텐데!'라는 식으로, 자신이 어떻게 했으면 검거되지 않았을까를 궁리하며 최후의 시간을 보낸다."(『인생 의미의 심리학』)

어디까지가 체벌이고 아닌지를 따지는 논란이 일어난다. 단적으로 말하면 '꾸짖음'과 '체벌'에는 아무런 차이가 없다. 손을 들게 하는 것과 들지 않게 하는 것, 어느 쪽이든 체벌이다. 범죄자는 경찰에게서 도망가고 싶어한다. 잡히더라도 운이 나빴던 것뿐이지 더 교묘한 수법을 쓰면 성공했으리라고 생각한다. 범죄까지는 아니더라도 들키지 않으면 그뿐이라는 사고방식은 잘못된 것일 텐데, 교육에서 처벌을 사용하면 아이들도 이렇게 '들키지만 않으면 돼'라는 생각에 빠질 수 있다.

범죄심리학의 선구자이기도 한 아들러의 '처벌 위주의 부정 논리'는 육아뿐만 아니라 범죄자 갱생에 대한 관점으로까지 확장되었다. 범죄자를 처벌해도 그를 개과천선시킬 수 없으며 재범 가능성도 커진다. 범죄에 대해 처벌만 하면 세상이 적대적이라는 확신이 들게 만들어서, 결국 그 사람은 협력할 용기를 훼손당하게 된다.

상벌 교육

어른이 아이에게 명령을 내리기 위해 힘을 사용하면 어른의 압도적인 힘에 굴복한 아이는 용기를 훼손당한다. 스스로 판단하는 힘을 키울 수 없기 때문이다. 어른 입장에서 보면 착한 아이일는지 모르지만 어른의 눈치만 살살 보는 영악한 아이로 자랄 수 있다. 한편 꾸짖지 않는 사람은 아이를 칭찬하기 바쁘다. 아들러는 칭찬의 폐해가 많다고 지적했다. 우선 칭찬받지 않으면 적절한 행동을 하지 않는다. 그리고 자기 행동의 옳고 그름을 타인의 판단에 맡겨버리곤 한다. 결과적으로 처음에는 자신을 칭찬하는 사람을 따를지 모르지만 누군가에게 칭찬받지 않고 지지받지 못하면 아무것도 할 수 없는 비주체적인 사람이 되고 만다. 칭찬으로 자립할 용기를 훼손당한 탓이다.

아들러는 어른과 아이가 대등하다는 점을 이해하는 사람은 무작정 아이를 칭찬하지 않는다고 강조했다. 야단맞고 자라는 경우나 칭찬받고 자란 경우 모두 타인의 평가를 생각하게 되고 그것이 과제에 직면할 용기를 꺾으며, 과제 자체에서 도피하거나 평가를 얻기 위해서는 수단을 가리지 않게 만들기 때문이다. 이것을 하면 혼나지 않을까, 혹은 칭찬받을 수 있을까 하고 눈치만 보다가, 자신의 판단으로 움직이고 과제에 임하는 용기의 발달이 미숙해지기 마련이다.

상벌 교육은 더구나 경쟁관계를 쉽게 일으킨다. 가령 육아 교육에서 칭찬과 꾸지람이 과다하게 사용되면 칭찬받는 아이는 꾸중을 듣는 아이보다 뛰어나다고 간주되어 경쟁관계가 싹튼다. 아들러는 우월성 추구 자체를 부정하진 않았지만, 경쟁이 지나치게 중요시되면 성공했느냐 하는 결과만 평가하고, 어려움에 맞서며 그것에서 벗어나는 노력이 중시되지 않게 된다고 지적했다. 게다가 성공하더라도 남에게 인정받는 것이 아니면 만족하지 않고, 또한 자기 결정의 용기가 훼손되어 타인의 의견에 좌지우지된다. 아들러는 말한다.

"협력할 용기로 공동체에 이바지하는 일 없이 손에 넣은 성공, 그리고 스스로 노력하지 않고 얻은 성공은 망하기 쉽다."

경쟁만능주의가 아니라 협력하는 능력 그리고 주체적 자립능력은 사람이 행복하게 살아갈 용기를 되찾는 데 필수 조건인 셈이다.

위험 과장

"늘 아이들의 건강을 걱정하는 것처럼 행동해보라. 그리고 밖에 혼자 나가는 위험이나 어떤

일이든 스스로의 힘으로 하는 것에 대해서 미주알고주알 따져
봐라. 그러면 아이는 '사는 게 너무 어렵다'고 믿게 된다. 망설
이며 겁쟁이가 될 것이다. 그리고 언제나 안이한 퇴로를 찾게
된다. 그러나 싸우는 짓은 그만두지 않는다. 왜냐하면 모든 인
간은 살아 있는 한 싸우기 때문이다. 그러나 이는 유용하지 않
은 방식으로 싸우는, 즉 협력할 용기가 훼손되어 싸우는 짓이
다. (…) 어른이 늘 아이들을 지나치게 걱정한다면, 아이들에게
세계는 매우 위험한 곳이고, 사는 게 고통이며 험난하다는 점
을 지레짐작하게끔 가르치는 꼴이 된다."(『아들러가 말하다』)

"곤란에 직면해 용기를 가지고 맞서는 일을 배우지 못한 아이는 온
갖 어려움을 피하려고만 한다."(『아이들의 교육』)

어른의 걱정이나 불안은 아이에게 쉽게 전염된다. 인간은 냉정하
고 침착하지 않으면 위험과 어려움에 대처할 수 없다. 그래서 부모가
위험을 과장하면 아이는 불안해지고, 정확히는 행복하게 살아갈 용
기가 손상되어, 불안이라는 감정을 자기증식시킴으로써 마주 서서
해결해야 할 과제로부터 도망치려고 아등바등한다.

부끄럼쟁이

아들러는 말한다. 교우관계에서 용기 있는 사람은 "사양하듯 소극적으로 망설이거나 내성적으로 행동하지 않는다. 이런 일은 그저 겁쟁이라는 표시일 뿐"이다. 소극적인 사람은 그 누구에게라도 폐를 끼칠 일이 없을진 모르나, 그것이 좋은 일인지는 확실치 않다. 사실 소극적인 사람은 인생과 타자로부터 거리를 두고, 어떤 유대나 어떤 협력도 피하려 할 가능성이 크다.

"사양하듯 소극적인 태도는 다양한 방식으로 나타난다. 소극적인 사람은 이야기를 별로 하지 않거나 말을 전혀 하지 않는다. 사람을 보지 않고 이야기에 귀를 기울이지 않으며, 말을 걸어도 딴청을 피운다. 모든 관계에서, 아니 가장 단순한 관계에서도 냉기가 흐르며 사람을 서로 떼어놓는다."(『성격의 심리학』)

그런 태도를 취하는 사람은 스스로 조심스러움을 선택하고 있다. 소극적이어서 타자와의 관계를 적극적으로 맺으려 하지 않는 게 아니라, 타자와의 관계를 피하고 협력하기를 거부하기 위해서 '소극성을 선택'한 것이다.

"아이가 부끄럼쟁이인 것도 매우 위험하다. 부끄러워하는 아이는 주의 깊게 다뤄야 한다. 잔부끄러움은 교정해야만 한다. 그렇지 않으면 그 아이의 일생을 파멸로 이끌 것이다. 잔부끄러움이 교정되지 않으면 항상 큰 어려움을 만나게 될 것이다. 왜냐하면 우리 문화는 용기 있는 사람만이 좋은 결과와 삶의 이점을 얻을 수 있는 방식으로 짜여 있기 때문이다. 용기 있는 사람이라면, 비록 실패해도 별다른 상처를 받지 않을 수 있다. 그러나 부끄럼쟁이는 역경이 가로막고 있다는 걸 알면 '스스로의 용기를 훼손시키고' 곧바로 인생의 유용하지 않은 측면으로 도피한다. 이런 아이들은 훗날 살아가면서 신경증을 일으키거나 정신병에 가슴이 멍든다."(『개인심리학의 기술』)

부끄럼쟁이의 경우도 소극적인 아이와 똑같이 생각할 수 있다. 이 경우도 부끄럼쟁이이기에 어려움이 가로막고 있을 때 그로부터 도망치는 것이 아니라, 도망치기 위한 구실거리로 부끄럼을 이용하고 있다고 봐야 할 것이다.

상식 결여

보통 문제아들은 어떤 유형의 행동을 보이든 열등 콤플렉스를 가지고 있다. 가령 게으름은 콤플렉스의 징후다. 게으름 피우기는 인생의 중요한 과제를 배제하려는 안간힘이기 때문이다. 도둑질은 타인의 부재와 보안의 취약성을 악용하는 것이며, 거짓말은 진실을 말할 용기가 없다는 반증이다. 이 모든 징후의 내부에는 열등 콤플렉스가 똬리를 틀고 있다.

열등 콤플렉스가 심해지면 신경증이 생긴다. 불안 신경증이라면 끊임없이 누군가의 도움을 받기 위해 안간힘을 쓴다. 누군가 자신을 도우면 목적이 달성된다. 신경증 환자는 이렇게 타인이 자신을 돕도록 유도하고, 자기 문제에만 몰입하게 한다. 그러면서 이렇게 중얼거린다.

"아니, 남이 내 시중을 들어주네!"

이 지점에서 아들러는 열등 콤플렉스가 우월 콤플렉스로 넘어가는 과정을 관찰할 수 있다고 진단했다. 신경증 환자는 남이 자기 시중을 들게 하며 스스로 우월한 존재가 되고 싶어한다는 말이다. 정신이상자도 비슷하다. 정신이상자는 열등 콤플렉스 때문에 당면한 과제를 해결하지 못해 곤경을 겪는다. 반면 상상 속에서는 자신을 퍽이나 대단한 사람으로 만들어 성공을 즐긴다. 아들러는 말한다.

"열등 콤플렉스가 심한 사람이 공동체 안에서 유익한 인생을 살지 못하는 까닭은 용기가 부족한 탓이다."

그들은 용기가 훼손되어 타인과 어울려 지내지 못할 뿐만 아니라 그럴 당위성이나 필요성도 느끼지 못한다. 아들러는 범죄자의 행동에서도 이런 양태가 나타난다고 지적한다.

"범죄자는 열등 콤플렉스의 매우 적절한 예다. 그들은 개인적으로는 소심하고 사회적으로는 우둔하다. 알코올 의존증도 비슷한 맥락이다. 알코올 의존증자는 어려움에서 벗어나고 싶어하지만 겁이 많아 인생의 무익한 쪽에서 위안을 얻는 데 만족한다. 이들의 세계관과 인생관은 정상인의 상식과는 확연한 대조를 보인다. 가령 범죄자는 변명을 늘어놓거나 남을 탓한다. 자신이 돈을 벌 수 없는 환경에 대해 목청을 높이고, 자신을 도와주지 않는 사회를 잔혹하다고 비난한다. 목구멍이 포도청인 자신은 해볼 것을 다 해봤는데 언제나 주변이 문제라고 항의한다. 재판정에 선 아동 살해범 히크먼처럼 이런 핑곗거리를 찾는 이들도 있다.

'높은 데서 내린 명령이었소.'

어떤 살해범은 딴청을 피우기까지 한다.

'애 하나 죽었다고 왜들 난리요? 세상에 아이들은 부지기수인데.'

철학자 타입의 범죄자는 가끔 엉뚱하게도 이렇게 말한다.

'많은 사람이 굶어 죽는 마당에 돈 많은 노파 한 명 죽는다고 뭐 그리 대수이고 나쁜 일이라고.'

그들의 말은 '공동체 구성원 누구나 다 맞다'고 생각하는 '상식'을 한참 벗어난, 참으로 어처구니없고 빈약하며 비논리적인 언어도단이다. 상식 논리의 결여가 용기를 훼손시킨 탓이다. 그들 스스로 사회적으로 무익한 목표를 세우고, 그런 목표를 위해 인생의 쓸모없는 측면에 열심이다가 삶의 철학을 비상식적으로 형성한 것이다. 그들 라이프스타일의 가장 큰 특징은 늘 자신을 정당화하는 일에 매달린다는 점이다. 하지만 상식을 갖고 행복하게 살아갈 용기를 내며 삶의 유익한 목표를 향해 나아가는 사람은 굳이 변명거리를 찾지 않는다."(『개인심리학 강의』)

열등감

　　　　　　　　　아들러는 열등감을 가진 아이가 그 감정을 과도하게 보상받기 위해 타인의 관심을 끄는 행동은 비행이라고 보았다. 그런 까닭에 아들러는 아이들이 너무 어려서부터 고통스런 일을 겪어 삶의 어두운 측면을 빨리 경험하지 못하도록 격려해주어야 한다고 주장했다. 어렸을 때 지나친 상처를 입게 되면 살아갈 용기가 꺾여 역경을 극복하는 데 더욱 커다란 고통을 겪어야 하고, 그로 인한 열등감은 회복 못 할 인생의 독소로 작용할 수 있기 때문이다. 가령 사랑의 과제를 놓고 생각해보자.

　연애를 하고 결혼하고 싶다면 일단 짝을 물색해야 한다. 그렇다고 짝을 찾았으니 연애가 저절로 순조롭게 되는 것은 결코 아니다. 사랑할 용기가 필요하다. 짝만 찾으면 연애는 성공한다고 단정짓는 사람은 사랑의 과제에 직면하는 것을 두려워하여, 연애의 대상이 될 짝이 없다고 생각하자고 결심하는지도 모른다. 설사 연애할 상대가 있더라도, 또 연애하고 결혼을 하고 싶어도, 그렇게 생각만 하지 실제로는 행동으로 옮기려고 하지 않는다. 왜일까? 실패할까봐 두렵기 때문이다. 좋아하는 사람에게 고백했다가 거절당할까봐 두려운 것이다. 설령 그럴지라도 마음을 고백하지 않으면 출발할 수 없다. 그럼에도 거절당할 것이 두려운 나머지 고백하는 데 머뭇거린다. 그리고 주저하는 이유를 마구 늘어놓는다. 특히 열등감을 이유로 드는 경우가 대부분이다.

실제로 열등감이 있어서 사랑의 과제를 회피한 것이 아니지만, 그는 강한 열등감이 있다는 이유를 내세우며 사랑의 과제를 회피하고 있다. 사랑의 과제를 앞두고 일어나는 열등감이란 내성적인 성격이라서 말할 때 얼굴이 붉어지는 경우와 같다. 내성적인 성격만 고치면 말을 잘할 수 있게 되리라 생각한다. 하지만 여전히 말할 때 얼굴이 붉어지는 탓에 남에게 좋은 인상을 주지 못한다. 그러다가 점차 말하는 것도 기피하게 된다. 결국 외출을 꺼리고, 외출하더라도 사람이 모이는 곳에서는 아무 말도 하지 못하고 우두커니 있다.

또한 그는 교우관계가 잘 안 된 이유로 내성적이고 긴장하는 성격을 꼽았다. 하지만 그가 한 말은 사실이 아니다. 그는 교우관계를 피하고 싶어서 내성적이고 긴장하는 성격을 남과 어울리지 못하는 이유로 든 것뿐이다. 연애와 결혼에 관해서도 마찬가지다. 열등감이 있어서 이러한 과제에 대응하지 못했다고 하는데, 사실은 그게 아니라 과제를 회피하기 위해 열등감을 이유로 든 것이다. 그러면 왜 사랑의 과제를 회피하려는 것일까? 실패가 두렵기 때문이다. 아들러의 말처럼 대인관계를 맺을 용기가 훼손되어 연애 상대에게 차일까 두렵기 때문이다.

인격 무시와 과거 집착

　　　　　　　타인의 용기를 훼손하는 행동은 많다. 가령 인격을 무시하면 상대방의 용기는 크게 꺾인다.

　윗사람이 권력의지로 거들먹거리면서 아랫사람을 대하는 행동이 곧바로 인격 무시다. 이런 패턴은 문제 자체를 의논하는 것이 아니라 문제와 관련된 타인의 학력이나 지식, 성격, 집안 배경, 성별, 출신지, 국적 등등을 공격하는 태도다.

　인격 무시는 상대의 용기를 꺾는 데만 효과가 있을 뿐 어떤 과제를 해결하겠다는 동기를 부여하지 못한다. 문제 해결 행위와 인격은 전혀 별개다. 어떤 행동의 결과에 문제가 있다면 다른 요인들보다는 행위 그 자체에 초점을 두고 검토해야 한다. 그때 타인과 대등한 관계에서 상대방을 존재론적으로 존중하면서 문제에 대해 의논해야 한다.

　과거에 대한 천착 역시 상대의 용기에 손상을 입힌다. 과거에 대한 천착은 적절치 못한 결과의 원인이 어디에 있는가를 추궁하는 일이다. 지나간 과거는 바꿀 수 없다. 과거에 매달리는 것은 결정론적인 태도다. 미래를 바꿀 기회는 현재에 달려 있다.

　프로이트는 인류의 장래에 대해 비관적이었다. 반면 아들러는 인간 본성에 대해 낙관적이었다. 또한 프로이트는 인간 문제의 근원을 과거에서 찾고 3~5세에 성격이 이미 형성된다는 성격결정론적 입장이었다. 하지만 아들러는 사람이 가진 목적이나 목표에 따라 행동하고 결과에 이르게 된다고 보는 목적론적 입장을 취하고 있다. 따라서 상대의 적절치 못한 행동을 바로잡는 경우에도 아들러의 심리학적 접근 방법에서는 과거에 대한 천착보다 올바른 목표를 설정하고 그에 도달하기 위해 올바른 착수 방안을 상대와 함께 상담하는 것을 중시한다. 아들러의 입장에서는 성격도 과거의 경험에 의해서만 형성되는 것이 아니다. 인간의 창조적 자아(자존감)의 힘이 경험에 의미를 부여하고 결정하는 과정에서 성격이 형성된다.

두 사람이 함께 새로운 목표를 설정하고 개인적인 필요에 따라 목표 달성을 위한 새로운 기법을 창출하는 것, 이것이 바로 용기를 훼손시키지 않는 아들러의 방법이다. 과거는 더 이상 바꿀 수 없으며, 바꿀 수 있는 것은 미래뿐이다. 그 미래를 변화시키려면 지금의 행동을 바꿔야 한다. 따라서 아들러 심리학에서 말하는 용기 부여란 현재를 올바른 목표로 향하도록 하는 것이다.

원인 집착

아들러는 행동의 '원인'이 아니라 '목적'을 바라보라고 누누이 강조했다. 인간은 특정한 원인의 파도에 휩

쓸려 살아가는 것이 아니라, '산처럼' 우뚝한 목표를 설정하고 그것을 추구하며 삶을 이어가기 때문이다. 다시 말해 문제의 '어디에서(원인)'가 아니라 '어디로(목적)' 향하는지를 물어야 한다. 이른바 개인 심리학의 핵심 사상인 '목적론'이다. 행위를 고찰할 때 목표나 목적에 주목하는 사고방식이다.

반면 '원인론'은 어떠한 원인이 있어 행위를 한다고 본다. 그러나 인간은 특유의 개인적 경험이나 과거의 트라우마, 분노나 슬픔과 같은 감정 등의 '원인'에 의해 억지로 떠밀리듯 살아가지 않는다. 반드시 배가 고프다는 이유로 먹는 행동을 하는 것은 아니지 않은가. 먹으면 어떤 목적이 성취되기 때문에 먹는다. 그 목적이 배고픔의 해소이든, 식도락의 즐거움이든. 다른 예를 들어보자. 가령 불안함 때문에 외출을 하지 못한다고 말하는 사람은 사실 밖으로 나가지 않겠다는 '어떤' 목적을 품고 있다. 밖으로 나가지 않으려고 불안이라는 감정을 만들어내기도 한다. 또 성깔을 부렸더니 남이 고분고분해진 경험을 한 적이 있다면, 화를 낼 경우 상대방이 자기 말을 따르리라 짐작하기 때문에 다른 사람을 움직이겠다는 목적을 이루기 위해 분노라는 감정을 만들어낼 수 있다. 정리하자면 분노가 치밀기에 불처럼 화를 낸다는 것은 원인론인 반면, 불같이 화내기 위해서 분노라는 감정을 일으킨다고 보는 게 목적론이다.

아들러는 이런 예를 들었다. 음식을 삼키지 않으려는 아이는 다른 원인이 있어서가 아니라 어머니의 주목을 끌겠다는 목적에서 그렇게 한다. 그런 까닭에 아들러는 육아나 교육에서 원인에 집착하면 아이의 용기를 훼손시킬 수 있으므로 아이의 목적을 살펴보라고 강조한다.

"아이가 일으키는 문제의 원인을 과거나 외적인 데서 찾는다면 그 문제 행동을 바꾸는 일은 사실상 불가능하다. 문제 행동을 일으킨 아이의 부모가 어린 시절 충분히 사랑받지 못했기 때문이라는 이유도 마찬가지다. 또한 부모의 육아 방식이 잘못되었기 때문이라고 지적해봐야 과거로 돌아가 원인을 해소하거나 바꿀 수 없다. 예를 들어 아이가 공부를 못 하는 원인을 가정환경이나 학교 시스템, 교육 정책 때문이라고 한다면 아이가 공부를 잘하게 되는 일은 사실상 불가능하다. 우리가 아이의 행동 목적에 더 관심을 기울여야 적절한 대처법이 나온다. 외적인 원인은 바꿀 수 없지만 목적은 마음먹기에 따라 달라질 수 있기 때문이다."(『아이들의 교육』)

꼬투리

우리는 부지불식간에 타인의 용기를 꺾곤 한다. 타인의 실패에 대해 설익고 어설프며 미숙해서 그렇다는 둥 공공연하게 꼬투리를 잡으면, 상대방의 용기를 꺾고 주체적으로 곤경을 헤쳐나갈 기회마저 빼앗기 쉽다. 그렇게 자주 지적을 받으면 아이나 부하 직원이나 학생 모두 자신이 무능하며 열등하다고 인식하기 마련이다. 꼬투리를 잡은 사람은 자신이 우월한 존재임을 상대방에게 과시함으로써 우월감을 느낄 줄 모르나, 상대방은 살아갈 용기를 잃고 삶의 활력마저 빼앗긴다.

　곰곰이 생각해보라. 능력 부족과 상대방의 존재론적 가치는 아무런 관련이 없다. 설사 아이가 문제 행동을 일으키거나 직원이 일처리를 잘못하더라도 상대방이 스스로의 가치를 부정당했다고 느낄 만한 언사는 피해야 한다. 아들러의 말처럼 '누구나 용기를 가지면 잘할 수 있는'데 그 가능성에 찬물을 끼얹는 행위이기 때문이다. 오늘은 어떤 이유로 하지 못했을지 모르지만, 분투하는 내일엔 할 수 있는 가능성이 누구에게나 잠재되어 있다. 아들러의 말처럼 시작은 할 수 있다는 용기로부터 비롯된다. 하지만 문제의 원인을 자꾸 지적하면 용기만 훼손할 뿐이다. 원인 규명을 한다면서, 그 원인 캐내기의 동기가 선할지라도, 상대의 문제를 찾아내 지적하거나 실패를 끄집어내 몰아세우는 것만큼 용기를 꺾는 일도 따로 없다.

　관건은 해결 방법과 가능성이다. 아들러는 말한다.

　"학교에서 용기를 빼앗겨보지 않은 아이는 한 명도 없다. 학교와 교사는 용기를 빼앗긴 아이에게 다시금 자신감을 불어넣어줄 수 있다."

　원인 규명에 들이는 시간을 없애고 용기를 되찾기 위한 해결 방법을 찾는 데 중점을 두라는 말이다.

만약이라는 가정법

사회 부적응은 어떻게 시작될까? 아들러는 『개인심리학 강의』에서 열등 콤플렉스로 용기가 훼손된 채 사회 부적응 장애 증세를 일으키는 사례를 들고 있다.

열등 콤플렉스 증세가 미미한 환자는 이를 숨기거나 적어도 감추려는 경향이 보인다. 인생의 어려운 과제에 부딪히지 않는다면 꽤 만족하며 사는 듯이 보일 수 있다. 하지만 유심히 관찰하면 말 속에서는 드러나지 않더라도 태도에 열등감의 그림자가 드리워져 있다. 열등 콤플렉스로 살아갈 용기를 잃고 애면글면하는 사람이지만 자기중심적인 태도로 인해 생긴 무거운 짐들로부터 벗어나고 싶어한다. 그런데 이들은 흥미로운 방법으로 열등 콤플렉스를 숨기고자 한다. 반면 '열등 콤플렉스 때문에 힘들다'며 대놓고 털어놓는 사람도 있다. 이렇게 콤플렉스를 숨기지 않는 사람은 자신이 고백했다는 사실에 우쭐해한다. 그것을 숨기는 사람보다는 자신이 더 훌륭하다고 생각하는 것이다.

"난 삶에 정직해. 내가 겪는 고통의 이유를 굳이 숨길 필요가 있나?"

그런데 열등 콤플렉스를 고백하면서 자신이 처한 곤경이나, 이런 상황을 불러온 환경에 대해서도 이야기한다. 불우한 가정이나 열악

한 교육 환경, 뜻밖의 사고, 해고, 경제적 압박, 대인관계 불화 등이 그런 예다. 열등 콤플렉스는 이에 대한 보상으로 생긴 우월감 추구에 의해 가려지는 경우가 이따금 있다. 우월감을 가진 이는 거만하고 무례하며 속물근성이 있어서 행동보다는 겉모습에 더 신경을 쓰기 때문이다. 하지만 이런 유형은 살아갈 용기를 내 무언가를 이루려고 분투할 때 무대 공포증을 앓는다. 그러고 나서 이를 모든 실패의 구실거리로 삼는다.

"만약 무대 공포증만 없었다면 내가 이루지 못할 일이 뭐가 있겠어?"

이 '만약'이라는 가정법 뒤에 바로 콤플렉스가 숨겨져 있다. 열등 콤플렉스 탓에 행복하게 살아갈 용기를 잃으면 지나치게 조심스러운 태도를 보이거나 세세한 일에 크게 휘둘린다. 또한 더 원대한 목표를 배제하고, 자잘하고도 셀 수 없는 원칙 및 규제로부터 제약을 받는 좁은 분야에 얽매인다. 이러한 지팡이, 즉 구실거리에 의존하는 것이 바로 열등 콤플렉스가 있다는 증좌다. 그들은 자기 자신에게 가치가 있다고 믿지 못하기 때문에 자립할 용기를 자의적으로 깎아내리며 기묘한 분야에 관심의 안테나를 세운다. 외골수처럼 신문이나 전단지, 폐품 등을 수집하며 늘 시시콜콜한 소일거리로 마냥 바쁘다. 이런 라이프스타일로 시간을 낭비하면서 늘 핑계를 댄다. 이처럼 인생의 유용하지 않는 측면으로 자신을 훈련하는 일이 장기간 지속되면 용기가 심각하게 훼손되어 강박 신경증 징후를 나타내게 된다.

▬

비관주의

　　　　　　　　플라톤은『법률』에서 "선한 삶이란
놀이를 행복하게 즐기면서 사는 것"이라고 말했다. 어쩌면 인생의
궁극적인 목표는 '행복해질 용기'를 잃지 않으며 삶 따위 즐겨주마라
고 호언장담할 수 있는 경지일지도 모른다. 또한 인생의 모든 과제
는 행복을 달성하기 위한 수단일 수도 있다. 아들러도 사는 기쁨으
로 가득 찬 인생에 대해 자주 말했다. 그런데 한 개인이 자신의 행복
추구 권리만을 강다짐하는 것으로 진정 행복해질 수 있을까? 아들러
는 말한다.

　"장점도, 단점도 있는 이 세계의 악과 역경 등에 주의하면서 자신
의 과제에 두려워하지 않고 적절한 방식으로 의연하게 맞서면 세계
를 개선하는 데 제 역할을 다할 수 있다. 단 공동체 감각을 잃지 않고
타인과 협력할 용기가 마모되지 않아야 한다."(『인생 의미의 심리학』)

　이 세계는 완전하지 않으며, 우리 인생도 불완전하다. 늘 즐거울
수 없고, 대인관계의 마찰도 피할 수 없다. 또한 산다는 것은 늙고 병
들고 죽는 생로병사이며 죽음은 만인에게 평등하다. 대인관계의 마
찰도 피할 수 없다. 아들러는 살아갈 용기를 잃고 산다는 것과 인생
의 과제를 유별나게 힘든 것으로 간주하는 아이들에 대해 이렇게 말
한다.

호혜적 감정 교류인 우정은 결코 혼자서는 쌓을 수 없다. 우리는 타인과 협력할 용기가 닳지 않도록 해야 할 것이다.

"이런 아이는 삶과 인생의 과제를 유독 힘들다고 생각하며 개인적인 손해를 보지 않기 위해 늘 자신의 주변을 경계하고 의심한다. 그들은 이 과도한 경계심과 조심성이라는 무거운 짐을 지고, 경솔하게 실패하는 운명에 몸을 맡기느니 도리어 역경과 위험을 보면 과제를 회피하는 경향을 보인다. 결국 삶을 놀이로서 행복하게 즐기지 못한다."(『성격 심리학』)

곤란함이 있어서 과제를 회피하는 게 아니라 오히려 잘 살아야 하는 과제를 회피하고자 인생의 크나큰 어려움과 위험을 찾아내며, 또한 실패를 두려워해서 과제로부터 도피한다는 지적이다.

"이런 아이들은 공통되게 공동체 감각이 별로 발달되지 않는 특징을 보인다. 또한 타자보다는 자기 자신만 생각한다. 일반적으로 이런 아이는 행복하게 살아갈 용기를 잃고 비관적인 세계상을 갖는 경향이 강하다. 잘못된 라이프스타일에서 구제받지 못하면 행복한 삶을 추구하지 않고 또한 산다는 것 자체도 즐기지 못하게 된다."(『성격 심리학』)

행복해질 용기가 훼손되면 얼마만큼 슬퍼지는지를 알려주는 말이다. 또한 역설적으로 자기만이 아니라 타인에게 배려할 수 있으면 인생의 과제를 회피하기 위해 고통을 증폭시킬 필요가 없어진다는 말이기도 하다. 만약 이렇게 되면 인생의 과제에 맞서는 것도 그저 자신만을 위한 게 아니라 타자 공헌의 계기가 되며, 역경에 맞선다는 그 자체가 세계를 개선하기 위한 노력일 수 있고 '즐거운 놀이'라는 역발상도 가능하다.

고립의 올가미

　　　　　　　　　　　"아이들을 다른 아이들로부터 고
립시켜보라. 그러면 남과 친하게 지내는 방법을 결코 배우지 못하
며, 우정과 협력이 가능함을 모르고 인생을 허비하게 될 것이다.
또한 결코 사회에 편안하게 적응해 행복해질 용기를 내지 못한 채
살아가다가 어른이 되고, 직업과 사랑, 결혼 등등 인생의 여러 과
제에 직면할 때 아이들은 아무것도 이루지 못하게 된다. 모든 문제
는 모든 타자를 포함한 대인관계의 문제이기 때문이다."(『아들러가
말하다』)

　사람은 결코 다른 사람으로부터 고립되어 '나 혼자서만' 살아갈 수
없다. '혼자서만 살아갈 용기'와 '나답게 살 용기'는 전혀 다르다. 전
자는 '아집'이고 후자는 '자존감'이다. 특히 응석받이는 엄마와 함께
이른바 위험한 세계와 대치하며 '나 홀로의 고집스런 세계관'에 갇혀
살아갈 가능성이 큰데, 이는 자연스런 존재 방식이 아니다.
　가령 인생의 3대 과제 중 하나인 '우정'은 절대로 혼자서는 쌓을 수
없다. 우정은 호혜적인 감정 교류이지 않은가. 혼자 있으면 당연히

타자에게 협력할 수도 없다. 타자를 적으로 보는 사람이나 자신이 지키고 있는 세계에서 한발 밖으로 나가면 그곳은 위험이 가득한 아수라장이라고 생각하는 아이들은 상상도 못 할 테지만, 타자와 우정을 나누고 서로 협력하는 것은 결코 성가신 일이 아니다. 아들러의 말대로, 타자와 교류하고 연대함으로써 '사회 속에서 평안하게 지내며 행복해질 용기를 내는' 일이 가능하다. 타자와의 관계를 어린 시절부터 회피해온 아이는 대인관계 속에서 용기를 내는 훈련을 받은 일이 없기 때문에, 다른 사람과 공생해야 하는 이 세계 속에서 '함께 살아갈 용기'를 잃고 망연자실한 듯 어처구니의 취생몽사처럼 살게 된다.

아이에 대한 절망

"부모가 어떤 문제로 아이의 용기를 꺾고 있을 때, 그것은 아이의 인생 전반에 걸쳐 커다란 악영향을 끼친다. 이때 아이는 희망을 모조리 잃는 것을 정당화하게 된다. 그리고 아이는 절망하며 그의 공동체 감각의 마지막 흔적을 지워버린다. (…) 엄마가 자신의 일로 절망하고 있다고 느끼면, 그 아이는 용기를 잃고 만다.(『아이들의 라이프스타일』)

아이에게 부모는 요컨대 최후의 보루이며 자신을 끝까지 지켜주는 존재일 텐데, 바로 그러한 부모가 아이의 일로 절망한다는 것은,

응석받이는 아무도 응석을 받아주지 않을 때 살아갈 용기를 아예 잃어버리기도 한다. 아이
에게는 일종의 방임이 필요하다.

부모가 자녀를 더는 어쩔 수 없다고 생각해버리는 것이나 다름없다. 때문에 아이는 부모와의 관계를 상실했다고 믿어버린다. 그리하여 아이의 공동체 감각의 마지막 흔적이 지워져버린다. 행복해질 용기를 깡그리 잃고 마는 것이다. 아이일 적에는, 타자 중에서 가장 크게 기댈 수 있는 부모와 유대하며 연결되어 있다고 느끼는 감수성이 바로 아들러 심리학의 핵심인 '공동체 감각'을 의미하기 때문이다.

과잉보호

부모나 교사는 아이를 지나치게 도와주지 말고 자립하는 훈련을 시켜야 한다. 과잉보호는 아이의 용기를 빼앗기 때문이다. 태어날 때부터 아이는 라이프스타일을 형성하기 시작한다. 만약 아이가 울 때마다 부모가 안고 어르며 달래준다면 아이는 곧 '울면 해결된다'고 학습한다. 또한 손윗사람에게 응석 부리는 게 당연하다는 고정관념을 형성하기 시작한다. 그렇게 자라다가 아무도 응석을 받아주지 않을 때는 살아갈 용기를 아예 잃어버리고 고독감을 느끼며, 심지어는 범죄자의 길로 들어서기까지 한다.

부모가 아이를 영원히 어르고 달랠 수는 없는 노릇이다. 자기가 할 수 있는 일은 스스로 하도록, 일종의 방임이 필요하기도 하다. 날마다 어리광과 떼만 부리다 자란 아이의 가장 큰 성격적 특징은 홀로

서야 할 때, 용기라는 감성능력의 틀이 찌그러진 탓에, 작은 일에도 큰 좌절감을 맛본다는 것이다. 왜냐하면 홀로 서는 자립 훈련을 제대로 받지 못해 인생을 자유롭고 행복하게 살아갈 준비가 되어 있지 않기 때문이다.

　부모가 아이를 신뢰하고 자립할 수 있다는 믿음을 주려면 아이를 과잉보호하거나 과도하게 응석을 받아주지 않도록 주의해야 한다. 아이가 울며 떼를 쓰더라도 가끔은 내버려두어라. 그리고 나서 장난감을 손에 쥐여주며 혼자서 '노는(사는)' 환경도 마련해봐라. 이렇게 자립하는 훈련이야말로 아이의 용기를 훼손하지 않고 용기 부여를 해주는 과정이다. 이럴 때 용기란 아이가 혼자 힘으로 어려움을 극복하는 것을 말한다. 결코 아이의 요구를 무조건 들어주어서는 안 된다는 게 아들러의 전언이다.

특정 아이 편애

　　　　"만약 한 아이만 엄마의 마음을 독차지한다면 다른 아이들은 그 아이에게 그리 우호적이지 않게 되며, 자신들의 동료로 대하지 않는다. 이러한 상황이 지속되고 사랑을 받지 못한다고 느끼는 어느 아이가 부모의 속마음을 오해하게 될 때, 최악의 경우 범죄자의 삶이 시작될 수도 있다. 가족 중에

엄마가 형제 중 한 아이를 편애한다면, 선택받지 못한 다른 아이는 부모의 속마음을 오해
하고 말 것이다.

걸출한 능력이 있는 아이가 있으면 다른 아이는 자주 문제 행동을 일으킨다. 두 번째 아이가 더 우호적이고 매력적인 경우도 흔하다. 첫 번째 아이는 애정을 빼앗겼다고 느낀다. 이런 아이들이 잘못된 생각을 하여 자신이 무시받고 있다는 느낌에 휩싸이는 일은 쉬이 불거지는 현상이다. 그는 자기가 옳다는 걸 증명하는 증거를 찾는다. 그러다가 행동은 더 나빠져 부모로부터 더 엄하게 다뤄지고 단속을 받는다. 그리하여 그 아이는 자신은 방해물로서 옆으로 밀쳐졌다는 확증을 갖게 된다. 사랑받을 권리를 빼앗겼다고 느꼈기에 도둑질을 시작한다. 적발되어 벌을 받으면 드디어 누구든 자신을 사랑하지 않고 모든 사람이 자신을 적대시하고 있다는 증거를 갖게 되는 것이다."(『인생 의미의 심리학』)

형제관계는 아이가 라이프스타일을 형성할 때 가장 큰 영향을 미친다. 형제 가운데 여기서 말한 것과 같이 특별히 편애를 받는 아이가 있으면, 주목받고 싶은 다른 아이는 함께 살아갈 용기가 훼손되어, 부모에게 보란 듯이 문제 행동을 일으키거나 신경증 증상을 보이는 경우가 있다.

부모 입장에서는 똑같이 사랑한다고 생각해도 아이는 '착각'이나 '오해'를 할 수 있으며, 안타깝게도 실제로 그런 예들이 비일비재하다. 가령 공부 잘하는 아이를 편애하는 일이 잦다고 해보자. 그럴 때 애지중지를 받지 못하는 아이는 자신이 사랑받지 못하며 무시당하고 있다는 증거를 찾으려고 굳이 비행을 저지른다. 문제 행동을 하는 아이를 체벌하는 것은 사랑받지 못한다는 생각을 확증하게 하고, 마침내 행동이 더욱더 반항적으로 고조된다. 그 아이는 서서히 함께 살아갈 용기가 꺾여나간다.

지배하고 억압할 때

대부분 어린 시절에 마음속으로 좋아하는 이상형을 꿈꾼다. 성인기에 이성에게 육체적인 매력을 느끼는 차이도 어린 시절부터 훈련받은 양상에 따라 다르다.

"남자아이가 어머니와 사이가 좋지 않거나, 반대로 아버지와 사이가 원만하지 않은 여자아이도 있다. 이는 부모의 결혼생활에서 협력이 제대로 이뤄지지 않으면 얼마든지 발생할 수 있는 상황이다. 그런 아이들은 나중에 부모와 대조적인 유형의 이성을 찾게 된다.

예를 들어 어떤 소년의 어머니가 설교를 심하게 늘어놓고 아들을 너무 윽박지르면서 키웠다면, 그리고 그 소년이 몸이 허약할 뿐 아니라 남에게 지배받는 것을 두려워한다면 그는 군림할 것 같지 않은 여성들한테 특별하고도 만성적인 매력을 느낄지도 모른다. 한편 역설적으로 강인해 보이는 여성을 선택할 수도 있다. 자신이 허약한 탓에 힘을 숭상하기 때문이거나, 아니면 어머니처럼 강한 여성을 눌러보고 싶은 욕구 때문이기도 하다. 어머니와의 불화가 줄곧 심했다면 사랑과 결혼의 문제에 대처하는 준비 작업이 어긋날 수도 있다. 심지어 그는 사랑할 용기가 훼손되어 이성에게 육체적 매력을 느끼지 못할 수도 있다. 극단적인 상황에서는 여성을 완전히 배제해버리고, 개인의 라이프스타일에 따라서는 성도착자가 되기도 한다."(『인생 의미의 심리학』)

아들러는 성적으로 끌리는 본능과 관련된 사회적 감수성을 훈련하는 일이 결혼 준비에 포함된다고 말한다. 그래서 성교육에서 가장 중요한 점은 성에 대한 거짓 정보를 주지 않는 것과 아이들의 질문을 피하지 않는 것이다. 또한 아이들이 이해할 수 있다고 생각하는 정도만 설명해주는 것도 매우 중요하다. 허세가 섞인 잘못된 정보는 아이들에게 큰 피해를 줄 수 있다. 인생의 다른 과제들과 마찬가지로 연애 문제도 아이들이 알고 싶은 내용을 질문을 통해 배우거나 자발적인 노력으로 터득하는 것이 바람직하다.

"아이들이 성에 관한 또래 친구들의 설명을 듣고 잘못된 길로 빠질지 모른다고 걱정하는 부모가 많다. 이는 쓸데없는 우려다. 협력 정신과 자립심을 제대로 훈련받은 아이들은 놀이터에서 친구들에게 들은 이야기에 절대 현혹되지 않는다. 하지만 어머니가 아이를 지배하고 억압했다면 아이는 사랑하고 결혼할 시기가 되어도 사랑할 용기를 잃고 이성에게 쉽사리 다가가지 못한다."(『인생 의미의 심리학』)

이런 경우 아이의 이상형은 가녀리고 순종적인 여자가 될 가능성이 높다. 남자가 싸우기 좋아하는 유형이라면 결혼한 뒤에도 아내와 곧잘 다투며 아내를 지배하려 든다. 사람이 사랑이란 문제에 직면하면 어린 시절에 보였던 조짐들이 더욱 두드러지고 확대된다고 아들러가 지적한 이유다.

특히 열등 콤플렉스에 시달리던 사람이 성적인 문제를 접했을 때 어떻게 행동할지 쉽게 상상할 수 있다. 이들은 자신을 약하고 열등하다고 여기기 때문에 스스로 연애할 용기를 잃고 타인의 도움을 원한다(사랑과 결혼은 철저하게 두 사람만의 대인관계라는 점에서 출발하는데도). 또한 어머니와 같은 여성을 원하는 경우가 많은데, 자신의 열등에 대한 보상으로, 사랑하지는 않지만 자신에게 복종하거나 아니면 자신을 지배해줄 대상을 모순적으로 선택하기도 하는 것이다. 때로는 거만하고 무례하며 공격적인 모습을 보이기도 한다. 심지어 짝을 동반자가 아닌 대인관계의 적으로 여기며, 연애라는 살벌한 전투에서 승리자가 되는 일을 명예롭게 생각해 싸우기 좋아하는 여자를 만날지도 모른다. 이렇듯 사랑할 용기가 훼손된 채 연애와 결혼이라는 과제에 부딪히면 '진정한' 선택에 많은 제약을 받게 된다. 남녀 상관없이 이런 식으로는 결코 사랑과 결혼에 성공할 수 없다. 나는 열등 콤플렉스나 우월성을 충족시키기 위해 이성을 희생양으로 삼는

용기가 훼손된 채 사랑의 관계에 돌입해서는 안 될 것이다. 만약 용기를 회복하지 못한 채 남녀 관계를 맺게 된다면, 이는 왜곡된 모습으로 변질될 우려가 있다.

일은 참으로 어리석다고 생각한다. 하지만 현실에서는 이런 일이 비일비재하다.

한 사람이 정복자가 되려고 하면 상대방도 정복자가 되고 싶어하기 마련이다. 그러다보면 결혼생활 자체가 유지되기 힘들다. 어떤 사람은 배우자를 고를 때 예상치 못한 선택을 하기도 한다. 이는 열등 콤플렉스를 충족시키려는 경우다. 허약하거나 병든 사람, 나이든 사람을 배우자로 선택하는 것인데, 곧 이런 유형의 배우자가 다루기 쉬울 것이라 짐작하기 때문이다. 이따금 결혼생활에서 어떤 문제와도 부딪치고 싶지 않아 유부남이나 유부녀를 배우자로 찾는 사람도 있고, 양다리를 걸치는 사람도 있다. 두 사람이 한 사람보다 못할 수도 있기 때문이다.

"열등 콤플렉스에 시달리는 사람은 사랑 문제에서도 용기를 잃는다. 유부남 혹은 유부녀를 사랑하거나 한 번에 두 사람을 사랑하는 것은 그가 여태껏 습관처럼 되풀이하면서 형성한 성향을 만족시키는 방법이다. 이외에도 약혼 기간을 너무 오래 잡거나 끊임없이 구애만 하는 사람도 있다. 이 경우에는 결혼까지 가지 않는다. 어떤 사람이 오해를 사거나 행동에 제약을 받으면 열등감을 느끼며 그 자리에서 벗어나고 싶어한다. 이런 감정은 결혼생활에 특히 좋지 않다. 극단적인 절망감은 결혼생활에 치명적인 타격을 입히고 부부에게 서서히 복수심을 일으킨다. 한쪽이 배우자의 삶을 망치려는 가장 일반적인 방법은 바람을 피우는 것이다. 외도는 복수 행위다. 외도하는 사람은 사랑이나 정서 타령을 하면서 자신을 정당화한다. 하지만 이는 '우월성 추구라는 목적'을 이루기 위한 핑계에 지나지 않는다."(『개인심리학 강의』)

자신의 이익만 생각하는 사람들은 어떻게 살아야만 늘 쾌락과 흥분을 느낄 수 있을까를 궁리한다. 그들은 항상 자신의 자유와 쾌락을 요구할 뿐이다. 어떻게 하면 배우자의 삶을 편안하고 풍요롭게 해줄 수 있을까라는 생각은 하지 않는다. 이는 파멸에의 접근 방식이다.

"사랑에 대한 태도를 준비하는 데 있어 책임 회피를 위한 구실거리만 찾아서는 안 된다. 사랑의 동반자 관계는 망설임과 의심 탓에 진솔하게 사랑할 용기가 훼손되면 성공하지 못한다. 협력은 평생 지켜야 할 약속을 요구한다. 확고하고 변치 않는 약속이 없는 결혼은 결혼이 아니다."(『인생 의미의 심리학』)

4장

용기의 기원

용기는 어디로부터 오는가?

한 스푼의 약처럼 | 첫발을 내딛어라 | 자신의 가치를 각성하라 | 나에게 용기를 북돋워라 | 공동체 감각을 길러라 | 자존감을 길러주어라 | 라이프스타일을 살펴보라 | 협력능력을 키워주어라 | 대등한 관계를 맺어라 | 침착한 부모가 되어라 | 라이프스타일을 바꿔주어라 | 이해하고 있음을 전하라 | 이야기를 들어줘라 | 엄마가 믿는 만큼 | 부모의 잘못을 인정하라 | 용기의 사회적 기원 | 집을 쾌적한 공간으로 만들어라 | 인생의 과제를 알려주어라 | 한계를 설정하지 마라 | 할 수 있는 것부터 시작하라 | 사는 걸 두려워하지 마라 | 돈이 전부가 아님을 깨닫게 하라 | 자립하게 하라 | 어른으로 대접하라 | 타인에게 관심을 갖게 하라 | 신뢰의 필요성을 전하라 | 자신을 돌볼 수 있게 하라 | 재능을 키워주어라 | 평등의 가치를 가르쳐라

한 스푼의 약처럼

"용기를 한 스푼의 약처럼 떠먹여 줄 수는 없다."(『아이들의 라이프스타일』)

약이라면 마시기를 거부해도 억지로 복용시켜서 증상이 좋아질 수 있겠지만, 인생의 과제에 직면했을 때는 스스로가 그것을 해결하겠다고 결심하지 않으면 주위 사람이 제아무리 종용한다 해도 해결될 리 없다. 반대로 주변에서 손을 놓고 수수방관한다 해도 전혀 도움이 안 된다. 이 장에서는 용기를 잃은 사람이 용기를 어디로부터 되돌아오게 할 수 있는지, 그리고 우리가 어떻게 도움을 줄 수 있는지를 살펴보자.

"지금은 용기를 북돋울 수밖에 없다. 그의 문제를 왈가왈부하는 일로는 용기를 북돋울 수 없다."(『개인심리학의 기술』)

아들러가 열두 살인데도 잠자다 오줌을 싸는 일이 빈번한 소년과 그의 부모를 공개 상담하면서 한 말이다. 일반적으로 아이의 문제로 상담을 하러 온 부모는 아이의 '문제'에만 주의를 기울이기 때문에 상담자가 부모에게 아이의 일상생활과 성격, 아이의 단점이 아닌 장점을 알고 싶다고 해도 부모는 곧장 대답해주기를 꺼리는 게 다반사다. 하지만 아이의 적절한 행동이나 성격에 주목해야만 잃어버린 용기를 되찾을 수 있다.

첫발을 내딛어라

　　"모든 문제는 당신에게 용기가 충분히 없기 때문에 일어납니다. 당신이 자신의 행동에 대한 책임을 전부 지겠다는 결심을 하라고 제안하고 싶습니다. 나는 당신이 이 첫발을 내딛으면, 그 일은 당신에게 큰 도움이 될 거라고 확신합니다."(『아이들의 라이프스타일』)

　　정신발작을 주로 호소한 여성을 공개 상담할 때 아들러가 한 말이다. 자신의 행동에 대한 책임을 지는 첫걸음을 내딛지 않으면 아무런 변화도 일어나지 않는다. 책임은 영어로 responsibility라고 하는데, 이는 원래 '응답하는 능력response+ability'이라는 의미다. 교단에 놓인 꽃병이 깨진 것을 교사가 발견했다고 하자. "누가 이 꽃병을 깬 것입니까?"라는 교사의 물음에 "네, 접니다"라고 대답할 수 있는 학생이야말로 자기 행동에 책임을 지는 사람이다. 그러나 자신이 깼는데도 교사의 물음에 대답하지 않는 학생은 '응답할 수 없는' 사람 곧 '무책임한' 자다. 물론 자신의 행동 모두를 책임지는 것은 쉬운 일이 아니다. 그러나 적어도 "자신의 행동에 대한 책임을 전부 지겠다는 결심을 하면" 변화가 일어난다. 아들러의 말에 환자(플로라)가 물었다.

플로라: 제가 '약간'의 용기를 가지면 발작을 고칠 수 있다는 뜻입니까?

아들러: 그렇습니다.

플로라: 어떤 일이든 해보겠습니다.

이 세상은 결코 장밋빛이 아니다. 살다보면 불쾌한 일, 부조리한 일도 마주친다. 피할 수 없으면 차라리 즐기는 게 낫지 않을까. 또한 이 세상을 조금이라도 낫게 만드는 일에 공헌하면 기쁨은 배가되지 않을까. 타자 공헌의 범위를 넓히며 타인이 나에게 무엇을 해줄지를 기대하기에 앞서 스스로 할 수 있는 걸 찾는 용기를 내다보면 행복이 굴러오지 않을까. 피할 수 없는 인생의 과제로부터 어떻게 도피할지 핑곗거리를 찾다보면 산다는 것은 고통일 뿐이다. 바로 해결할 수 없는 과제도 있고, 인생 따위 괴롭기도 하지만 그런 과제에 맞서는 용기를 낼 때 오히려 삶의 기쁨은 밀물처럼 밀려오지 않을까. 이것이 아들러가 플로라에게 '약간 분량'의 용기를 내보라고 권유한 이유다.

상대방의 용기를 되찾게 하는 방법에는 여러 가지가 있다. 가령 '결과보다는 과정을 중시하는 것'이다. 인생의 모든 과제에는 과정과 결과가 있다. 그런데 과정과 결과가 항상 일정한 비율관계인 것은 아니다. 과정에 힘쓰지 않더라도 결과가 좋을 수 있고, 그 반대인 경우도 있다. 하지만 결과가 좋지 않더라도 과정상에서 최선을 다하는 자세를 견지했다면, 그것을 인정하고 격려하는 것은 무조건 치켜세우는 과장된 칭찬과는 결이 다르다. 즉 과정을 중시해주면 살아갈 용기를 되찾을 수 있다. 그리고 타인의 장점을 뚜렷하게 드러내줌으로써 용기를 되찾게 할 수 있다.

타인의 장점 드러내기는 상대방의 좋은 점에 관심을 가지고 상대가 하는 행위가 바람직하다는 사실을 전달해주는 행위다. 당연히 어떤 보수나 복종을 바래서는 안 된다. 또한 타인을 평가하거나 조종하려는 면이 적다는 점에서 칭찬과 다른 성질의 대인관계 현상이다. 상대방의 결점을 들추는 행위는 용기를 꺾을 수 있는 반면, 장점을 드러내주는 행위는 상대방의 용기를 되찾게 하기 때문에 그 사람의 능력을 끌어올리는 효과를 발휘한다. 또한 상하관계가 아니라 대등한 관계에서 작용하기 때문에 칭찬과는 질이 다르다.

자신의 가치를 각성하라

"나는 내 자신에게 가치가 있다고 생각할 때에만 용기를 가질 수 있다."(『아들러가 말하다』)

인생의 과제를 회피하는 까닭은 그 과제 자체가 어렵다기보다 자신에게 가치가 있다고 생각하지 않기 때문이다. 사랑의 과제를 예로 들어보자. 이러저러한 나를 좋아해줄 이성이 존재할 리 없다고 생각하는 사람은 사랑의 과제에 직면하지 않는 자신을 정당화하거나 자기 합리화한다. 하지만 어떤 과제 앞에서 망설이던 '자신에게 가치가 있다'고 생각하면 과제에 임해보자는 힘이 솟게 된다. 이러한 원동력에 의한 행동을 아들러 심리학에서는 '용기의 기원' '용기의 회복' '용기 북돋우기' 등으로 정의한다.

이러한 연장선상에서 본다면, 용기를 되찾게 하는 것은 상대방에게 과제 해결능력을 주는 게 아니다. 아들러는 "누구라도 뭐든지 해낼 수 있다"고 말했다. 누구든 과제를 해결할 능력이 없는 것은 아니다. 문제는 과제 해결능력이 없는 게 아니라, 과제를 해결하고 싶은 용기가 없는 것이다. 관건은 능력이 아니라 용기다. 이에 아들러는 강조했다.

"자신에게 과제를 해결할 능력이 없다고 생각하는 사람은 사실 그 능력이 없다고 생각하고 싶은 사람이다. 우리는 상대방에게 과제를 해결할 수 있다는 생각이 들도록, 곧 '용기를 낼 수 있게' 원조해야 한다. 이를 위해서는 우선 상대방 자신이 스스로에게 가치가 있다고 각성하지 않으면 안 된다."

용기를 내자고 마음먹거나 주위에서 용기를 내라고 격려한다고 해서 곧바로 용기가 생기지는 않는다는 말이다. 문제는 자신에게 가치가 있다고 생각할 수 없기 때문에, 인생의 과제에 임하겠다는 용기가 우러나오지 않는 것이다. 아들러는 그래서 "자신에게 가치가 있다고 생각할 때에야 비로소 용기가 돌아온다"고 말한다. 또한 아들러는 자신이 쓸모없지 않고 타자에게 도움을 주고 있다고 생각할 수 있을 때 비로소 자신에게 가치가 있음을 깨닫고 그런 자신이 좋아지며, 스스로를 받아들일 수 있다고 지적한다. 타자를 적으로 간주해 타자와의 대인관계에서 자신이 타자에게 공헌한다고 느끼지 못한다면 자신에게 가치가 있다고 생각할 수 없다는 것이다.

이처럼 용기의 기원은 나 자신으로부터 출발한다. 아들러는 다음과 같이 말한다. "나의 행동이 공동체에 유용할 때에만 자신에게 가치가 있음을 인정하는 것이 용기를 각성할 때의 첫걸음이다."

앞서 아들러는 자신이 타인에게 도움을 주면 자신의 가치를 느낄 수 있다고 말했는데, 여기서는 자신의 "행동이 공동체에 유용할 때" 가치를 각성할 수 있다고 강조한다. 그래야만 인생의 과제에 맞설 용기가 회복된다는 것이다.

용기를 주는 행동으로 가장 효과적이고 곧바로 시작할 수 있는 것은 무엇일까? 바로 '고맙습니다' '감사합니다'라는 말을 건네는 것이다. 상대방에게 '감사합니다'라고 했는데 부정당하는 일은 거의 일어나지 않는다. 그리고 고마움을 전달하는 말에 금전적인 부담이 따를리 없다. 상대도 이를 부담스러워하지 않는다. 그런 까닭에 감사의 인사(말이든, 편지든, 메일이든)야말로 가장 효과적인 용기의 기원이다. 가령 아이에게 '고마워' '도움이 됐구나'라는 말을 함으로써 아이가 공헌감을 갖게 되면, 그 아이는 대인관계를 기피하거나 부모를 난처하게 만드는 방법으로 인정받으려 하지 않을 것이다. 그리하여 아이가 자기 자신을 좋아하게 되고, 스스로의 가치를 각성할 수 있게

되면 자기에게 주어진 과제, 자기밖에 해결할 수 없는 과제를 풀어나
가려는 용기를 갖게 된다.

나에게 용기를 북돋워라

　　　　　　　　　　　　용기 북돋우기에는 두 종류가 있다.
하나는 자기 자신에게 하는 것이고, 다른 하나는 타자에게 하는 것이
다. 아들러는 자기 자신에게 용기를 주는 데는 네 가지 방법이 있다
고 말한다.

　첫 번째는 '목적지향적인 삶'이다. 아들러 심리학은 인간 행위의 원
인이 과거에 있지 않고 본인의 목표나 목적에 따른 결과라고 인식했
다. 이른바 '목적론'이다. 한 사람이 목적지향적인 삶을 살면 과거에
발생한 여러 문제도 어떻게 해석하고 대응할지 스스로의 자유의지로
결정할 수 있다. 그래서 아들러는 "과거를 바꾸진 못하지만 현재와
미래는 바꿀 수 있다"며, 그러기 위해 스스로의 선택으로 올바른 목
표를 설정하면 자기 자신에게 용기를 북돋울 수 있다고 강조했다.

　두 번째로 아들러는 '긍정적인 사람'이 되려는 목표를 가지면 자기
자신에게 용기를 북돋울 수 있다고 했다. 여기서 긍정적인 사람이란
남에게 무조건 좋다기보다 '나와 너 서로에게 좋은' 그리고 '공동체에
유용한' 목표를 위해 사는 사람이다. 자기 자신이 건설적인 사람이면

이는 본인뿐 아니라 상대방에게도 용기를 북돋울 수 있다는 말이기도 하다. 세 번째로, 아들러는 웃음을 잃지 않아야 자기 자신에게 용기를 부여할 수 있다고 말한다.

"기쁨은 나와 타자의 유대를 맺어주는 정서이고, 슬픔은 그것을 배반하는 정서다."

웃음을 잃지 않는 사람을 보면 누구나 일단 마음을 쉽게 연다. 웃음은 사람에게 매사를 낙관적으로 생각하게 하고, 미래지향적인 대인관계를 맺게 한다. 그런 까닭에 웃음은 자기 자신에게 용기를 북돋울 수 있는 것이다. 마지막으로 아들러는 낙천주의자가 아니라 낙관주의자가 되어야 자신에게 용기를 줄 수 있다고 말한다. 앞서 살펴보았듯이, 낙천주의자들은 무턱대고 좋은 일이 생길 거라고 믿는 사람인 반면, 낙관주의자들은 세상 물정의 호사다마好事多魔를 이해한다. 좋은 일이 있으면 나쁜 일도 있기 마련이므로 낙관주의자들은 스스로에게 용기를 북돋우며 늘 최선의 선택을 하려고 분투한다. 설령 좋지 않은 상황에 직면한다 해도 이를 침착하게 받아들이며, 적절한 대처 방안을 찾고자 자율적, 주체적으로 움직인다.

공동체 감각을 길러라

아들러는 '육아와 교육의 목표가 공

동체 감각의 육성에 있다'고 역설했다. 다시 말하지만, 공동체 감각에 해당되는 social interest는 '사회적 관심', 즉 '타인에 대한 관심'이라는 뜻이다. 자기에 대한 관심self-interest을 타인에 대한 관심으로 바꾸는 것이다.

"공동체 감각을 기르는 가치는 아무리 강조해도 지나치지 않는다. 마음의 성장은, 지성이 공동체에 관계하는 기능이기 때문이다. '자신에게는 가치가 있다'는 감각은 용기와 낙관적인 시각을 불러오며, 거기에는 인류 공통의 숙명적인 이점과 결점을 잠잠히 받아들일 수 있는 감각도 있다. 사람이 행복해질 용기를 갖고 살아가면서 진정 자신이 가치 있다고 느끼는 것은 그 사람이 타자에게 유용하고, 개인적이 아니라 공동의 열등감을 극복하는 한에서다. 윤리적 가치만이 아니라 미학에서의 올바른 태도, 미와 추에 대한 최선의 이해를 할 수 있는 용기도 항상 가장 진실한 공동체 감각을 밑바탕으로 삼고 있다." (『왜 신경증에 걸릴까』)

앞에서도 나는 한 개인은 "자신에게 가치가 있다고 생각할 때에만 용기를 갖는다"는 경구를 인용했는데, 여기서 아들러는 자신의 가치를 느낄 때 우러나오는 용기가 '낙관적인 시각'을 가져온다고 강조했다. 이 세상에 아무런 문제가 일어나지 않을 리 없고, 우리는 "개인적이 아니라 공동의(세계 공통이라는 뜻) 열등감"을 가지고 있지만, 이 세계에 산재하는 문제를 결코 극복할 수 없다고 생각하지 않는 "낙관적인 시각"을 가질 수 있다는 말이다. 자신에게 가치가 있다는 감각을 길러주는 자양분인 그 공동체 감각이 있으면!

자존감을 길러주어라

"만약 우리가 그의 자존감을 길러
준다면 용기는 저절로 생긴다. 자신이 열등하다고 느끼는 한 그는
책임을 받아들이지 않는다. '책임을 지겠다'는 것과 '용기가 있다'는
것, 이러한 감성 연마 훈련은 똑같은 전체, 즉 인성character의 한 부
분이다."(『아이들의 라이프스타일』)

아들러가 도둑질 패거리의 일원인 열두 살 된 어린이를 바른길로
인도하면서 한 발언이다. 자존감은 자신에게 가치가 있다고 생각하
는 마음이다. 이러한 의미의 자존감을 가지면 용기는 자연스럽게 생
겨난다. 자존감을 갖지 않겠다고 결정한 사람에게 용기를 갖도록 돕
는 것은 무척이나 어렵다. 하지만 자존감을 가지면 인생의 과제에
임할 수 있다는 용기를 갖게 된다. 또한 자존감이 커지면 책임을 받
아들일 수 있겠지만, 무책임을 배워온 사람은 '책임지는 용기'를 내
지 않기 위해서 '자존감은 스스로 기를 수 있다'는 진리를 인정하지
않는다.

자존감을 갖게 만든다면, 아이는 얼마든지 자신으로부터 용기를 끌어낼 수 있다.

라이프스타일을 살펴보라

　　　　　　　　　"삶의 근저에 있는 잘못을 발견하지
못한다면 심리 치료는 성공할 수 없다. 그리고 개선의 유일한 가능성
은 인생에 대해 좀더 협력적이고 용기 있는 접근을 하도록 사람을 훈
련하는 데 있다."(『인생 의미의 심리학』)

　어떤 문제라도 본질은 라이프스타일의 잘못에 있다. 되풀이해서
말하건대, 타자를 동료가 아닌 적으로 간주하는 사람은 타인과 협력
하지 않지만, 타자를 동료로 보는 사람은 타인에게 협력한다. 이 대
인관계의 원리가 심리 치료를 성공으로 이끈다.

　"어떤 신경증자는 놀라운 신속함으로 증상을 없애고, 찰나의 주저
함도 없이 새로운 증상을 익힐 수 있다. 그들은 신경증의 달인이 되
며, 끊임없이 레퍼토리를 넓힌다."(『인생 의미의 심리학』)

　아들러는 여기서 편두통에 걸린 사람을 예로 들어 설명했다. 역
시나 그 사람은 원래 머리에 이상이 있었던 게 아니라 편두통이 필
요한 상황이 왔을 때 머리가 아팠던 것이다. 바로 낯선 사람과 첫 대
면을 하지 않으면 안 될 때이거나, 중대한 결단을 하지 않으면 안 될
때였다.

　"증상은 이렇게 인생의 과제를 회피하기 위함이거나, 증세로 가족
을 지배하는 게 목적이기 때문에 필요한 증상을 제거해도 반드시 다

른 증상이 일어난다. 게다가 '찰나의 주저함도 없이' 익힐 수 있는 증상은 대개 그때까지보다도 더 성가시게 나타날 때가 많다. 신경증 환자를 이해하는 가장 훌륭한 방법은 신경증 증상에 대해서는 일절 옆으로 제쳐두고 그 환자의 라이프스타일과 개인적인 우월성의 목표를 조사해보는 것이다."(『왜 신경증에 걸릴까』)

심리 치료를 한 결과 신경증 증상이 없어질 수도 있지만, 증상 제거를 치료(상담)의 목표로 삼으면 치료는 이른바 환자의 씨름판에서 이뤄지고, 환자가 증상을 필요로 하는 까닭에 치료는 언제까지나 끝나지 않게 된다. 증상을 "옆으로 제쳐두고", 환자의 라이프스타일을 치료의 관건으로 삼아야 하는 이유다. 사실 타자를 동료로 여기고 대인관계를 적절하게 맺을 용기를 내며, 공동체 감각으로 타자에게 공헌할 수 있게 되면 인생의 과제에 임할 수 있고, 그러할 때에 신경증 증상은 필요 없어진다.

협력능력을 키워주어라

"아이가 저지른 최초의 잘못으로 어른을 탓할 순 없다. 우리가 할 수 있는 것은 아이가 잘못의 결과를 경험하기 시작했을 때, 그 잘못을 치료하는 원조뿐이다. 우리는 지리를 배우지 못한 아이가 지리시험에서 고득점을 얻기를 기대하지 않는다. 마찬가지로 협력 훈련을 받은 적이 없는 아이가 협력을 필요로 하는 과제 앞에 놓였을 때 적절하게 대처하기를 기대할 수 없다. 그러나 인생의 과제들을 모두 해결하기 위해서는 '협력능력'이 필요하다. 모든 과제는 인간사회의 틀 속에서 인간의 행복을 촉진하는 방법으로 극복되어야 한다. 인생의 의미는 타자 공헌임을 이해하는 사람만이 살아갈 용기를 얻고 어려움에 대처할 수 있다."
(『인생 의미의 심리학』)

아이가 무슨 잘못을 했을 때 필요한 것은 '질책'이 아니라 '아이가 한 일이 어떤 것인가'를 가르치는 일이다. 뭔가 실패를 했다면 그 책임을 지게 하는 용기를 북돋우는 게 좋다. 책임을 지는 방법을 가르치지 않고 그냥 꾸짖기만 하는 것은 아무 소용이 없다. 어쨌든 이미 실패를 했을 경우에는, 가능한 한 같은 성격의 실패를 이제부터라도 되풀이하지 않도록 의논을 하는 게 좋다. 만약 아이의 잘못으로 인해 감정을 다친 사람이 있다면(형제 싸움을 하고 한쪽이 상처 입었을 때 등) 사과를 하게 하는 것도 실패에 대한 책임을 지게 하는 훈련 discipline이다.

"협력 훈련을 받은 적이 없는 아이가 협력을 요구하는 과제에 직면했을 때 적절하게 대처하기를 기대할 순 없다." 예를 들면 아이가 갖고 놀던 장난감을 부엌에 그대로 두었다고 하자. 가족이 그곳에서 식사할 때 가능하면 깨끗한 게 좋고, 아이가 장난감을 치우지 않으면

인생의 과제는 언제나 협력을 필요로 한다. 인생의 의미는 타자 공헌이라는 것을 이해하는
사람만이 살아갈 용기를 얻을 수 있다.

식탁을 차릴 수 없다고 말하는 경우가 있을 것이다. 그럴 때는 아이에게 장난감을 치우도록 단호하게 부탁해야 한다. 장난감을 치운다는 행위는 모두가 쾌적하게 지내기 위해서 협력하는 것이지만, 그렇게 하는 게 가족에게, 더구나 자기 자신에게도 유용한 행위임을 모르면 "싫다"고 거부할지도 모른다. 부모가 무심코 장난감을 대신 치워주면 아이에게 무책임을 가르치는 꼴이 된다.

하지만 자녀에게 손수 치우도록 부탁했거나 혹은 함께 정리하길 제안했는데 아이가 여전히 장난감 치우기를 거부한다면, 아이의 장난감을 대신 치워줄 수 있다. 그렇게 하는 것은 아이에게 협력하는 일을 배워달라고 바라는 것이기 때문이고, 더구나 협력하는 용기를 낸다는 것은 억지로 강제하는 일이 아니라 즐거운 일임을 아이에게 알리는 것이기 때문이다. 장난감을 치우지 않는다고 나무라며 꾸짖거나 체벌을 가하는 등 질책의 악순환을 거듭해봤자 아무런 소용이 없다.

어른 역시 식사 후 다른 가족은 놀고 있는데 왜 나만 설거지 같은 것을 해야 하냐고 못마땅하게 투덜댈 때가 있다. 비록 다른 가족이 집안일에 협력하지 않더라도 자신이 설거지를 함으로써 가족에게 공헌하는 것임을 아는 사람은 불만을 터트리지 않는다. 집안일은 본래 모두가 분담하고 협력하는 게 당연하지만, 다른 가족이 협력해주지 않아도 즐겁게 정리하고 있으면 다른 가족 구성원도 앞으로는 잘 협력해줄지 모른다.

그러나 질색하듯 뒷정리를 하고 있으면 다른 가족도 자발적으로 협력하는 게 쉽지 않을 것이다. 협력하는 용기를 밑거름 삼아 타자 공헌을 함으로써 자신이 타인에게 도움이 된다는 것을 잘 터득한 사람은 그런 자신이 가치 있다고 느끼기에 '자기 안의 자신(자존감)'을 올바로 끌어안을 수 있다. 그런 사람은 곤란한 일이 있더라도 도망가지 않고 살아갈 용기를 내며, 모든 문제에 현명하게 대처해나간다.

인간관계에서 대등한 관계가 아니라 상하관계가 성립될 때 곧 경쟁관계가 싹튼다. 누구나 아래가 아니라 위에 있으려고 하기 때문이다. 이러한 수직관계는 정신 건강을 해치는 큰 요인이다. 아들러는 이런 경쟁이 아닌 협력하는 능력이 행복하게 살아갈 용기를 부르는 기원이 된다고 말한다.

대등한 관계를 맺어라

아이를 원조하려 한다면 친구 혹은 동료처럼 좋은 관계를 구축하는 것이 우선이다.

"(보호관찰 중에 도둑질을 한 학생에 대해서) 이 아이가 용기와 자신감을 갖도록 하기 위해서는, 그를 원조하려는 교사나 의사를 좋아하게 하는 것이 필수다."(『아이들의 라이프스타일』)

아들러는 '용기 북돋우기의 출발점은 동료 되기'임을 역설하고 있다. 아이를 진탕 나무라기만 하면 자녀와의 거리는 반드시 멀어지고, 관계가 소원해지면 아이들의 용기를 이끌어내주는 길이 막힌다.

"부모나 교사는 아이들보다 더 큰 능력과 폭넓은 지식 그리고 경험이 있기 때문에 아이들에게 명령을 내릴 수 있다고 간주해서는 결코 안 된다. 아이들에게 무조건 따르기만을 훈육해 설령 아이들이 순종한다 해도 그들의 용기는 이미 파탄난 상태나 다름없다. 부모와 교사는 아이들을 자신과 대등한 존재로 바라보고 자신의 지식 등으로 개인적인 우월성을 증명하는 게 아니라, 단지 아이들보다 더 오랜 시간 동안 배워온 것으로 생각해야 한다. 이 진정한 인간의 대등의식을 더 많이 보여줄수록, 그리고 부모와 교사는 오류가 없다는 식의 권위주의를 적게 내비칠수록 아이들은 부모와 교사가 믿는 만큼 스스로 자라며, 용기를 지닌 자립형 어른으로 성장할 수 있다."(『아들러가 말하다』)

어른이 아이를 야단치거나 을러서 그 아이가 무서워하며 적절한 행동을 하더라도, 억지로 그랬을 뿐, 만약 꾸중하는 어른이 없다면 순식간에 적절한 행동을 하지 않게 된다. 혼나면서 자란 아이는 무엇을 하는 게 적절한지를 '자율적'으로 배울 수 없다. 또 항상 어른의 눈치를 보는 겁쟁이가 되기 쉽다. 아들러는 아이들이 설령 실패하는 한이 있더라도 자신의 창의적인 궁리로 행동할 수 있는 아이가 되기를

용기 북돋우기의 출발점은 바로 어른과 아이가 동등한 관계를 맺는 데 있다.

바란다. 야단맞으며 순종하는 아이는 분명 착하고 좋은 아이일 수 있지만 스케일이 작은 아이가 돼버릴 가능성이 있다. 자신의 판단으로는 아무것도 할 수 없으므로 언제까지나 자립할 용기를 내지 못한다.

내 아들이 네 살 때 플라스틱 철도 모형 레일을 꽤나 잘 조립했다. 아내가 말했다.

"굉장한걸. 설마 혼자 만들진 않았겠지? 이렇게 복잡한 것을…… 놀랍구나!"

"엄마 아빠한테야 어려워 보이겠지만 나한텐 쉬워!"

그런데 그 후 아들은 레일 만들기를 접었다. 아내의 칭찬은 아이의 용기를 북돋워주려는 의도였을 것이다. 하지만 뜻밖에도 아들은 풀이 죽고 말았다. 아들은 엄마의 놀라움을 감추지 못하는 언사가 자신을 깔보는 것이라고 여겨 언짢아했음에 틀림없다. 물론 '어른과 아이는 대등하다'는 아들러의 격률이 '어른과 아이는 동일하다'는 것을 의미하지는 않는다. 어른은 지식이나 경험이 분명 아이보다 더 많고 짊어져야 할 책임이나 짐도 더 크다. 하지만 아이는 어른이 생각하는 것 이상의 뜻밖의 일도 곧잘 해낸다.

"설마, 혼자서는 안 될 거야."

이런 투의 말을 듣는 아이는 '무엇이든 잘해낼 수 있다'는 용기가 꺾이고, 그러한 말은 아이의 온 생애에 걸쳐 '패배의식'이라는 고정관념으로 자리 잡을 가능성이 크다.

어른과 아이는 대등하다! 아이와 친구처럼 대등한 관계를 맺어야만 아이는 스스로 살아갈 용기를 점점 더, 그리고 알게 모르게 내면으로부터 키우게 된다. 이 점을 인정하고 싶지 않은 어른이 많은 것처럼 보인다. 어른은 우연히 아이보다 먼저 태어난 것이고, 일찍 태어난 만큼 아이보다 더 많은 지식을 갖고 있겠지만, 그뿐이다. 하지만 지식을 놓고 보더라도, 아이에게 언젠가는 따라잡힌다. 부모와 교사에게 중요한 점은 아이에게 자신이 가진 지식을 전하는 일이지, 자기가 가진 지식이 아이보다 더 많고 뛰어나다는 점을 과시하는 게 아니다. 훌륭한 교사라면 학생이 자신을 따라잡거나 추월하는 것을 못마땅해하지 않는다. 오히려 그 일을 기쁨으로 여긴다. 교사의 교육 방식이 뛰어났기 때문에 학생들이 능력을 키워 스승을 뛰어넘은 것인데도 만약 제자가 언제까지나 늘 교사를 넘어설 수 없다고 생각하면, 이는 교사의 교육 방식에 큰 문제가 있는 것이다. 또 '개인적인 우월성'에 매달리는 교사라면 자기 자신의 지위가 위협당하지 않도록 학생들에게 지식을 전하기를 아끼는, 함께 살아갈 용기가 없는 속좁은 인간에 불과할지도 모른다.

침착한 부모가 되어라

"용기는 유용하지만 불안은 결코 유용하지 않다. 만약 부모가 침착하면 아이는 진짜 위험과 어려움에 맞닥뜨리더라도 부모의 걱정보다 훨씬 더 잘 대처할 것이다."
(『아들러가 말하다』)

　어린 시절에 목욕을 하다가 갑자기 코피가 난 경험이 있다. 코피
가 나온 것이 그때가 처음은 아니었지만, 혼자 있을 때 너무 많은 피
가 쏟아져 불안하고 두려웠다. 큰 소리로 엄마 아빠를 불렀다. 그러
자 아빠가 달려와 "괜찮아?" 하고 물었다. 그뿐이었는데도 신기하게
불안이 사그라졌다. 아이가 어떤 과제에 도전할 때, 예를 들어 부모
가 지나치게 걱정하면, 아이는 그 '부모의 걱정'을 자신이 용기 있게
과제에 임하는 일을 회피하는 구실거리로 삼을지도 모른다. 부모까
지도 자신의 실력을 믿어주지 않는다며 자신감을 잃었을 수 있다는
말이다. 이럴 때 부모는 그저 지켜보는 수밖에 없다.
　아이가 위험이나 어려움에 직면해 냉정을 잃고 있더라도 부모가
침착하면 아이는 반드시 위험이나 어려움에 잘 대처할 수 있다. 아이
가 연못에서 허우적거리는 것을 목격하고 부모가 동요하며 무작정
연못에 뛰어들자 아이는 부모의 몸에 거칠게 달라붙는다. 그러면 부
모도 아이와 함께 연못 바닥에 가라앉아버리게 될지도 모른다. 부모
가 냉정을 되찾고 좀더 지켜보면 아이는 힘을 빼게 되고 곧 몸이 떠
오른다. 부모가 손을 내미는 것은 그때여야 한다.

부모가 침착하고 아이와 대등한 관계를 맺어야만 아이는 스스로 살아갈 용기를 얻게 된다.

라이프스타일을 바꿔주어라

"그가 잘못을 저질러도 저라면 당신
이 지금까지 해온 대로 벌하지 않을 것입니다. 이제는 그의 따귀를
때리거나, 혹은 디저트를 주지 않는 것과 같은 체벌을 가해도 아무
런 효험이 없다는 걸 깨달았으리라 생각합니다. 만약 그가 거짓말을
하거나 도둑질을 해도 '또 억울하고 불공평한 취급을 받았다고 느끼
니? 뭘 원하는지 말해보렴'이라고 말해보세요."(『아이들의 라이프스
타일』)

여덟 살에 도둑질을 반복하는 소년을 상담하면서 아들러가 한 발
언이다. 두 명의 아이를 거느린 부모가 방금 가게에서 산 도넛이 든
상자를 아이들 앞에서 땅에 던지는 장면을 본 적이 있다. 아이들은
부모의 질책을 두려워한다기보다는 도대체 무슨 일이 일어났는지를
모르겠다는 식으로 멍하니 서 있었다.

아이를 나무라면, 아이는 부모에게 야단맞을 짓을 저질렀을 때 어
떻게 행동해야 좋을지 알지 못한다. 아이에게 손찌검을 하는 부모는
많지 않을지 모르지만, 꾸짖는 것이나 으름장을 놓는 것도, 또한 수
치심을 갖게 하는 것도 자녀와의 관계를 잘못된 방향으로 이끈다. 아
이를 냉정하게 나무랄 수는 없다. 이것은 반드시 분노의 감정을 수반
하게 된다. "분노는 사람과 사람을 따돌리는 감정"이라고 아들러는

말한다. 아이와의 관계가 멀어지면 아이의 용기를 끌어내는 데 필요한 원조를 할 수 없다.

"(부모님에 대한 조언) 아이와 싸우지 마라. 싸운들 대부분 얻는 게 없다. 아이는 어른보다 강하기 때문이다. 좀더 우호적일 때에만 말을 하는 게 좋다."(『개인심리학의 기술』)

아이와 싸우는 일이 일어날 때는 이미 늦었다. 아이는 부모에게 시비를 걸고 있다. 싸움을 해결하는 방법은 하나밖에 없다. 거기서 내려오는 것이다. 결코 아이를 몰아붙이며 이기려고 해서는 안 된다. 부모가 자녀와의 싸움에서 이기면 자녀는 부모에게 복수하려 하기 때문이다. "예방이 치료보다 더 중요하다"고 아들러는 말한다. 자녀와의 사이에서는 좋은 관계를 구축하는 것이 필요하다. 좋은 관계라면 아이의 용기를 회복시킬 원조를 할 수 있지만 그렇지 못하면 부모가 무엇을 한다 해도 아이는 그것을 받아들이지 않을 것이다.

"이 주제를 다룰 때 꾸중과 체벌, 말싸움, 교도와 설교로는 그 무엇도 얻을 수 없다는 점은 아무리 강조해도 지나치지 않는다. 아이도 어른도, 어떤 점에서 변화가 일어나야 할지를 모르면 아무것도 이룰 수 없다. 사정을 이해하지 못할 때 아이는 한층 더 교활해지거나 겁쟁이가 된다. 아이의 '원형prototype'은 꾸중과 체벌, 말싸움, 교도나 설교로 바꿀 수 없다. 다른 한편으로는 단지 인생을 경험하는 것만으로 '원형'을 바꿀 수 있는 것도 아니다. 인생의 경험은 이미 '개인의 통각統覺의 틀'로 짜여 있기 때문이다. 어떠한 변화를 이룬다는 것은 '근본적인 퍼스낼리티personality(성격)'를 이해하고 그 것을 바꿔줄 때만 가능하다."(『개인심리학 강의』)

여기서 '원형'이나 '근본적인 퍼스낼리티'는 '라이프스타일'을 일컫는다. 아들러는 아이를 꾸중과 체벌, 말싸움, 교도와 설교로는 바꿀 수 없다고 한다. 인생을 경험하는 것만으로도 라이프스타일을 바꿀 수 없다. "개인의 통각의 틀(=라이프스타일)"에 일치하는 것만을 경험한다는 건, 거기서 벗어난 일을 경험하더라도 그 일을 예외로 치기 때문에 경험하지 않는 것과 같아진다는 의미다. 사람은 새로운 경험을 했을 때 그것이 자신의 라이프스타일과 합치하지 않는다는 이유를 들어 예외로 치지 않아야 바뀔 수 있다. 이 변화는 연속이 아니라, 비약이 있어야 가능하다. 이 비약은 하나의 입장에서 새로운 입장으로 한 걸음 내딛는 것이다. 또한 연속적으로 상승하는 움직임이 아니라, 단계를 뛰어넘는 움직임이다. 단지 경험만으로는 이러한 비약을 이뤄낼 수 없다. '원형', 즉 '라이프스타일'을 바꿔주어야 사람은 변화할 용기를 내고 뛰어오를 수 있다.

이해하고 있음을 전하라

"자신이 부모에게 사랑받고 있지 않다고 생각하는 아이가 있다. 거짓말을 하거나 다른 부정한 짓을 저지르는 것은 그가 불행한 상황 속에 있기 때문이다. 그 아이는 용서받을 수 있고, 그 아이가 왜 질투를 하는지, 자신이 왜 열등하다고 느끼는지를 당신이 이해하고 있음을 납득시켜라…….

(아들러가 열두 살 아이의 부모에게) 제가 그 아이와 이야기를 하고 나서 그동안 그 아이가 받은 잘못된 대우에 대해 설명해보겠습니다. 당신이 그를 다른 아이들과 마찬가지로 똑같이 좋아하고 있다는 것을 알게 하세요. 아이가 집을 매력적으로 느끼도록 하는 게 당신의 과제입니다. 그리고 가족 모두가 그와 화해해야 합니다. 이 소년은 매우 심각하고 곤란한 상황에 처해 있지만, 그것을 그 아이에게 알려서는 안 됩니다. 결코 '혼날 거야' 등과 같은 말을 해서도 안 됩니다. 그 아이는 행복해질 용기를 잃은 상태이지만, 즐거운 인생을 보내고 싶다는 생각도 하고 있습니다. 행복하게 살아갈 용기를 되찾게 하는 일은 부모의 의무입니다."(『아이들의 라이프스타일』)

부모가 '열 손가락 깨물어 안 아픈 손가락 없다'며 형제자매 모두를 똑같이 사랑하더라도 정작 아이가 어떻게 생각할지는 본인 외에는 모른다. 형제 중에 우수한 아이가 있어서 자신이 다른 형제를 도저히 따라갈 수 없다고 생각한 아이가 그때까지 자신에게 쏠렸던 부모의 주목, 관심, 애정이 이제 떠나갔다고 짐작할 때가 있다. 가령 첫째는 밑에 남동생이나 여동생이 태어나면 자기가 그때까지 부모의 주목을 독점하고 있었는데, 이른바 '왕좌에서 떨어지는 경험'을 하게 된다. 이럴 때는 솔직하게 묻는 게 좋다. 그래야 아이가 용기를 회복할 기미를 보이기 시작한다. "억울하고 불공평한 취급을 받았다고 느끼니? 뭘 원하는지 말해보렴."

이야기를 들어줘라

"아이의 용기를 북돋울 때에는 처음부터 아이의 이야기에 귀를 기울이겠다고 생각하라. 즉 이야기를 듣기 전부터 아이의 신뢰를 얻겠다는 마음 상태를 가져야만 한다. 또한 아이에게 친구처럼 행동해야 한다. 어른이니까 우월하다는 것을 보여줘서는 안 된다. 아이를 억압하거나 엄하게 다뤄서도 안 된다. 아이의 신뢰를 얻고, 타자와 인생의 과제에 대한 관심을 불러일으키는 것은 원래 엄마의 역할이다. 이로 인해 아이는 용기를 얻어 자립하고, 자신이 대등한 존재임을 느낀다."(『아이들의 라이프스타일』)

아이의 이야기를 듣는다는 것은 쉬운 일이 아니다. 이 사람이라면 말해도 좋다고 생각할 만한 신뢰관계가 전제되어야 한다. 그러기 위해서는 '이 사람은 내 말을 절대 비판하지 않으며 끝까지 참견 않고 들어준다'는 생각이 들도록 만들어야 한다. 어떤 관계에 있어서나 그렇지만, 특히 아이와 이야기할 때 어른은 바로 아이의 말허리를 끊고 말참견하며 설교를 늘어놓기 십상이다. 그러면 아이는 타자와 인생의 과제에 대한 관심을 불러일으킬 용기를 접고 만다.

엄마가 믿는 만큼

"엄마는 아이의 행동에 최초로 중요하고 명확한 변화를 불러일으킨다. 엄마의 영향 아래서 아이는 욕구와 충동을 처음 억제한다. 그리고 자신이 바라는 것을 유예하고 이를 얻기 위한 우회적인 방법을 도입한다. 삶의 어려움들을 극복하고 우월감을 얻기 위한 모든 노력의 목표는 유년기의 자극제가 되기도 하는데, 이러한 자극은 대부분 자신이 현실적으로 무능하다는 느낌에서 시작된다. 세심하고 자애로운 엄마는 아이의 목표를 지키는 수호자이며, 이 경우 대개 목표 자체가 구체적이다. 하지만 그런 목표를 항상 이룰 수 있는 것은 아니다.

아이가 자신의 라이프스타일을 확립하고 점점 더 유용한 방식으로 우월성을 추구할 수 있도록 스스로의 용기와 노력으로 성공할 자유와 행복해질 기회를 주는 것이 엄마에게 필요한 기술이다. 아이는 엄마가 믿는 만큼 행복하게 살아갈 용기를 갖는다. 그런 뒤 엄마는 아이가 서서히 타인과 더 넓은 생활 환경에 관심을 기울이도록 해야 한다. 이 두 가지 역할, 즉 엄마가 아이에게 살아갈 용기를 북돋워 자립심을 키워주고, 가정과 타자와 세계의 상황에 대해서 진정한 최초의 이해를 전하는 기능을 하는 한 아이는 공동체 감각, 자립심, 용기를 발달시키게 된다. 이런 인생의 통과의례에 의해서, 무엇을 하더라도 훌륭해지고 싶은 우월성 추구가 공동체 감각과 통합되고 삶의 유용한 측면을 향한 낙관적인 행동을 불러온다. 개인의 모든 감정은 우월성을 추구하려는 노력에 따라 수반되는 공동체 감각의 양에 의해 평생 동안 조절된다.”(『왜 신경증에 걸릴까』)

“무엇을 하더라도 훌륭해지고 싶은” 우월성 추구 자체는 누구에게서나 엿볼 수 있는 보편적인 욕구 혹은 용기의 발현이다. 그것이 허영심이라는 형태로 나타난 경우는 ‘개인적인 우월성’ 추구라고 한다. 한편 올바른 방향에서의 우월성 추구는 ‘공동체 감각을 동반한 우월성의 추구’라고 한다. 이 경우 공동체 감각은 규범적인 이상을 찾게 하는 이정표 같은 것으로, 우월성 추구에 유용한 목표를 제공해준다.

“(이러한 역할을 엄마가 하지 못할 때에는) 누군가가 그 아이에게 신

뢰할 수 있는 동료로 있다는 인상을 줌으로써 엄마 대신 그 역할을
할 사람이 있어야 한다. 그러면 이 각성된 공동체 감각을 다른 사람
에게로 넓히는, 그러한 엄마의 두 번째 기능을 대신해주는 것이나 마
찬가지다."(『아이들의 라이프스타일』)

여기서 다른 사람이란 아빠인데, 카운슬러가 엄마의 역할을 대신
해줄 수도 있다.

"(아이의) 신뢰를 얻으며, 그의 장래에 대한 희망을 갖고 있다고 믿
을 수 있도록 용기를 북돋워주는 게 좋다."(『아이들의 라이프스타일』)

아이의 일, 아이의 장래에 대해서 부모가 절망하면, 이것은 아이
자신이 모든 희망을 잃도록 하는 것을 정당화하게 된다. 아이의 장래
에 대한 희망을 갖는다는 것은 아이가 유명 대학에 진학하거나 일류
회사에 취직하는 게 아니다. 그런 일을 자녀에게 기대하면 아이들에
게 정신적인 부담이나 중압감으로 작용해 도리어 스스로 용기를 내
지 못하게 만든다. 아이는 엄마가 믿는 만큼 행복하게 살아갈 용기를
갖는다.

부모의 잘못을 인정하라

가족 내의 지배적인 인생관이 아이의
행동 패턴에 영향을 미치거나, 유전적 특성과 환상적인 교육 방법에

대한 맹신이 아이의 용기를 꺾을 뿐 아니라 어려움에 빠뜨릴 수 있다.

"한 여성이 아홉 살 된 딸을 데리고 나를 찾아왔다. 두 사람 모두 절망에 빠져 눈물을 흘렸다. 딸은 몇 년간 시골의 양부모 밑에서 지내다가 최근에야 엄마와 함께 살게 되었다고 한다. 딸은 시골에서 3학년까지 마치고 도시에 있는 학교에 4학년으로 편입했다. 하지만 성적이 몹시 나빠서 교사는 이 아이를 3학년으로 내려보냈다. 그런데도 성적은 더 나빠졌고 아이는 또다시 2학년으로 내려갔다. 엄마는 크게 당황했고 딸이 이렇게 공부를 못 하는 건 유전적으로 아버지를 닮았기 때문이라는 생각에 사로잡혔다.

나는 이 엄마가 아이의 교육에 지나치게 고집을 부린다는 걸 한눈에 알아차렸다. 이 모녀의 경우 특히나 유감스러웠던 것은 아이가 그동안 우호적인 환경에서 자라 훨씬 더 다정한 엄마를 기대하고 있었던 점이다. 그러나 엄마는 아이가 실패자가 되어서는 안 된다는 불안감 때문에 딸을 지나치게 엄격하게 훈육해 아이에게 큰 실망감을 안겨주었다. 아이는 엄청난 감정적 긴장감에 시달렸고 살아갈 용기가 꺾인 결과 학교와 집 모두에서 발전을 보이지 못했다. 훈계를 하거나 야단치고 비난하며 때려봤자 감정만 악화되고 두 사람 모두에게 절망만 안겨줄 뿐이었다.

나는 내가 받은 느낌을 확인하기 위해 딸과 단둘이 이야기를 나누면서 양부모에 관해 물어보았다. 아이는 양부모와 함께 살 때 얼마

나 행복했는지를 털어놓았다. 그런 뒤 눈물을 터뜨리더니 처음에
는 엄마와 함께 있는 것을 좋아했었다고 고백했다. 그 후 나는 엄
마에게 그녀의 잘못을 이해시켜야 했다. 딸이 그런 엄격한 훈육을
견디리라고 기대할 수는 없다. 그리고 딸 입장에서 보면 지금까지
의 행동이 지극히 총명한 반응임을 이해할 수 있다. 즉 딸의 행동
은 비난과 복수의 한 형태였다. 이러한 상황에서 공동체 감각이 부
족한 경우 아이가 의무를 게을리하거나 신경증이 나타나거나 심지
어 자살을 시도하는 일은 충분히 있을 수 있다. 이 사례에서 나는
어머니가 실상을 깨달아 아이에게 자신의 태도가 확실하게 변했다
는 것을 인식시키지 않으면, 아이가 살아갈 용기를 회복하고 행복
한 삶을 살기란 힘들 것이라고 확신했다.

그래서 엄마에게 유전에 대한 믿음은 방해물에 지나지 않는다고
설명한 뒤, 딸이 엄마와 함께 살게 되었을 때 당연히 기대했던 것이
무엇이었는지를 이야기하고 엄마의 엄격한 훈육 태도에 얼마나 실
망하며 동요되었는지를 깨닫게 해주었다. 나는 이 엄마가 딸에게
자신이 잘못했으며 양육 방법을 바꾸겠다고 인정하길 바랐다. 그
래서 엄마에게 내 생각에는 그녀가 그렇게 하지 못할 것 같다고 떠
보았다. 이런 경우 내가 주로 쓰는 방법이다. 그러자 그녀는 단호하
게 '할 수 있어요'라고 대답했다."(『왜 신경증에 걸릴까』)

이 엄마는 딸에게 공부를 강요하다가 딸의 학교 성적이 떨어지자

아이의 실패를 두려워한 나머지 크게 엄격해졌다. 아들러는 엄격하기만 한 훈육은 아이의 용기를 꺾으므로, 아이에게 엄마의 잘못을 털어놓길 원했다. 엄마는 아들러의 조언을 실천했다. 엄마와 딸은 입을 맞추면서 서로 얼싸안고 울었다. 2주 후 두 사람 모두 아들러의 심리 치료를 받았다. 둘 다 웃으며 매우 만족해했다. 엄마는 나중에 3학년 선생님의 메시지를 가져왔다.

"기적이 일어난 게 틀림없습니다. 아이가 반에서 일등을 했어요."

엄마가 자신의 잘못을 인정하자, 아이의 용기는 회복되어 놀라운 변화를 일으켰던 것이다.

용기의 사회적 기원

앞서 이야기한 엄마는 딸의 성적이 나쁜 이유가 아버지로부터 물려받은 유전 때문이라는 착각에 빠져 있었다. 아들러는 이렇게 아이의 무능력한 재능을 유전적 영향 탓으로 돌리는 게 얼마나 해로운지를 설명했고, 결국 엄마의 육아 방식이 바뀌면서 딸의 성적은 올랐다.

"공동체 감각은 개인이 타고난 모든 약점을 진정으로, 그리고 필연적으로 보완해준다. 어떤 동물보다 더 오랫동안 타자에게 의존하는 시기를 거친 뒤에야 온전히 성장하는 인간은 생물학적으로 보더라도 분명히 사회적 존재(사회적 동물)다. 엄마도 아이를 갖기 전과 임신 기간, 그리고 출산한 뒤에 다른 동물들보다 더 타인에게 의존한다. 인간은 생존 그 자체를 위해 높은 수준의 사회문화를 필요로 하기 때문에 '자발적인' 사회적 협력이 요구된다. 교육의 주된 목표가 바로 이러한 협력의 용기를 불러일으키는 것이고, 이것의 바탕이 되는 공동체 감각은 타고나는 게 아니라 의식적으로 발달시켜야 하는 잠재력(선천적 가능성)이다.

(…) 모든 아이는 신뢰할 수 있는 동료 인간과의 접촉을 엄마에게서 처음 경험하므로 엄마는 사회적 감각 발달에 가장 중요한 요소다. 아이들은 유전적으로 물려받은 능력일지라도 인생 초기에 받은 인상들에 맞춰 조절하고 결정적인 라이프스타일의 토대를 쌓아 4~5세에 자신의 원형을 구축한다. 이 원형이 나중에 더욱 체계적인 라이프스타일로 발달하고 인생의 세 가지 과제에 대한 대응에 영향을 미친다. 첫 번째 시기에는 엄마의 건전한 정신이 반드시 필요하며, 두 번째 시기에는 엄마의 지혜로운 사고방식과 넓은 시야가 매우 중요하다."(『왜 신경증에 걸릴까』)

아들러는 용기를 잃어버리는 '무능력감'의 전적인 책임이 유전적으로 물려받은 '신체 기관'이나 '객관적 환경'에 있진 않다고 생각했다. 또한 무능력감은 이 두 요인이 합쳐져서만 생기는 것도 아니다.

무능력감의 정도는 이 두 요인에 아이의 반응이 더해져서 정해진다.

한 사람의 삶이 뒤늦게 순조로워지거나 나빠질 수 있는데, 그러면 사람들은 놀라서 이를 우연이나 유전적 성향 혹은 운명으로 설명하려고 한다. 진짜 요인은 개인의 목표 속에 내재된 사회적 혹은 반사회적 감정인데도 말이다. 이런 오류를 피할 수 있는 유일한 방법은 무엇일까? 아들러는 공동체 감각을 증대시키는 법을 배우는 것이라고 강조한다.

"공동체 감각이 증폭되었을 때의 가치는 아무리 강조해도 지나치지 않는다. 지성은 공동체적인 기능을 갖고 있기 때문에 정신을 성장시킬 수 있다. 자신이 가치 있고 유용한 사람이라는 느낌이 높아져 용기와 낙관주의가 생긴다. 사람은 타자 공헌을 하고, 또한 개인적인 열등감에 시달리는 대신 공통된 열등감을 극복하면 행복하게 살아갈 용기로 인생을 편안하게 생각하며 자신이 가치 있는 존재라고 느낀다. 윤리적 가치뿐만 아니라 아름다움에 대한 올바른 태도, 아름다운 것과 추한 것에 대한 최상의 이해는 항상 가장 진실한 공동체 감각을 토대로 세워지는 것이다."(『왜 신경증에 걸릴까』)

한마디로 '용기의 사회적 기원은 공동체 감각'인 것이다.

집을 쾌적한 공간으로 만들어라

집이라는 공간은 늘 쾌적한 곳이라는
느낌을 받아야 아이가 용기를 얻을 수 있다. 그러기 위해서는 우선
다른 형제와 차별하지 않아야 한다.

"(아들러가 아이의 부모에게) 저는 그 아이와 이야기를 나누었습니
다. 그동안 일어난 잘못에 대해서 설명하겠습니다. 당신이 그 아이
를 다른 아이들과 똑같이 좋아한다는 것을 알게 하세요. 집을 아
이에게 편안하고 쾌적하며 매력적인 공간으로 만드는 게 당신의 과
제입니다. 그리고 가족 모두가 그와 화해해야 합니다. (⋯) 우리의
치료는 그에게 다른 형제와 대등하고, 가족에게 과소평가당하지
않는다는 것을 느끼게 하는 방향이어야 합니다. 이는 나쁜 행동이
아니라 좋은 행동이 더욱 중요하다는 것을 일깨워줌으로써 가능합
니다."(『아이들의 라이프스타일』)

아이가 처음부터 문제 행동을 하는 것은 아니다. 밑으로 남동생이
나 여동생이 태어난 첫째는 그동안 자신에게로만 향하던 부모의 주
목을 동생이 아닌 자신에게로 향하게 해야 한다는 생각에서, 처음에
는 부모님의 심부름을 하는 등 건설적인 행동을 하기도 한다. 하지

만 그러한 일이 항상 성공하는 것은 아니며 오히려 부모를 번거롭게 하기도 한다. 뜻밖의 질책을 받은 첫째는, 이번에는 태도가 변해 문제 행동을 하는 것으로 부모의 관심을 얻으려고 한다. 이때 부모가 할 수 있는 일은, 그렇게 하지 않아도 그 아이를 사랑하고 인정한다는 점을 아이가 깨닫도록 해주는 것이다. 다른 형제와 비교해서 자신이 차별받지 않고 있다는 것을 느껴야 집을 편안하고 쾌적하며 매력적인 공간으로 여기며, 집 밖에 나가서도 살아갈 용기를 얻는다. 또한 가족끼리 함께 아침 식사를 하는 것도 집을 쾌적한 공간으로 느끼게 하는 좋은 방법이다.

"가족 유대감을 느낄 기회가 별로 주어지지 않는 시대에는 아이의 인생을 위해서, 학교 스케줄을 고려하여 가족 전체가 함께 아침 식사를 하는 게 매우 중요하다. 이 밥상머리 교육이 이뤄지지 않고 있다면 많은 문제가 불거질 수 있다. 가족이 식탁에 앉을 때 어떻게 행동해야 하는지를 어려서부터 훈련하지 않으면 공동체 감각이 올바로 발달하지 않는다. 식탁에서는 밝고 흥겨운 분위기를 만들어야 한다. 가족끼리 열린 마음으로 의견을 교환하고, 결코 다른 가족을 비난하거나 학교에서의 행동을 거론하며 비판해서도 안 된다. 그것은 다른 때에 해야 한다. 가족이 7시에 아침 식사를 같이 하는 장점은 아무리 높이 평가해도 지나치지 않는다. 나는 이 조언을 20년 동안 해왔다. 반응은 믿을 수 없다는 듯 그저 웃든지, 많

부모는 한 아이가 다른 형제들과 견주어 차별받지 않고 있다는 것을 일깨워줘야 한다. 집이 쾌적하고 매력적인 공간이어야만 아이는 집 밖에 나가서도 살아갈 용기를 얻는다.

은 사람이 그렇게 하기를 꺼린다. 나는 아이의 어떤 잘못은 밥상머리 교육이 습관화되어 있지 않은 가정에서만 봐왔다."(『개인심리학의 기술』)

그리고 아이가 아빠와 함께 산책하는 일이 자주 있을수록 집을 쾌적한 공간으로 느낄 수 있다.

"아빠가 아이를 우호적으로 대하며, 때로는 기쁨을 주도록, 가령 일요일에 아이와 둘이서 산책하도록 권해야 한다. 그러면 아이는 고자질하는 버릇이 없어지고, 일요일에 가족이 누리는 기쁨을 망치지 않는다."(『개인 심리학의 기술』)

아들러가 비행 경향이 있는 여덟 살 소년을 예로 들며 한 이야기다. 아들러는, 아빠가 딸을 그 소년보다 좋아한다고 하자, 그로 인해 문제가 생기지 않도록 하기 위해 아빠에게 그 소년과 산책하기를 권한다.

"그래서 '소년과 산책을 하며 수다를 떨어라'라는 간단한 방법을 아빠에게 제안했다. 칼이 자신이 존경받고 높이 평가받으며, 어떻게든 아빠가 그에게 관심을 갖고 있다는 것을 느끼게 하기 위해서다."(『아이들의 라이프스타일』)

아들러는 학업에 절망한 열한 살 소년의 엄마에게는 이런 조언을 했다.

"로버트가 당신과 너무 자주 함께 있는 것은 좋지 않습니다. 아빠

와 좀더 이어지도록 하는 게 낫습니다. 남편과 로버트에게 기회를 주
도록 하세요. 며칠만이라도 아빠가 여행에 데려가고, 친한 친구처
럼 놀아주는 것은 매우 긍정적입니다. 아빠가 아이에게 말을 자주
걸며, 그의 성공을 믿고 있다는 것을 소년에게 이야기해야 합니다."
(『아이들의 라이프스타일』)

아들러는 이 아이가 살아갈 용기를 잃은 까닭은 엄마에게 지나치
게 의존하며 자신감을 상실했기 때문이라고 보고 있다. 그래서 아이
가 엄마와 지내는 시간을 줄이는 대신 아빠와 함께 보내는 시간을 늘
리라고 제안한다. 아들러는 아빠와 아이의 관계가 집이라는 공간을
쾌적하게 만드는 결정적인 요소이며, 용기 북돋우기에 매우 중요한
역할을 한다고 보는 것이다. 이는 아들러 자신이 아버지와 맺었던 관
계를 반영하고 있기도 하다.(아들러는 어릴 적 아버지와의 관계가 먼
까닭에 크나큰 고통을 받았던 경험이 있다.)

인생의 과제를 알려주어라

"적면공포증으로 나를 찾아온
그녀는 아주 어릴 적부터 쉽게 얼굴이 빨개져서 놀림을 받아왔
고, 지난 두 달 동안은 증세가 무척 심해져서 식당에 가거나 철
학 강의를 듣는 일은 물론이고 방 밖으로 나가는 것조차 두려워

하게 되었다. 나는 이 환자가 시험을 앞두고 있다는 사실을 알게 되었다. 그녀는 심약하고 소심하며 숫기가 없었다. 모임에 나가거나 사람들과 함께 일하거나 하면 한결같이 극심한 긴장감에 시달렸다. 최근 들어 얼굴이 붉어지는 것에 더욱 신경이 쓰인 그녀는 이 증상을 과제 도피의 구실거리로 삼기 시작했다. 그녀는 어릴 적부터 엄마에게 강한 반감을 품었는데, 부분적인 이유는 남동생 때문이었다. 이제 그녀는 인생의 성공을 더 이상 믿지 못하게 되었다. 최초의 기억은 이렇다.

'다섯 살 때 세 살 된 남동생과 함께 집 밖으로 나갔어요. 부모님은 우리가 집에서 없어진 것을 아시고 안절부절못하셨어요. 집 근처에 호수가 하나 있었는데 우리가 거기에 빠질까봐 걱정하신 거죠. 집에 돌아와서 저는 매를 맞았어요.'

나는 이 초기 기억이, 그녀가 집을 좋아하지 않았다는 의미임을 알아차렸다. 그녀는 집에서 자신이 무시당한다고 느꼈다. '저는 매를 맞았는데 동생은 맞지 않았어요'라는 말은 이런 내 생각에 확증을 더해주었다. 그녀의 현재 행동들에는 이 인식이 반영되어 있다. 밖에 나가서는 안 되며 위험을 무릅쓰고 너무 멀리 가서는 안 된다는 생각이 행동들을 지배하고 있는 것이다. 이런 사람들은 살아갈 용기를 잃은 채 인생을 덫처럼 느낀다. 이 신경증 환자가 남성과 만날 때 얼굴이 붉어져 화가 난 듯하고 상대를 짜증나게 하면서 괴로워한다는 것은 쉽게 짐작할 수 있다."(『왜 신경증에 걸릴까』)

신경증은 두통, 강박증, 우울증, 광장공포증, 적면공포증赤面恐怖症 (사람들 앞에 서면 갑자기 얼굴이 붉어지는 부끄럼 증상), 야뇨증, 심장 질환 등 갖가지 신체적 증상을 동반하며 환자에게 살아갈 용기를 잃게 하는데, 환자는 이런 증상을 인생의 과제에 맞서지 않는 구실거리로 활용하기도 한다.

"나는 심리 치료적인 발견을 확인하기 위해서 여러 종류의 정보를 끌어내고 징후를 차례차례 체크한다. 가령 나는 '만약 내가 당신을 곧바로 고친다면 무엇을 할 겁니까?'라고 묻는다. 이 물음에 의해서 지금까지 논의되지 않은 현재의 문제가 무엇인지 밝혀지길 기대한다."(『왜 신경증에 걸릴까』)

앞에 나온 적면공포증 여성은 이 물음에 "남자와 사귀고 싶다"고 대답했다. 단지 남성과 교제를 못 하기 때문이라고는 말할 수 없으므로, 남자와 사귀지 못하는 구실거리로서 적면증이 필요한 것이었다. 이 여자는 남자와 사귀고 싶은 게 아니다. 오히려 남자를 사귄다는 상황을 맞이할 용기를 잃고 사랑의 과제를 회피하며 적면공포증을 구실거리로 이용하고 있다고 할 수 있다. 아들러의 이러한 인터뷰 방식, 즉 '지금의 증상이 나으면 무엇을 하고 싶습니까?' 혹은 '지금의 증상이 나으면 할 수 없게 되는 일이 있습니까?'라는 질의응답 형식으로, 신경증자가 살아갈 용기를 잃고 회피하려는 인생의 과제를 알아냈다. 그리고 그 환자에게 살아갈 용기를 북돋워주기 위해 기피하고 있는 인생의 과제를 정확하게 알려주었다.

한계를 설정하지 마라

"자신을 과소평가하지 않으면 더욱더 행복해질 용기를 얻게 된다."(『아이들의 라이프스타일』) "아이가 스스로 자신의 발달에 부과한 제한이 고정된 것이라고 믿고 있으면 어떤 교사도 한계를 없애는 데 성공하지 못한다. 만약 아이에게 '너는 수학적인 재능을 가지고 있지 않아'라고 말하면 교사의 마음은 더 편해질지 모른다. 그러나 그렇게 말하는 것은 아이의 용기를 꺾을 뿐이다. 나 자신도 이런 일에 얽힌 개인적인 경험이 있다. 나는 몇 년 동안 교실에서 수학을 못 하는 학생이었다. 그리고 수학적 재능이 완전히 결여되어 있다고 확신했다. 다행히 나는 어느 날 놀랍게도 선생님을 괴롭히던 문제를 풀었다. 뜻하지 않은 성공이 수학에 대한 내 자신의 태도를 전면적으로 바꿔놓았다. 예전에는 수학에 전혀 관심이 없었는데, 나는 이제 수학을 즐기고, 좀더 능력을 얻기 위해서 모든 기회를 이용하기 시작했다. 그 결과 나는 학교에서 수학을 가장 잘하는 학생이 되었다. 이 경험이 특별한 재능이나 선천적으로 타고난 능력만을 신봉하는 이론이 잘못되었다고 하는 내 관점을 형성하도록 도왔다."(『인생 의미의 심리학』) "수학에 약한 내 딸 알렉산드라가 어느 날 시험을 치르지 않고 집에 돌아와버린 적이 있었다. '왜 그래? 너는 지금 정말로 누구나 할 수 있는, 이런 바보 같은 일을 네가 하지 못할 거라고 생각하니? 할 수 있다고 마음만 먹으면 가능하단다.' 이후 알렉산드라는 짧은 기간 안에 수학 성적 일등을 차지했다."(『우리가 기억하는 아들러』)

"나 자신도 산수를 잘하지 않고 산수에는 전혀 적성이 없다고 여겼다. 나는 첫 번째 학년을 반복해야 했다. 그런데 갑자기 산수를 가장 잘할 수 있게 되었다. 만약 아버지가 교사의 조언에 따랐다면 나는 학교를 그만두고 구두 장인이 되었을 것이다. 오늘날에도 수학에 적성이 있는 사람과 그렇지 않은 사람으로 나뉜다고 확신하는 이들이 있을 것이다. 나 자신도 산수가 어려울 때는 어찌할 바를 몰랐지만 이제 '수학에 타고난 재능' 같은 것은 정말 있다고 믿지 않는다."(『개인심리학의 기술』)

아들러가 선천적 재능이나 유전의 영향을 인정하지 않고 "누구든 할 수 있다고 생각하면 무엇이든 성취 가능하다"고 주장하게 된 배경을 설명해주는 일화다. 아버지 레오폴트는 성적이 부진한 아들러에게 김나지움을 그만두고 구두 만드는 장인의 도제가 되게 하겠다며 화를 냈다고 한다. 이 위협이 무서웠던지 아들러는 그 후 열심히 공부해서 금세 성적이 오르고 질색이었던 수학도 극복했다. 이때의 경험으로 아들러는 선천적 재능과 유전의 영향을 인정하지 않고, 아이들에게 타인에 의해 주어진 자신의 한계를 극복할 수 있다는 용기를 북돋워주는 게 가장 중요하다고 생각하게 되었다. 자신을 과소평가하지 않으면 더욱더 행복해질 용기를 얻게 된다고. 아들러는 이처럼 사람들에게 낙관주의를 심어주며, 스스로의 한계를 설정하는 일로 인한 폐해를 없애기 위해 "누구나 무엇이든 이루어낼 수 있다"는 용기를 불어넣었다. 수학을 잘 못 하는 딸 알렉산드라에게 "하려고 마음만 먹으면 할 수 있단다"라고 용기를 북돋워준 것처럼.

할 수 있는 것부터 시작하라

"교육이나 심리학 이론에서 유전을 강조해서는 안 된다. 저능아와 선천적인 백치만 아니라면 누구든 필요한 일을 할 수 있다고 가정하는 것이 옳다. 물론 유전적 형질의 차이를 부정하려는 것은 아니며, 여기서 중요한 점은 그런 유전적 특징을 어떻게 활용하느냐이다. 그래서 교육이 중요한 것이다. 바른 교육은 갖가지 능력과 장애를 물려받은 개인을 발달시키는 방법이다. 할 수 있다는 용기를 심어주며, 훈련을 계속함으로써 장애를 보완하고 심지어 뛰어난 능력으로 발달시킬 수도 있다. 올바로 대응한다면 장애가 더 높은 성취를 향해 나아가도록 하는 자극제가 된다. 삶에서 뛰어난 성공을 거둔 사람들이 종종 처음에는 장애와 극심한 열등감에 시달렸다는 사실도 더 이상 놀라운 일이 아니다. 반면 자신이 유전적 결함과 장애의 피해자라는 생각으로 용기를 잃은 채 절망감에 빠져 노력을 게을리한 나머지 발달이 영영 지체된 사람도 흔히 볼 수 있다."(『왜 신경증에 걸릴까』)

"(아들러의) 개인심리학이 천재 아이의 문제를 해결하기 위해 내놓은 해법은 문제아를 위한 해법과 같다. 개인심리학자는 '누구든 간에 모든 일을 이룰 수 있다'고 말한다. 이것은 늘 기대받고 있다는 중압감을 떠안고, 항상 앞으로 떠밀리며, 자신에게 지나치게 관심을 갖고 있는 천재 아이의 기세를 꺾는 민주적인 격률이다. 이 격률을 택한 사람은 매우 총명한 아이를 가질 수 있다. 아이들도 우쭐대거나 지나친 야심을 가질 필요가 없다. 그들은 자신이 이룬 것이 훈련과 행운의 결과임을 이해하고 있다. 적절한 훈련이 계속되면 다른 사람이 할 수 있는 일을 누구나 이룰 수 있다. (…) 용기를 잃은 아이들은 강한 열등감으로부터 벗어나도록 지켜주어야 한다. 누구나 이런 열등감을 오랜 기간 견딜 수는 없기 때문이다. 이로 인해 아이들이 학교에서 많은 어려움에 압도되고 거짓 핑계로 학교를 쉬거나, 혹은 학교에 절대 가기 싫다고 생각하거나 하는 것은 이해할 수 있는 일이다. 도리어 학교에서 아무것도 바라는 게 없다며 포기한다. 그러나 개인심리학은 그들이 학교에서 아무런 희망이 없다는 신념을 받아들이지 않는다. 오히려 모든 사람이 유익한 일을 해낼 수 있다고 본다. 오류는 항상 있는 것이다. 그러나 이러한 오류는 바로잡을 수 있으며, 아이들은 살아갈 용기를 지니면 앞으로 나아갈 수 있다.”(『개인심리학 강의』)

　아들러는 “누구든 간에 모든 일을 이룰 수 있다”고 말해 미국에서 커다란 비판을 받았다. 그러나 이미 봐온 사례에서도 알 수 있지 않은가. 사실 능력이 없다기보다는 처음부터 과제에 임하지 않겠다는 결심을 하는 경우가 많다. 과제가 어렵다는 것도 과제에 임하지 않을 구실거리일 때가 있다. 왜 과제에 임하지 않는가 하면, 모든 것을 가능성 속에 두고 평가하지 않기 때문이다. 용기 있는 사람은 비록 과제를 완전히 해결할 수 없더라도 조금씩이라도 할 수 있는 곳부터 시작한다. 조금이라도 할 수 있는 것부터 시작한다는 게 용기의 기원 자체이며, 아들러는 이를 “불완전한 용기”라 불렀다.

사는 걸 두려워하지 마라

　　　　　　　　　아들러: (열한 살 소년에게) 너는 계산을 잘하는구나. 뭐가 되고 싶니?

소년: 대양항로선의 선장이요. 함부르크에 가고 싶어요.

아들러: 견습 뱃사공부터 시작하지 않으면 안 된단다. 함부르크에 가려면 몇 살이 되어야만 하니?

소년: 스무 살이요.

아들러: 열다섯 살인가 열여섯 살이 되면 갈 수 있을 거야. 하지만 그때까지 많은 것을 배우지 않으면 안 돼. 왜 이 일을 좋아하니? 배를 타본 적은 있고?

소년: '명령할 수 있는 위치'가 좋아요.

아들러: 선장이 되고 싶다면 '합당한' 방법으로 명령하지 않으면 안 돼. 누구나 그 명령이 옳다고 이해할 수 있도록 하기 위해서는 말이야. 하지만 학교에서는 네가 선장이 아니란다. 거기서 명령을 내려도 헛일이야. 네가 무엇 때문에 학교에서 명령을 내리려고 하는지, 나는 이해할 수가 없구나. 그러니까 너에게 친구가 생기지 않는 것 아닐까? 명령이라면 나중에라도 내릴 수 있어. 지금은 우호적이고 친밀한 사람이 되어 친구를 사귀렴. 선장도 우선 선원들과 사이가 좋아야 하잖아. 생각해보렴. 선원들이 선장을 미워하면 선장의 명령을 따르지 않겠지. 이렇듯 다른 아이들과 친하게 지내는 방법을 배우지 않으면 안 되는 거란다. 무조건 아이들에게 명령하려는 건 으스대는 꼴에 지나지 않아. 그런데 넌 어떤 것을 교환해서 사기를 좋아하지. 잘난 체하는 것을 좋아하고. 남이 너를 선장처럼 봐주길 항상 바라고 있고…….

아들러: 너는 절약해서 모은 돈으로 뭘 하려고?

소년: 언젠가 필요할 것이기 때문에 모으고 있어요.

아들러: 그러면 돈 때문에 곤란한 일이 생길까봐 두렵니? 물론 부지런히 땀 흘리는 게 그런 일이 발생하지 않도록 하는 최선의 방법

이지. 하지만 돈을 갖고 있는 게 최대의 안전이 아니란 걸 알고는
있지? 너는 뭔가 뽐내는 기질이 있는 것 같구나.

소년: 네?

아들러의 저서 『개인심리학의 기술』에 나오는 이야기다. 아들러
는 우선 아이들의 꿈이 무엇인지를 물어보라고 권한다. 그런데 아이
들과 상담할 때, 장래에 뭐가 되고 싶은지를 물어도 대답이 돌아오지
않는 일이 잦다. 대학에 들어가서 정하겠다거나, 원하는 학교에 붙
고 나서 결정할 수밖에 없다는 현실적인 답이 나오곤 하는 것이다.

이 소년과 주고받은 이야기에서 알 수 있듯, 아들러는 단지 장래
의 직업을 위해서 기초부터 열심히 공부하는 것만으로는 충분하지
않다고 말한다. 가령 선장은 명령을 내리기 전에 먼저 선원들에게 신
임을 얻어야 한다. 그래서 아들러는 소년에게 학교에서 으스대지 말
고 친구들과 우선 잘 어울리는 방법부터 배우라고 권유한다. 타인과
의 유대 그리고 친밀감은 비단 선장만이 아니라 모든 직업에 필요한
미덕이다. 다시 말해 타인과 협력하는 용기를 내지 못하면 아무리 어
떤 자격을 취득하기 위해 열심히 공부한다 해도 뛰어난 선장(리더 혹
은 동료) 노릇을 할 수 없다는 말이다. 기계공이 되고 싶다는 열두 살
소년에게 아들러가 말했다.

"그렇다면 유능한 기계공이 될 수 있을 거야. 하지만 용기를 갖지
않으면 안 돼. 무서워해서도 안 되고. 무서운 일은 아무것도 일어나

타인과 협력하는 용기를 내지 못한다면 아무리 열심히 노력한다 해도 좋은 동료나 리더가
될 수 없다. 아들러는 사는 것이 곧 용기를 내는 과정의 연속이므로 먼저 산다는 걸 두려워
하지 말라고 강조한다.

지 않아. 나쁜 점수를 땄을 때도 무서워하지 말거라. 나도 나쁜 점수를 받은 적이 있었어. 하지만 노력해서 열심히 공부했더니 좋아지더구나. 항상 살아갈 용기를 내야지, 산다는 걸 무서워해서는 안 된단다. 네 옆에 항상 동료가 있다고 생각하렴. 그럼 무섭지 않겠지!"(『개인 심리학의 기술』)

아들러는 이 소년에게 앞으로 무엇이 되고 싶은지 물었다. 기계공이 되려 한다는 소년에게 아들러는 살아갈 용기를 갖지 않으면 안 된다고 말한다. 장래의 목표를 세우고 그것을 달성하려면 '지금 여기서' 무엇을 하지 않으면 안 되는지도 궁리해야 한다. 그러나 그 알맹이는 이른바 직업 교육과 다르다. 아들러는 사는 게 용기를 내는 과정의 연속이므로 우선 늘 산다는 걸 두려워하지 말라고 강조한다. 이 세상을 동료와 함께 살아갈 수 있는 인성을 기르면 사는 게 두렵지 않다는 이야기다.

돈이 전부가 아님을 깨닫게 하라

"열일곱 살이나 열여덟 살의 젊은 이가 앞으로 무엇을 해야 할지 모르는 경우는 흔하다. 그러므로 직업 선택에 관해 조언을 해주는 게 중요하다. 뭔가에 관심을 갖게 하고 적절한 훈련을 받을 수 있게 해주기 때문이다. 어쨌든 이 나이가 되도록 아직 인생에서 무엇을 해야 할지 모른다는 것은 곤란하다. 가정이나 학교에서, 이 나이에 도달하기 전에 장래 직업에 대한 관심을 갖도록 도와주어야 한다. 학교에서는 '나는 장차 무엇이 될까?'와 같은 제목으로 작문 숙제를 내주면 좋을 것이다."(『개인심리학 강의』)

"열두 살, 열네 살짜리라도 장래 희망에 대한 뚜렷한 생각을 가져야 한다. 희망의 부재, 이것은 그 무엇에도 관심이 없다는 걸 뜻하지 않는다. 그런 아이는 아마 큰 꿈이 있는데 그 꿈을 제대로 알아갈 만큼의 용기를 지니지 못했을 것이다. 아이가 자신의 주된 관심사를 적극적으로 알아보도록 하는 용기를 북돋워주어야 한다. 어떤 아이들은 고등학교를 마칠 때까지 여전히 장래에 뭐가 될지 결정하지 못한다. 그들은 종종 성적이 우수한 학생이기도 하다. 이런 아이들은 매우 야심적이지만 별로 협조적이지 않는 게 성격상의 특징이다.

우리 자신은 어떤 일이 더 높고 어느 것이 낮은지를 결정할 절대적 기준을 갖고 있지 않다. 만약 아이가 커서 진심으로 좋아하는 일을 시작해 타자의 행복에 기여하는 시간을 보낸다면 어떤 면으로 봐도 유용하다. 아이에게 소중한 일은 사회적 분업의 틀 속에서 자신을 훈련시키고 자신의 자존감의 기둥을 떠받칠 용기를 낼 수 있도록 하는 관심사를 추구하는 것이다. (…) 그러나 만약 아이가 돈을 버는 일 외에 다른 것에 관심을 두지 않는다면, 쉽게 사회적 협력의 길에서 이탈하며 자기 이익만 욕망하게 된다. 만약 '돈을 버는 것'이 아이의 유일한 목표일 뿐 타인에게 관심이 없다면 왜 강도 짓을 하거나 사기를 쳐서 돈을 벌지 않겠는가.

비록 이처럼 극단적이지는 않더라도, 공동체 감각과 결합되지 않은 야망을 품고 돈을 벌긴 하겠지만 그러한 경제활동은 동료 인간에게 별로 도움이 되지 않는다. 복잡다단한 시대인 만큼, 올바른 태도와 함께 살 용기로 인생을 개척하는 사람이 곧 성공한다는 것을 보장할 수는 없지만, 그런 사람이 행복하게 살아갈 용기를 끊임없이 내며 자존감을 잃지 않는다는 것만큼은 장담할 수 있다."(『인생 의미의 심리학』)

협의의 직업 교육이라면 '돈 버는 방식'을 배우는 것만으로 충분할지 모르지만, 자기 이익밖에 모르고 협력을 배우지 않으면, 직업을 가져도 동료에게는 이로움을 주지 못한다. 많은 돈을 버는 게 중요한 것은 아니다. 협력을 공부한다고 해서 곧바로 성공한다고 보장할 수는 없지만 '사회적 협력=함께 살 용기'의 미덕을 체득한 사람은 단지 성공하는 것 이상의 일을 해낼 수 있다. 타인과 함께 살 용기를 내는 사람만이 자신의 성공뿐만 아니라 다른 사람의 성공도 도와줄 수 있기 때문이다.

자립하게 하라

"인생 최초의 날부터 아이들은 나이가 허락하는 한 자립하도록 훈련받아야 한다. 아이들이 자력으로 할 수 있는 일이 많아질수록 용기와 자신감, 사회 적응력은 커진다. 아이들이 항상 도움을 받지 않으면 안 되는, 자신의 과제를 혼자 힘으로는 하지 못하는, 혹은 혼자서는 놀 수 없다고 느끼게 하는 것보다 용기를 꺾는 일은 없다."(『아들러가 말하다』)

"부모의 과제는 아이가 스스로 자신의 일을 할 수 있도록, 아이에게 되도록 뛰어난 인생의 준비를 하게 하는 것이다.(『아이들의 교육』)

자립해서 행동하는 게 필요 없다고 생각하는 로버트에게 아들러가 말했다.

"네가 엄마를 좋아하는 것은 멋진 일이란다. 하지만 엄마가 너를 위해 뭐든지 해주기를 기대할 수는 없어. 더 많은 것을 스스로 하면 너는 더 행복해질 용기를 얻게 될 거야. 뭐든지 혼자 할 수 있는 일부터 시작하지 않으면 안 돼. 다른 아이들은 꽤 일찍 시작한단다. 네가 이번 문제를 안고 온 것은 시작이 늦었기 때문이야. 하지만 곧 모든 일을 혼자 시작하면, 그러니까, 이를 닦고, 몸을 씻고 옷을 갈아입기 시작한다면 스스로의 힘으로 뭐든지 할 수 있다는 용기를 갖게 되지. 엄마 손을 빌리려고만 해서는 안 돼. 뭐든 스스로 하게 되면 앞으로

부모는 자식을 자립하는 존재로 키울 의무가 있고, 처음부터 아이가 자립할 수 있도록 훈련시켜야 한다는 것이 아들러의 교육 지침이다.

는 정말 멋진 사람이 되지 않겠니?"(『아이들의 라이프스타일』)

어떤 학생이 아들러에게 '어떻게 하면 아이의 응석을 받아주지 않으면서 아이를 사랑할 수 있을까'를 묻자 아들러는 이렇게 대답했다.

"자네가 내키는 대로 자식을 사랑할 순 있지만 의존적으로 키워서는 안 된다네. 자네는 자식을 자립하는 존재로 키울 의무가 있고, 처음부터 아이가 자립할 수 있도록 훈련시켜야 하네. 아이는 부모가 자신의 말을 무조건 들어준다는 인상을 갖게 되면 사랑에 대해 잘못된 생각을 하게 되기 마련이지."(『아이들의 라이프스타일』)

아들러는 뉴욕의 사회학교에서 개인심리학 강의를 하며 공개 상담을 하고 있었다. 여기서 학생은 이 학교에서 아들러로부터 가르침을 받는 제자를 가리킨다. 응석부리게 하는 것과 사랑하는 것은 전혀 별개다. 아이는 자신이 바라는 대로 부모가 해주면, 커서도 자신의 파트너가 부모와 같이 자기에게 유리한 대로 해줄 거라고 오해한다. 그런데 만약 파트너가 그 기대에 부응하지 않고 자신의 요구를 거부하면 금세 자신을 사랑하지 않는 것이라 판단한다.

"유일한 진짜 치료는 아이를 자립시키는 것이다."(『아이들의 라이프스타일』)

엄밀히 말하면 자립시킬 수는 없다. 엄마 아빠는 자녀가 자립하는 일을 지원할 수밖에 없다.

어른으로 대접하라

"엄마는 그에게 쇼핑 심부름을 시켰다. 그 아이는 쇼핑하는 것을 좋아했다. 가게에서 두 개나 그 이상의 물건을 사오려 할 때에는 종이에 써주어야 했다. 최근 가게 주인이 엄마에게 종이쪽지에 쓰지 않아도 된다고 제안했더니, 그 아이는 종이에 쓰지 않고도 더 많은 물건을 쇼핑할 수 있게 되었다."(『아이들의 라이프스타일』)

아이의 능력에 대한 판별은 어렵지만, 대부분의 경우 아이들은 어른이 생각하는 것보다 더 잘할 수 있다. 부모가 자기 자녀는 그럴 수 없다고 생각하면 아이도 못 하는 척을 한다.

"부모는 아이에게 책임감을 주고 그의 유용한 행동에 주목하며, 아이 앞에서 누나들을 칭찬하지 말라는 소리를 들었다. 교사는 그에게 교실 안에서 종이를 돌리거나 방을 환기시키는 소임을 주었다. 그는 휴식 신호를 금방 알아차린다. 처음에는 필요한 종이의 양을 판단하지 못했지만, 개선되는 면이 보였다."(『아이들의 라이프스타일』)

다만 이 아이들에게 책임을 부여하는 방법에 주의를 기울일 필요가 있다.

"교장은 그녀에게 달력을 매일 넘기는 책임을 주었다. 이는 학교에서 아이를 조용히 시키는 방법의 하나로, 깊은 뜻이 있다. 아이의 그릇된 우월성 추구를 책임 있는 일을 주는 것으로 잠재울 수 있다. 그러나 이 아이가 원하는 것은 이런 일 이상의 무언가다. 즉 다른 아이들보다 많은 일을 바라는 것이다. 나는 아이가 처음보다 조용해졌다고 생각하지는 않는다.(『개인심리학의 기술』)

아이가 만약 자신에게 책임 있는 일이 주어지고 그것을 하기로 자족한다면, 이 교장과 같은 방식으로 아이에게 일을 주는 것은 유용하겠지만, 아이가 원하는 것은 "일 이상의 무언가"다. 이를 교사가 주목하면, 책임 있는 일을 주어도 그것만으로 만족하지 않으며, 일을 받았으니 좋다고 생각하다가도 또 문제를 일으키는 경우가 있다.

"집안의 사소한 일에 대해서 그녀의 의견을 구하고, 그녀를 어른으로 취급하며 책임을 맡겨, 예쁘게 존중받고 있다는 것을 느끼도록 하라."(『아이들의 라이프스타일』)

부모가 무엇이든 결정하는 게 편하다. 그렇더라도 부모가 정하는 것이 아니라 아이에게 의견을 구하고 책임지도록 돕는 것이 필요하다. 아이는 때로 틀린 말을 하겠지만, 그럴 때조차 부모가 어른으로서 아이에게 의견을 주입하는 것이 아니라 '대등한 동료'로서 아이의 생각을 말하게 하는 것이 용기를 더 북돋우는 길이다.

타인에게 관심을 갖게 하라

　　　　　　대인관계 문제는 타인에게 관심을 둘 때에만 해결될 수 있다. 이 규칙에 예외는 없다. 다른 사람을 돕고, 다른 사람으로부터 도움을 받는 훈련을 하지 않으면 우리는 인생의 과제에 훌륭하게 대응하는 방법을 배우지 못하게 된다. 예컨대 결혼 문제를 생각해보자. 협력하는 용기를 함양하지 않고 결혼에 성공할 수 있을까.

　"우리 모두에게는 본래부터 공동체 감각이 내재되어 있다. 하지만 공동체 감각도 훈련을 통해 발달시킬 수 있다는 것을 깨달을 필요가 있다. 만약 아이가 공동체 감각의 발달을 저지당한다면 더 큰 세계에 대한 관심을 갖지 않게 될지도 모르기 때문이다. 모든 대인관계의 실패는 공동체 감각의 발달을 저지한다. 우리는 누구나 아이들이 인생에서 실패하는 것을 원치 않는다. 의도적으로 용기를 꺾는 실험을 하지 않고도 살아갈 용기가 꺾인 사람이 인생에 대한 준비를 잘 못 하고 있다는 증거는 흔히 찾아볼 수 있다."(『아들러가 말하다』)

　사랑과 결혼이라는 인생의 과제에 대해 준비가 잘되어 있는가? 그 증거를 볼 수 있는 일례로 아들러는 다음과 같은 독일의 풍습을 소개한다.

　"커플에게 결혼 준비가 잘되어 있는지 판별할 수 있는 독일의 오래된 시골 풍습이 있다. 두 사람에게 손잡이가 두 개 달린 톱을 건네주어, 각각 한쪽을 잡고 친척들이 주위에 서서 지켜보는 가운데 나무 그루터기의 줄기를 자르게 한다. 나무를 톱으로 켜서 자르는 게 두 사람의 과제다. 어느 쪽이나 파트너가 하는 일에 관심을 갖고 자신의 움직임을 상대방의 움직임에 맞춰야 한다. 이 방법은 결혼이 적정한가를 보는 좋은 시험이다."(『개인심리학 강의』)

　　두 사람이 적절히 협력하지 않으면 나무줄기를 자를 수 없다. 만약 상대를 신뢰하지 않으면 서로 맞은편에서 톱을 당기기만 할 것이다. 한편 한 사람이 이끌며 혼자서 나무줄기를 다 자르려고 할 경우 둘이 할 때의 시간보다 곱절이 더 걸린다. 그런 일이 일어나지 않게 하려면 상대방에게 관심을 갖고 두 사람이 함께 주도하며, 상대의 움직임에 맞춰 힘을 조절해야 한다. 두 사람이 결혼에 적합한지는 그들이 어떻게 이 작업에 임하는지를 보면 알 수 있다.

　　"나는 이 협력하는 능력을 배우지 않으면 안 된다는 것을 강조하고 싶다. 그것이 유전적인 것인지는 문제가 되지 않는다. 협력의 가능성은 누구에게나 있으며 이러한 가능성을 생득적인 것으로 여겨야 한다. 또한 그것은 모든 인간에게 공통되며 그것을 발달시키기 위해서는 훈련을 받으며 단련되어야 한다. 협력 훈련을 받았지만 역시나 범죄자가 되었다는 증거는 없다. 나는 그런 사람을 한 번도 만난 적이 없고 그런 사람을 만났다는 이야기를 들은 적도 없다. 범죄의 적절한 예방은 적절한 정도의 공동체 감각이다. 이것이 인정되지 않는

한 범죄의 비극을 피할 희망이 없다. 한 개인이 타인과 잘 어울리고 타인에게 관심을 갖는 공동체 감각 훈련이 잘되어 있으면 범죄자가 되지 않는다."(『인생 의미의 심리학』)

최소한의 노력으로 타인들보다 출중해지기 위해 의사가 되려는 야심을 가진 소년에게 아들러는 다음과 같이 말한다.

"의사가 되고 싶은가보군. 의사는 좋은 직업이지. 나도 의사고. 좋은 의사가 되려면 자기 자신 외의 다른 사람에게도 관심을 가져야 한다네. 몸이 아플 때 타인이 무엇을 필요로 하는지 이해하기 위해서지. 타인의 좋은 친구가 되어주어야 하고, 자신의 일만 생각하는 이기주의자가 되어서는 안 된다네."(『아이들의 라이프스타일』)

여기서 "좋은 의사가 되려면 자기 자신 이외의 타인에게도 관심을 가져야 한다"는 말은, 타인에 대한 관심이 공동체 감각의 존재 여부를 가늠하는 하나의 지표라는 뜻이다. 환자와 좋은 친구가 되는 것은 원만한 치료관계를 이루기 위해서 반드시 필요한데, 그렇지 않으면 어떤 치료나 상담도 제대로 할 수 없기 때문이다. 타인에게 관심을 갖는 것이야말로 무슨 일이든 잘할 수 있다는 용기가 우러나오게 하는 원류다.

신뢰의 필요성을 전하라

　　　　　　　아들러는 혼자 힘으로는 아무것도 할 수 없다고 믿는 열한 살 소년 로버트와 상담하면서 그에게 물었다. "수영을 배운 적이 있니?" 로버트는 "네"라고 대답했다. 그러자 아들러가 말했다.

　"수영을 처음 했을 때 아주 힘들었던 거 기억나니? 지금처럼 잘할 수 있기까지 오랜 시간이 걸렸을 거야. 뭐든 처음에는 힘들지만 용기를 내어 노력하다보면 잘하게 된단다. 수영을 할 수 있게 됐으니 독서나 산수도 곧 잘하게 될 거야. 하지만 무엇이든 늘 엄마가 너를 위해서 해줄 거라고 기대하면 안 돼. 다른 사람이 너보다 더 잘할 거라고 걱정만 해서도 안 되고."(『아이들의 라이프스타일』)

　다른 사람이 잘하고 있느냐는 점은 자신이 할 때와 전혀 관계가 없다. 다른 사람이 어떻든 자기가 하는 수밖에 없으므로 잘되려면 노력이나 시간, 용기가 필요하다. 또 아들러는 노력하는 것만으로 수영을 잘하게 되지 않는다고 지적한다. 아들러가 여기서 "무엇이든 늘 엄마가 너를 위해서 해줄 거라고 기대하면 안 돼"라고 한 말은, 바로 응석받이로 자란 아이에게 용기를 북돋우고 싶으면 '자립심을 길러주라'는 의미다.

　"아이가 열등감을 갖고 있는지의 여부는 금방 알 수 있다. 수영을 배우는 어려움에 부딪혀보게 하라. 아이가 즐겁게 헤엄칠 수 있게 되면 그것은 다른 곤란을 극복할 수 있다는 좋은 징후다. 반면 수영 배우기가 꽤나 어려운 아이는 자기 자신은 물론 수영 교사도 신뢰하지 않는다. 많은 아이가 처음에는 고생하지만 뒤늦게 수영을 잘하게 된다는 사실에 주목해야 한다. 곤란함을 느낄 수 있지만 결국에는 성공하며, 수영 기술의 완성이라는 목표를 마침내 이뤄냄으로써 용기를 얻고 종종 챔피언이 되기도 한다.”(『아이들의 교육』)

헤엄칠 수 있기 위해서는 자기 자신과 교사에 대한 신뢰가 요구된다. 실제로 수영을 할 수 없는 아이는 물속에 얼굴을 담그기조차 무섭다고 생각하며, 좀처럼 수영 배우기를 꺼린다. 하지만 수영 지도 교사를 신뢰하면 아이는 자기 몸을 교사에게 맡길 수 있다.

아들러는 수영과 함께 자주 수학(산수)이 서툰 아이는 용기가 꺾여 있다고 지적한다. 좀처럼 수영을 배우지 못하는 아이는 자신이나 타인 모두 신뢰하지 못하지만, 신뢰할 수 없으므로 수영을 할 수 없다기보다는 사실 수영도, 수학도 결국 다른 누군가가 대신해줄 수 없기 때문에 숙달할 수 없다.

“어떤 학과에서든지 다른 사람의 원조 덕분에 쉽게 배우게 된다. 그러나 산수는 그런 것 없이 스스로 해결해야 한다고 생각하지 않으면 안 된다. 응석받이 아이들은 대개 산수를 잘하지 못한다.”(『교육이 어려운 아이들』)

미국 철학자 알폰소 링기스는 ‘신뢰는 미지 속으로 뛰어드는’ 것이

라고 말했다. 가령 한 아이가 내일부터 공부를 열심히 하겠다고 약속
해도 어른은 그 아이를 신뢰하지 못한다. 그 다짐을 지금까지 수없
이 들었고, 그때마다 낙담을 했던 탓이다. 그런 어른에게 아이가 공
부하는 행동은 미지의 영역이다. 아이를 신뢰하려면 미지로 뛰어들
용기가 필요하다. 이는 상대방인 어른에게도 해당된다. 어떤 과제를
앞두고, 그것을 실제로 할 수 있느냐 없느냐가 아니라 아예 처음부터
할 수 없다고 포기하는 사람이 있다. 이는 자신을 믿지 못하든지, 혹
은 그 과제와 연관된 타인을 믿지 못하기 때문이다. 이를 극복하기
위해서는 자신 혹은 타인을 신뢰할 용기가 필요하다.

자신을 돌볼 수 있게 하라

"아이가 자신과 나이나 능력이 같
은 또래의 동료를 갖는 게 좋다. 아이는 동료들 속에서 공동체 감
각과 사회적 협력을 가장 잘 배울 수 있기 때문이다. 아이들은 비
슷한 능력과 경험을 가진 또래와 자신을 곧잘 비교한다. 또한 용기
를 내는 훈련이 이뤄지는 곳은 사회관계망이다. 누구나 용기를 갖
고 싶다고 생각한다 해도 공동체를 떠나서는 용감하거나 대범해질
수 없다. 용기는 사회적 관계를 맺는 실천으로만 배울 수 있다. 모
든 용기의 기초는 사회적인 용기 곧 타자와의 관계 속에서의 용기

다."(『아들러가 말하다』)

"아이도 놀이 친구와 잘 유대할 필요가 있다는 걸 깨달아야만 한다. 나라면, 아이가 낯선 친구와 시간을 더 보내도록 하고, 그만큼 엄마랑 지내는 시간을 줄여 방과 후 그룹이나 클럽에 들어갈 수 있게 할 것이다."(『아이들의 라이프스타일』)

앞에서 아빠와의 유대관계가 중요하다고 본 아들러는, 여기서는 아이가 엄마와 지내는 시간을 줄이고 낯선 친구를 동료로 만드는 시간을 더 가져야 한다고 제안한다.

"파티의 주최자로 친구와 즐거운 시간을 보내면서 친해지고 친구의 일에 관심을 갖게 되면 용기를 내는 데 상당한 진전을 보일 것이다."(『개인심리학 강의』)

파티의 호스트 역은 자신이 즐기는 것을 생각하면 안 된다. 어떻게 하면 파티에 온 친구들이 즐거운 시간을 보낼지를 고심해야 하기 때문에 친구의 일에 관심을 갖게 된다.

"주목의 중심에 서기 위해 남에게 폐를 끼치는 것은 매우 비겁한 일이다. 다른 사람을 돕는 편이 훨씬 더 용기 있는 것이다. (…) 정말 친구로서 다른 아이들의 리더가 되는 방법, 지배하고 공격함으

아이에게 항상 최선은 자기와 나이나 능력이 같은 또래 동료를 갖게 하는 것이다. 용기는
사회적 실천으로만 배울 수 있기 때문이다.

로써가 아니라 도와줌으로써 리더가 되는 방법에 대해 논의해야
한다."(『아이들의 라이프스타일』)
　"인생의 쾌적한 면뿐만 아니라 불쾌한 면도 수용하는 게 용기다.
이 지구 위에서 편안하게 살아가는 사람일지라도 인생이 항상 쾌
적한 것만은 아니며, 그에게는 불쾌한 일도 속해 있다. 확실히 이
세계에는 악, 곤란함, 편견이 있다. 그러나 그것이 우리의 세계이며
그 이점도, 불리한 점도 다 우리의 것이다."(『인생 의미의 심리학』)

　아들러는 인생의 쾌적한 면만이 아니라 불쾌한 면도 받아들일 수
있어야 한다고 지적한다. 그러한 사람은 자신의 문제만이 아니라 타
인의 문제도 해결하기 위해 협력할 수 있기 때문이다. 나라는 존재
는 나 혼자만으로는 완결되지 않기 때문이기도 하다. 나라는 존재는
타인과 마주보며 가만히 서 있는 게 아니라 타인에게 작용하고 협력
하는 '사회관계망'이다. 나라는 존재는 타인과 조화를 이루며 받기만
하는 게 아니라 공헌해야 한다. 그래야 용기의 기원인 자신의 가치를
느낄 수 있다. 그래서 아들러는 인생이라는 것 전체가 '협력의 능력=
공동체 감각'과 그에 대한 준비학습을 요구한다고 되풀이하며 강조
했다. 여기서 주의할 점이 있다. 타자 공헌은 자기희생을 강요하는
덕목이 아니라는 것이다. 아들러는 말한다.
　"정말로 타인에 대한 관심을 갖기를 바라고 공공선을 위해 이바지
하길 원한다면 우선 자신을 돌볼 수 있는 용기를 내야 한다. 이바지

한다는 것에 어떤 의미가 있다고 한다면, 그것은 일단 자신에게도 뭔가를 줄 수 있기 때문이다."(『아이들의 교육』)

재능을 키워주어라

　　　　　"열서너 살 무렵의 여자아이 두 명이 있다고 가정해보자. 그녀는 인형 때문에 모자를 꿰매기 시작한다. 그녀가 일하는 것을 보고 우리는 얼마나 멋진 모자인가라고 말하며, 어떻게 하면 더 멋지게 될 수 있는가를 제안한다. 소녀는 용기를 얻고 격려를 받는다. 그녀는 더 노력하며 바느질 솜씨를 향상시킨다. 그리고 다른 소녀에게는 다음처럼 말한다고 가정해보자. '바늘 같은 건 버려. 다치니까. 네가 모자를 꿰맬 필요는 없어. 밖에 나가서 좀 더 멋진 것을 사주마.' 이 소녀는 용기를 잃고 이내 노력을 하지 않을 것이다. 앞에 등장한 소녀는 예술적 취미를 발달시켜 그런 유의 일을 하는 데 관심을 갖게 될지도 모른다. 그러나 뒤에 나온 소녀는 스스로 어떤 것을 만들기보다 뭐든지 구매하는 것이 좋을 거라고 생각할 수 있다."(『인생 의미의 심리학』)

　소녀가 모자를 꿰매다가 바늘로 손가락을 다칠 위험은 있다. 이런 사실을 알면서도 바느질을 하는 소녀에게 용기를 북돋우면 바느질 솜씨를 향상시킬 것이 분명하다. 그런데 어른들은 위험하니까 그만

두라고 종용하곤 한다. 그러다보면 어느새 소녀는 스스로 할 수 있는 다른 일까지 포기하고 만다. 그러지 않고 아이가 스스로 과제를 풀어 갈 수 있도록 원조하면(그것은 그저 지켜보는 것뿐인지도 모르지만), 아이는 용기를 얻고 자신에게 가치가 있다고 느낄 수 있다. 재능의 뿌리는 용기이기에 스스로 어떤 일을 할 수 있다는 용기를 얻지 못하면, 아이의 재능은 자라나지 못한다. 아이가 스스로 할 기회를 빼앗아버리면, 결국 자립적으로 살아갈 용기를 잃게 될 것이다.

『주라기 공원』의 저자 마이클 크라이턴이 작가로 첫걸음을 뗄 때에는 고작 아홉 살에 불과했다. 의대생일 적에도 아버지는 학비를 대주지 않았다. 원고료를 벌어 학업을 마치겠다는 결심이 작가로서의 입지를 다져주는 결정적 토대가 되긴 했지만, 그 전부터 아버지의 다양한 자극이 작가가 되어야겠다는 그의 꿈에 용기를 불어넣어주었다. 마이클은 열네 살 때 애리조나 주에 있는 선셋 크레이터 내셔널 모뉴먼트에 놀러 갔다. 마이클이 아빠에게 말했다.

"관광객들은 이곳에 재미있는 사실이 숨겨져 있다는 걸 모르는 것 같아요."

"그래? 그럼 글을 써서 『뉴욕타임스』에 기고해 사람들을 깜짝 놀라게 해보렴."

"네? 『뉴욕타임스』에요? 전 아직 어린아이인데요?"

"신문사에 네 나이를 밝힐 필요는 없고…… 관리사무소에 가서 자료를 모조리 달라고 청해서 직원들도 직접 인터뷰해보는 게 어때?"

얼마 후 마이클은 정말로 『뉴욕타임스』에 여행기를 기고해 주변 사람들을 놀라게 했다. 마이클은 훗날 '그 경험이 작가가 되는 데 큰 용기를 북돋워주었다'고 회고했다. 물론 내가 '정신승리법'이나 '유심론'을 설파하려고 이런 일화를 꺼내는 것은 결코 아니다. 우리가 스스로를 지레짐작으로 과소평가하며 살아갈 용기를 꺾는 위험성에 대해 이야기하기 위함이다. 특히 부모가 아이를 과소평가하면, 그 아이는 '어떤 일이든, 그 어떤 인생의 과제든 자신이 따라잡는 건 더 이상 불가능하다'고 속단하게 된다. 세상의 그 어떤 일이든 자기 스스로의 힘으로 할 수 있다는 용기를 내지 못하면 불가능할 수밖에 없다. 세상사란, 아들러의 말처럼, 할 수 있다고 생각하기에 할 수 있는 것이다.

평등의 가치를 가르쳐라

"사랑과 결혼, 즉 애정 문제는 두 사람이 함께 풀어야 하는 과제다. 당연히 낯설 수밖에 없다. 어린 시절에 받은 훈련 중 일부는 자립심을 키우기 위해 혼자서 어떤 과제를 풀어가는 것이었다. 또 다른 일부는 사회적 협력심을 키우기 위해 팀을 이루거나 집단 속에서 과제를 풀어나가는 것이었다. 두 사람이 짝을 이뤄 어떤 과제를 수행하는 경험은 상대적으로 적을

어떤 사람이 이성과 함께 살아갈 용기를 내려면 먼저 우정부터 쌓아야 할 것이다. 우리는 우정 속에서 타인의 눈과 귀로 세상을 보는 법을 배우며, 이런 능력은 곧 사랑에서도 발휘된다.

수밖에 없었다. 하지만 이런 어려움도 두 사람이 공동체 감각을 잃지 않는다면 비교적 쉽게 해결할 수 있다. 두 명의 반려자 사이에서 협력이 완벽하게 구현되려면 각자가 자신보다는 동반자에게 더 많은 관심을 보이는 용기를 가져야 한다."(『인생 의미의 심리학』)

어떤 사람이 이성과 함께 살아갈 용기가 있는가의 여부를 파악하는 일은 그리 어렵지 않다. 아들러는 우정을 쌓은 경험이 결혼생활에도 도움이 된다고 말한다. 우정은 사회적 관심을 크게 발달시킬 수 있다. 우리는 우정 속에서 타인의 눈으로 보고, 타인의 귀로 들으며, 타인의 심장으로 느끼는 법을 배운다.

"우정을 훈련하는 것은 결혼 준비에도 큰 도움이 된다. 협력정신을 함양할 수 있다면 두 명의 아이가 함께 작업하고 배우는 상황을 만들어주는 것이 바람직하다. 사교춤은 두 사람이 공동 활동에 참여하는 오락이다. 이런 의미에서 아이들에게 사교춤을 배우게 하는 것도 바람직하다. 물론 쇼에 가까운 요즘의 사교춤을 권장하는 건 아니다. 직업도 결혼 준비에 도움이 된다. 결혼하기 위해 취업 준비를 하는 것은 지극히 당연한 일이다."(『인생 의미의 심리학』)

"사랑과 결혼의 과제는 '완전한 평등'이라는 기초 위에서라야만 만족스럽게 해결될 수 있다. 근본적인 상호 평등이 중요하다. 한 사람만이 상대방을 존중하는 일은 그리 중요하지 않다."(『개인심리학 강의』)

자신보다 배우자에게 더 많은 관심을 갖기 위해서는 두 사람의 관계가 평등해야 한다. 부부 사이에 상호 헌신과 친밀함이 실현되려면 상대방 때문에 억눌려 지낸다거나 빛을 보지 못한다는 생각을 해서는 안 된다. 부부가 평등한 관계가 되려면 각자가 배우자의 삶을 편안하고 풍요롭게 만들기 위해 노력해야 한다. 이런 상태가 되어야 서로 안전하다고 느낄 것이다. 자신이 상대방에게 가치 있고 필요한 존재라고 생각하는 것이다. 이러한 관계 속에서 행복해질 용기가 근본적으로 무엇을 의미하는지를 발견하게 된다. 그것은 자신이 배우자에게 훌륭한 반려자이자 진정한 친구라는 느낌이다.

"남자와 여자가 동등하다는 인식도 함께 심어주어야 파트너를 진정으로 사랑할 용기를 낼 수 있다. 하지만 사랑할 용기 그 자체로는 부족하다. 사랑이 온전히 유지되고 결혼생활이 성공적이려면 '참된 평등'이 바탕을 이루어야 한다. 남자든 여자든 결혼한 후에 상대를 정복하려고 하면 그 결과는 치명적이다. 결혼생활에는 타인에 대한 관심과 타인의 입장에서 이해할 수 있는 능력 그리고 평등해질 용기가 절실하다."(『개인심리학 강의』)

5장

용기의 기술

어떻게 용기 부여를 해야 하는가?

용기 부여의 이유

아들러의 개인심리학은 인생의 목표를 향해 한 걸음이라도 더 나아갈 수 있도록 '나와 타자'에게 용기를 부여하는 것을 가장 중요시한다. 이것이 '용기의 심리학'이라고 불리는 이유다. 영어 'courage(용기)'는 라틴어 'cor(심장)'에서 유래했다. 즉 용기는 어려움을 이겨내게 하는 활력이고, 용기 부여란 '역경 극복을 위한 활력 북돋우기'다. 아들러는 왜 용기를 북돋워주라고 외쳤을까.

우선은 타인의 자기긍정성을 높여줄 수 있다. 자기 자신을 좋아할 용기를 상실한 사람은 타인이라는 거울에 자신을 투사해 타인도 싫어하는 경향이 있다고 한다. 하지만 자기긍정성이 낮은 사람에게 용기 부여를 해주면 상대방의 자기긍정 감정이 높아짐으로써 자기 자신의 행복감도 증폭될 수 있다. 두 번째로는 타인의 신뢰감을 높일 수 있다. 아들러는 타인에게 용기를 북돋워주면, 원래 '용기 부여는 호혜적'이기에 쌍방 간의 신뢰감이 높아진다고 했다. 대인관계도 더 좋아진다. 물론 불순한 목적을 안고 타인을 치켜세우거나 아부하는 행위는 오히려 상대방에게 불신감을 싹트게 하므로 용기 부여와는 전혀 다른 것이다.

마지막으로 타인도 또 다른 타인에게 심장의 활력인 용기를 불어넣어줄 수 있다. 나의 용기 북돋우기로 용기를 얻은 타인이 기운 찬 삶을 살며, 그 기운을 주변으로 퍼뜨리고, 이런 현상이 공동체적으로 확대되면 한 사회의 행복도가 상승할 것이다. 바로 아들러가 바라던 용기 부여의 이상적인 목표다.

교육에서의 용기 부여

　　　　　　　　교육 측면에서의 용기 부여는 어떻게 이뤄져야 하는가. 아들러는 부모와 교사가 협력하는 교육을 중요시했다. 우선 교사의 노력과 교사 자신의 변화가 아이들의 교육에 필요하고, 더욱이 교사에게는 큰 책임이 주어진 만큼, 아들러는 교사에게 거는 기대가 남달랐다.

"교사는 아이들의 마음을 만든다. 인류의 미래는 교사의 손에 달려 있다."(『아이들의 교육』)

아들러는 부모의 육아에 대해서도 엄격한 시선을 견지했다. 부모가 가정에서 잘못된 교육을 한 결과물이나 다름없는 아이를 학교에서는 교사가 보살핀다. 그런 까닭에 아들러는 가정에서 행해진 그릇된 교육의 폐해를 학교가 보완해주어야만 하므로 육아와 학교 교육은 상호 보완적이라고 강조했던 것이다. 따라서 아들러는 잘못된 육아를 해온 부모에게는 '부모 교육'이 절실하다고 말한다. 하지만 교

자기 자신을 좋아할 용기를 상실한 사람은 타인이라는 거울에 자신을 투사해 타인도 싫어
하는 경향이 있다고 한다. 하지만 이런 사람에게도 용기를 부여해주면 행복감이 증폭될 수
있다.

사도 자질을 엄격히 평가받아야 한다는 점은 아들러가 살았던 당시
나 지금이나 변함없는 교육의 격률이다.

　그러면 교사(학교 교육)와 부모(육아)를 구별하지 말고 아이를 교
육할 때 어떻게 하는 게 좋을지 생각해보자. 부모가 예전에 취했던
교육 방법론을 다짜고짜 비판만 하는 것은 별 소용이 없다. 아이가
가진 부정적인 라이프스타일이나 성격적 특성에 대한 모든 책임이
부모에게 있는 것은 아니라는 전제 하에 이야기를 진행하도록 하겠
다. 부모는 학교 선생님처럼 교육 전문가가 아니기 때문이다. 따라
서 부모에게 과거에 취한 육아 방식을 나무란들 바뀌는 것은 없다.
오히려 아이의 치료에 부모의 협력이 빠져서는 안 되기 때문에, 우선
부모의 신뢰를 얻을 수 있도록 노력하는 편이 바람직하다. 그리고 교
사와 부모가 협업해서 아이에게 어떻게 용기를 부여할지, 그 용기 부
여의 기술을 터득하는 길부터 닦아야 한다.

　"육아 교육이 엄격하게 이뤄진다고 해도 아이의 응석을 받아준 것
　은 아닌지 깊이 헤아려보는 게 중요하다. 나는 아이를 키울 때 엄
　한 권위주의 교육 방식도, 마냥 응석을 받아주는 도련님 교육 방
　식도 반대한다. 아이를 이해해주는 것, 용기를 부여해주는 것, 잘
　못을 스스로 피하는 지혜를 터득하게 해주는 것, 아이가 문제와
　마주했을 때 자립적으로 풀어나갈 수 있도록 믿어주는 것 그리고
　공동체 감각을 가질 수 있도록 항상 격려해주는 것이 중요하다. 아

이를 심하게 다그치는 부모는 아이에게 큰 해악을 끼치고 있다는 점을 빨리 깨달아야 한다. 왜냐하면 그것은 아이의 용기를 완전히 꺾어버리는 지름길이기 때문이다.

한편 응석을 받아주는 교육 방식은 부모에게 지나치게 의존적인 삶의 태도와, 타인과 공존하는 게 아니라 '나 홀로 살아가야 한다는 고립감'에 집착하는 경향을 조장하게 된다. 용기를 부여해주는 것 혹은 격려를 해주는 것과 응석을 부리게 하는 것은 천지 차이임을 명심해야 한다. 또한 부모는 세상이 장밋빛이라거나, 역으로 세상을 비관적인 낱말로 도배하는 언사를 삼가야 한다. 부모의 과제는 아이 스스로 자기가 해야 할 일을 할 수 있는 자립심을 키워주고, 아이에게 행복하게 살아갈 용기를 부여해주어 삶의 과제들에 부딪힐 때 이를 잘 헤쳐나가도록 인생의 준비를 옹골차게 시켜주는 것이다. 곤란한 일을 마주하는 법을 배우지 못한 아이들은 과제를 도피하려는 구실거리만 찾게 된다. 어릴 때부터 용기를 내는 훈련이 부족한 탓이다. 결국 이런 아이는 커서도 그 활동 범위가 축소되고 제한되어 원만한 대인관계를 형성하지 못하며 공동체의 외톨이나 외골수로 전락하고 말 것이다."(『아이들의 교육』)

칭찬이 왕도인가

칭찬 행위는 '아무개가 잘할 리 없을 텐데'라는 지레짐작을 전제로 한다. 또한 시선의 상하관계일 때 일어난다. 칭찬은 위에서 내려다보는 행위이기에, 자립할 용기를 내려고 분투하는 상대에게 부정적인 영향을 줄 수도 있다. 아들러는 그래서 "용기를 부여해주려면 타인을 평등한 시선으로 바라봐야 한다"고 강조한다.

칭찬과 용기 부여는 분명히 다르다. 칭찬은 일방적 동기부여이고, 더구나 타인을 조종하기 위한 행위일 수도 있다. 가령 직장 상사가 부하 직원의 장점을 칭찬한다고 해보자. 부하 직원은 용기를 얻고 생산성을 높이고자 안간힘을 쓴다. 이렇듯 칭찬은 일종의 평가다. 따라서 칭찬은 수직관계를 전제로 한다. 윗사람은 당근과 채찍의 효과를 내기 위해 칭찬을 활용할 수 있는 것이다. 아들러는 말한다. "대인관계가 '상하관계'가 되면 건전한 정신을 해친다." 아들러는 대인관계가 대등하고 수평적인 것을 최선으로 여겼다. 하지만 칭찬은 '하는' 사람과 '받는' 사람 사이에 상하관계가 생겨나도록 한다. 그래서 칭찬은 자제하는 것이 낫다.

반면에 용기 부여는 자발적 동기부여다. 타인이 자립해서 스스로에게 용기를 부여하게끔 활력을 주는 것이다. 평가하고 평가받는 상하관계가 아니라 서로가 대등하다는 인간관계관을 전제로 한다. 칭찬하지 않더라도, 위에서 아래로 지시하지 않더라도, 인생의 과제에 자발적으로 맞서도록 독려하면 그것이 용기 부여다. 아들러는 칭찬 교육을 부정적으로 보았다. 물론 타인에게 칭찬이나 인정을 받고 싶은 욕구는 인간의 자연스런 감정이다. 그러나 그러한 감정에 종속되면 이상적인 대인관계를 맺기가 힘들어진다.

어느 날 네 살 된 딸과 함께 상담을 받으러 온 사람이 있었다. 평소와 달리 그날은 아이를 돌봐줄 사람이 없어서 데리고 왔다고 했다. 나는 개의치 않고 아이에게 의자를 내주었다. 나는 과자와 장난감 인형이 든 배낭을 본 순간, 엄마가 자신이 상담을 받는 동안 딸이 가만있지 못할 것이기에 가져온 것이리라 생각했다. 그런데 엄마의 예상은 빗나갔다. 그 아이는 얌전히 기다렸다. 네 살 정도 되면 자신이 어떤 상황에 있는지를 충분히 인지할 수 있다고 생각한 나는 뜻밖이라며 놀라워하지 않았다. 상담이 끝나고 집으로 되돌아갈 때 엄마가 아이를 칭찬했다. "아이고, 우리 딸. 참 용하구나. 잘 기다려줬어." 대부분의 엄마는 이런 식으로 반응한다. 별 생각 없이 칭찬의 말을 내뱉었다기보다는 이 문제를 '부모 자식 간의 대인관계 구조주의' 측면에서 살펴보아야 한다.

우리는 상대방을 자신보다 열등하다고 생각할 때 "잘했어"와 같은 말을 쉽사리 내뱉는다. 칭찬이란 능력자가 무능력자에게, 상사가 하급자에게, 위에서부터 아래로, 수직적으로 평가를 내리는 수사학이다. 이는 수직적인 대인관계가 전제 조건이다. 나는 이쯤에서 아들러가 일찍이 1920년대에 '어른과 아이는 대등하다'고 설파한 개인심리학을 떠올려보라고 권하고 싶다.

"설령 아이라 할지라도 대인관계 구조에서 아래에 놓이는 것을 원하지 않는다. 아이라는 사실만으로 낮추어 보는 것을 그만두었으면 한다."(『아이들의 교육』)

칭찬에는 큰 단점이 있다는 것을 기억해야 한다. 칭찬으로 타인을 자신의 욕망대로 움직이려는 습관은 부메랑이 되어 자신의 삶을 질곡으로 이끈다. 상대방을 계속해서 칭찬해주어야 목적을 달성할 수 있다는 딜레마에 빠지는 것이다. 물론 처음에는 작은 칭찬이 상대방의 관심과 의욕을 끌어올릴 수 있다. 하지만 상대방의 희망 사항이 점점 비대해진다. 설상가상으로 계속해서 상대방을 관리하기 위해 칭찬의 건수를 잡고자 골머리를 앓아야 한다. 아들러는 말한다.

"칭찬이 안고 있는 또 하나의 문제점이 있다. 우월감이나 야심에 휘둘리는 아이는 타인의 칭찬 없이는 행복하게 살아갈 용기를 낼 수 없는 탓에, 주체성을 계발하지 못하고 타인의 시선과 의견에 쉽게 좌지우지될 수 있다."(『아이들의 교육』)

나는 부모나 교사에게 칭찬받는 것을 노리는 아이가 예상만큼 좋은 성적을 내지 못했을 때가 진짜 문제라고 생각한다. 칭찬만 받던 아이가 갑자기 타인의 기대(욕망)를 만족시킬 수 없다고 생각할 때, 아이의 용기는 푹 꺼진다. 그 아이는 주위의 지지를 받거나 칭찬을 받을 때에만 앞으로 나아갈 수 있기 때문이다. 아무도 자신에게 관심과 시선을 두지 않을지 모른다는 생각이 들 때, 아이는 인생의 과제를 눈앞에 두고 머뭇머뭇 주저하는 태도를 보이거나 그 자리에서 꼼짝 않는 정체된 사람으로 변해버린다. 나는 아이들이 어린 시절뿐만 아니라 커서도 남이 자신을 어떻게 생각하는지에 지나치게 신경 쓰지 말고, 설령 타인의 섣부른 칭찬이나 욕망을 배반해 미움을 받더라도 자기 삶을 스스로 꾸려나가는 '주체성의 저력=미움받을 용기'를 내면서 살아갔으면 좋겠다.

용기의 처방전

앞서 말했듯이 아들러는 장밋빛 인생관(낙천주의)과 응석을 받아주는 달콤한 교육 방식을 달가워하지 않았다. 아들러의 개인심리학은 '이 세상이 나를 중심으로 돌아가야만 한다'고 생각하는 '자기 본위' '자기중심' '자기 집착' 세계관을 강하게 비판한다. 이런 경향이 유독 강한 것이 응석받이로 자란 도련님 스타일인데, 그들은 타자와의 관계나 공동체적 관심사에는 전혀 아랑곳하지 않고 자기중심적이거나 부모의존적인 가치관을 지닌 채 살아간다. 이른바 응석받이 교육은 아이에게 자립해서 살아갈 용기, 타자와 함께 살아갈 용기를 빼앗는 비정상적인 육아법이다.

"자신의 일에만 관심을 갖고 타자와 공동체, 바깥세상은 오직 자신에게 어려움만 주는 적이라고 보는 타자적대적인 세계관을 지니고 있는 아이는 어릴 적부터 부모에게 '자기 일만 생각해라'라는 말을 주로 듣고 자라는 응석받이일 가능성이 높다. 그들은 자기 삶의 터전과 지근거리에 있는 사람과도 함께 행복하고 조화롭게 살아갈 용기를 내지 못한다. 자기 삶에 대한 걱정에만 지나치게 몰입하기 때문에 타인의 일은 아예 생각할 마음조차 갖질 않는다."(『아이들의 교육』)

아들러는 응석받이의 자기중심성을 큰 문젯거리로 여긴다. 한 개인이 타자를 어떤 방식으로 배려해야 하는가는 아들러에게 필생의 과제였다. 왜냐하면 공동체 감각이 있느냐 없느냐에 따라 한 개인의 인생 궤적이 180도 달라지기 때문이다.

"공동체 감각의 배양이야말로 정상적인 성장 교육에서 가장 중요한 결정적인 요소이며, 소위 아이의 올바른 성장을 재는 바로미터다."(『아이들의 교육』)

타인에 대한 관심이 있고 협력할 줄 아는 용기를 내는 것, 즉 내재된 공동체 감각을 발현하는 것을 아들러는 '공동체에 속한 소속감'이라고 표현했다. 소속감은 '여기에 있어도 된다는 느낌'을 일컫는다. 그러나 공동체에 소속된다는 것은 공동체 '안'에 있는 것이지 '중심'에 있다는 말은 아니다. 그런데 응석받이는 자신이 언제나 가정이든 공동체든 그 중심에 있어야 한다고 생각한다. 타인이 자신의 욕망을 채워주지 않으면 분노한다. 오로지 자기 본위적인 삶만 한없이 추구하는 이기주의자나 다름없다. 그래서 타자와 함께 행복해질 용기를 내지 못한다.

공동체 감각이 전혀 발달되지 못한 채 자라는 응석받이가 어른이 되면 가장 위험하다. 그러므로 부모는 아이를 응석받이로 키우지 않기 위해 자신의 과제와 아이의 과제를 엄격하게 구분해야 한다. 이것을 어떻게 할까? 우선 그 과제 해결에 집중하지 않았을 때 '누가 피해를 보는가?'를 따져보라. 그러면 누구의 과제인지가 쉽게 정리된다. 엄마 아빠는 아이의 과제에 참견하지 않는 용기를 가져야 한다. 부모의 도움이 적절하면 성공 여부를 떠나 아이는 자신의 과제에 힘쓸 용기를 갖게 된다. 아이가 자신의 과제를 스스로 해결할 수 있다는 자신감을 가지도록 돕는 것을 아들러는 '용기 부여'라고 했다.

아들러는 아동상담소에서 여섯 살쯤 먹은 말썽쟁이 남자아이 밀턴을 상담한 적이 있다. 그 녀석은 커튼을 찢거나 접시를 집어던지고 또 뭔가를 말리면 과다호흡 상태에 빠지는 증세에 시달렸다. 엄마는 여태껏 그 아이의 응석을 받아주었다. 옷 갈아입는 것도 도와주었다. 아들러가 "아들에게 옷 갈아입는 것쯤은 스스로 하도록 내버려두세요"라고 권했다. "아이 혼자 옷을 갈아입으면 학교에 지각할 것 같아서요"라는 엄마의 대답이 돌아왔다. 이에 아들러는 "만약 등교 시간에 늦었다면 아이 스스로 지각한 책임을 지라고 해야 합니다"라

아이를 키우는 데 있어서는 과한 칭찬도, 지나친 꾸중도 모두 용기를 잃게 만드는 요인이 된다.
따라서 부모는 아이가 타자 공헌감을 잃지 않으면서 동시에 타인에게 지나치게 인정받으려는
욕구를 갖지 않도록 해야 할 것이다.

고 대답했다. 아들러는 아이에게 "자연스런 결말을 체험하게 해야 한다"는 결론을 내렸다. 바로 엄마가 아이의 과제에 간섭하지 말고, 아이가 자신의 행동으로 인한 결말을 스스로 체험하는 것이 자연스러운 결말이란 뜻이다.

"아이는 자연스러운 결말을 체험함으로써 자신의 과제를 스스로 해결하게 된다. 곤경은 아이의 용기를 꺾을 것처럼 보인다. 하지만 아이가 곤경에 처하지 않게 하는 쪽이 더 문제다. 아이에게 자연스러운 결말을 체험시킬 수 있도록 부모 자신이 용기를 가져야 한다."(『아이들의 교육』)

"응석받이들을 포함해 모든 아이에게 엄마 아빠는 아이가 스스로 할 수 있는 일, 해야 할 일을 대신 해주지 말아야 한다."(『인생 의미의 심리학』)

아이의 과제와 부모의 과제를 분리해, 아이에게 자신의 과제를 스스로 해결하게 하는 것이 아이를 응석으로부터 해방시키는 '용기의 처방전'이다. 응석받이에게 용기를 부여해줄 수 없을까? 있다. 떼를 쓰는 아이의 동기나 목적을 따져보라. 만약 외출하려는 엄마에게 아이가 울면서 어리광을 부리면 엄마와 함께 있고 싶기 때문이다. 이 동기는 악이 아니다. 이때 선에 착안하여 아이에게 용기를 부여할 수 있다. "엄마랑 같이 있고 싶구나. 사실은 엄마도 너랑 같이 있고 싶

단다." 이렇게 아이와 공감대를 형성하며 용기 부여를 해줄 방안을
찾아보라.

용기 부여의 시작

꾸중이나 칭찬에 의한 교육 방식은
즉각적으로 아이를 움직이게는 하지만 결과적으로는 아이를 망친
다. 칭찬을 받고 자란 아이는 사람들이 자신의 행동에 주목하지 않으
면 곧 그 행동을 그만두고 그들을 적으로 생각한다. 그러나 공헌감이
있다면 타자에게 인정받지 못해도 스스로 만족한다. 내가 타자에게
공헌할 수 있다고 느끼기 위해서는 '나에게 가치가 있다'고 생각할 필
요가 있다. 그래야 주고 싶고 또 공헌하고 싶다. 타자가 언제든 나를
도와줄 거라고 여기는 태도를 버릴 수 있다.

다시 말하지만 칭찬만 하면 아이는 자신에게 가치가 있다는 것을
알지 못한다. 그래서 상담 시간 동안 얌전히 기다린 아이에게 "착하
다"고 칭찬할 게 아니라 "고맙다"는 말을 하라고 권유하고 싶다. 얌전
히 기다리는 것만으로도 뭔가에 공헌했다는 생각을 하게 되기 때문이
다. 다음번에도 적절한 행동을 하도록 유도하기 위해서 그러라는 것
이 아니다. 공헌감을 갖도록 도와줌으로써 아이는 자신이 가치 있다
고 믿게 되는 것이다. 자신이 타자에게 어떤 형태로든 공헌할 수 있다

는 것을 알게 된 아이는 '나는 가치 있다'고 생각해 자기 자신까지도
좋아하게 된다. 인생의 과제에 맞서는 것은 바로 이런 아이들이다.

　이런 아이는 자신이 우수하다는 것을 타자에게 보여주기 위해서
행동하지 않는다. 타자에게 어떤 평가를 받든 그리 신경 쓰지 않을
뿐 아니라 타자의 인정도 갈구하지 않는다. 물론 타자에게 인정받는
것은 기쁜 일이다. 하지만 아이가 그것을 기대하게 되면, 남을 도와
주는 행동에 관심이 있음에도 칭찬을 받으려는 아이와 똑같이 행동
하게 된다. 만약 우수하다는 것을 보이기 위해 혹은 평가받고 인정받
기 위해 행동하는 아이라면 달성 가능성이 없다고 여겨지는 과제는
맞닥뜨려 해결할 용기를 내지 않을 것이다.

　타자에게 공헌하겠다고 결심했다면 그로부터 어떤 평가를 받는가
는 전혀 문제가 되지 않는다. 과제 자체를 비록 완전히 달성하지 못
한다 해도 처음부터 과제에 맞서지 않는 것보다는 훨씬 낫다. 이렇게
생각할 수 있는 사람은 내가 아닌 타자에게 관심을 기울인다. 타자에
게 공헌하고자 하는 행동 목적을 갖는다면 애당초 행동하지 않겠다
는 선택은 하지 않는다. 의욕이 있고 없고의 문제가 아니다. 의욕이
생기지 않는다고 말하는 사람은 자기밖에 생각하지 않는 것이다. 나
에게 용기를 부여하는 기술은 내 관심을 자신이 아닌 타인에게 돌릴
수 있을 때 비로소 시작된다.

교육의 격률

　　　　　　　　　　아이에게 야단치지 마라. 아이의 응석을 받아주지 마라. 아들러가 이러한 발언을 한 배경에는 지금도 통용되지 않거나, 실현되지 않은 대인관계의 구조에 대한 그만의 독자적인 시각이 자리하고 있다.

　나치가 대두하자 오스트리아 빈에서 더 이상 살 수 없었던 아들러는 미국 대륙으로 건너가 새로운 삶을 일구기 시작했다. 후대 학자들은 아들러의 사상이 미국에서 꽃을 더 크게 피웠다고 평가한다. 미국에서 목격한 교육 분위기를 아들러는 다음과 같이 말한다.

　"아이들이 미동도 하지 않은 채 손을 무릎 위에 가지런히 올려놓고 조용히 앉아 있어야만 하는 학교는 미국에 없었다."(『개인심리학 강의』)

　빈에서 겪은 권위주의적이고도 케케묵은 교육 환경과는 정반대로, 미국에서 목격한 교육 풍경은 아들러에게 커다란 영향을 미쳤다. 전통적인 체벌 교육이나 군대식 교육 방법은 미국 아이들에게 전혀 유용하지도 않을뿐더러 통용되지도 않았다. 아이들은 교사가 교사라는 이유만으로 존경하고 신뢰하지 않았다. 교사도 아이를 평등한 존재로 보고 아이도 교사를 그렇게 여겼다. 이를 교육의 타락 현상이라고 치부하는 사람은 우리 주변에 지금도 많이 있다. 하지만 아들러는 그 당시부터 그렇게 생각하지 않았다. 아들러는 일찍이 1920년대에 이렇게 말했다.

"함께 사이좋게 지내며 행복해질 용기를 내고 싶다면 서로를 대등한 인격체로 대해야 한다."(『왜 신경증에 걸릴까』)

사람과 사람은 평등한 관계다. 아들러는 이 교육의 격률을 미국으로 건너오기 전부터 확립해두었다. 교사와 부모가 아이들을 대등한 관계에 놓고 바라보며 존중과 신뢰로 가르친다면 힘이나 나이, 지식으로 아이들을 억누를 필요가 없어진다. 이런 아들러의 평등 교육 사상은 '아이들에게 벌을 주지 않았다'고 증언한 아들러의 자녀 알렉산드라와 쿠르트를 통해서도 알 수 있다. 교육을 통해 세상을 바꾸고 싶었던 아들러는 인간이 대등하다는 생각을 널리 확산시키고자 했다. 아들러의 이러한 관점은 심리학의 토대가 되어 오늘날에도 교육 · 육아 · 치료 현장에서 활용되고 있다.

격려의 힘

체벌 교육도, 칭찬 교육도, 응석을 받아주는 교육도 마다한 아들러는 과연 어떤 교육을 지향했을까?

"성직자처럼 거의 성스러운 의무라고 해도 무방한 교사의 신성한 업무는 어떤 아이든지 학교에서 용기가 꺾이는 일이 없도록, 또한 이미 용기가 꺾인 채 학교에 들어온 아이들이 학교와 교사를 통해 다시 용기를 얻고 자신감을 되찾을 수 있도록 배려하는 것이다.”(『아이들의 교육』)

아들러 심리학에서는 아이를 야단치지 말고 칭찬하지도 말며 아이에게 '용기를 부여해주라'고 권한다. 아이에게 용기를 준다는 것은 한마디로 아이가 인생의 과제에 도전할 자신감을 되찾을 수 있도록 배려한다는 것인데, 아들러는 이를 '격려encouragement'라고 한다. 격려는 내면적인 긍정의 힘과 용기를 이끌어내는 과정이다. '나는 할 수 없다'는 인생관을 '나는 할 수 있다'로 바꾸도록 돕는 게 바로 격려의 힘이다. 잘못을 힐난하듯 지적하지 말고, 원인 규명이라는 미명 아래 비난도 하지 말아야 하며 '이렇게 하면 어떨까?' 하고 제안해야 한다. 그렇다고 용기를 꺾지 않으려고 잘못을 모르쇠하며 방치해서는 곤란하다. 대체 어떻게 하란 말인가? 용기를 주며 조언하는 것이 효과적이다. 우리는 대부분 조언을 할 때 문제를 지적하는 데서 시작한다. "그런 식은 틀렸어"라고 단정지은 뒤 "이렇게 하면 돼"라고 밀어붙인다. 하지만 처음부터 문제를 지적하면 용기가 꺾이기 쉽다. "이렇게 하면 어때?"라며 도움말부터 주는 게 좋다. 사실 풀어야 할 과제의 대다수는 대인관계와 관련된 일이므로 대인관계를 피하지 말고 그 속으로 들어갈 수 있도록 '용기 부여'를 해줘야 한다. 이 지점에서 '타인은 적이 아니라 동료'라는 인식을 갖도록 격려해주는 용기의 기술이 필요하다.

"아이들을 가르치는 최선의 방법은 경험을 통해 배우게 하는 것이다. 또 응석을 받아주는 대신 아이들을 '격려'해주어야 한다. 물론 격려도 도가 지나치면 역효과를 불러온다."(『아이들의 교육』)

역경은 극복할 수 없는 장애물이 아니라 헤쳐나가야 할 인생의 과제인데, 교육 방식으로서의 격려는 이런 역경에 맞설 용기를 갖도록 돕는 것을 뜻한다.

"부모와 교사의 과제는 아이가 스스로의 힘으로 자신의 일을 할 수 있는 사람, 즉 '자립적 인간'이 되도록 키워내 그들이 가능한 한 훌륭한 인생을 준비할 수 있도록 하는 것이다. 고통스러운 어려움에 맞서는 길을 헤쳐나갈 지혜를 습득하지 못한 아이들은 온갖 역경을 피하려고만 하며, 과제로부터 도피하고자 갖가지 구실거리를 찾는 데 몰두한다. 그로 인해 공동체 내에서 아이의 활동 범위는 좁아지고 닫힌다. 하지만 성장기에 '격려'를 받으며 자립적 인간이 되는 방법을 배우면 아이들은 언제든 심리 치료가 가능하다. 그러려면 우선 아이에게 스스로 해낼 수 있는 일을 경험해볼 기회를 주어야 한다. 아이가 그 기회를 놓치지 않고 훌륭하게 과제를 넘어서면 그 뒤부터는 행복하게 살아갈 용기가 쉽사리 꺾이지 않고, 무엇이든 이루어낼 수 있다는 자신감을 갖게 된다."(『아이들의 교육』)

아이들이 곤란함에 부딪히는 것, 그러한 곤란함을 스스로 해결할 기회를 갖는 것, 그런 기회를 놓치지 말라고 격려해주는 것, 격려를 받은 아이가 용기를 내고 과제를 풀어나가는 경험 등을 부모와 교사는 귀찮아하면 안 된다. 곤란한 상황에 처해도 행복하게 살아갈 용기를 잃지 않는 아이로 자라게 하는 것이 부모와 교사로서의 타자 공헌이다.

"응석받이로 자란 아이들이 자립을 두려워하는 것과 달리, 무슨 일이든 스스로 하고자 하는 아이들은 행복하게 살아갈 용기를 갖고 '자립'을 절대 불가능한 영역의 일로 여기지 않으며, 실패도 두려워하지 않는다. 오히려 과제를 '목표 달성과 공헌의 기회'로 생각한다."
(『인생 의미의 심리학』)

실패할 용기, 불완전한 용기

용기를 얻은 아이는 실패하게 되더라도 그것을 잊지 않고 자신의 판단으로 향후 대책을 마련한다. 이와는 달리 자기 자신만 생각하며 미움받을 용기를 내지 못한 채, 실패한 뒤 타인의 평가에만 신경 쓰는 아이가 있다. 이런 아이는 어떤 과제든 그것을 해결하는 데 관심을 기울이지 않고, 오로지 실패를 두려워한 나머지 과정보다는 결과에만 집착한다. 타자의 인정과 평가에 지나치게 신경을 쓰는 탓이다.

반면 용기를 얻은 아이는 다르다. 남이 어떻게 생각하든 미움받을 용기로 주눅들지 않으며, 자신의 과제를 해결하더라도 그것으로 남에게 꼭 좋게 보이려고 아등바등하지 않는다. 물론 인생의 과제를 너무 무겁게 받아들일 필요는 없다. 그러다가 실패를 두려워해 처음부터 과제를 떠안지 않는 사람도 있기 때문이다. 또한 실패하면 책임질 용기를 갖는 것은 당연하다. 실패를 비난하는 사람도 있겠지만 그 경우에도 실패한 과제가 문제일 뿐 당사자의 인격에 문제가 있어서 비난받는 것은 아니다. 물론 인격을 비난하는 사람이 아예 존재하지 않는 것은 아니다. 그래도 문제가 되는 것은 과제라고 생각해야 다시 자신에게 용기를 부여할 수 있다. 필요하면 사과하고 앞으로 같은 실수를 저지르지 않기 위해 어떻게 하면 좋을지 생각하는 것이 실패에 대해 책임지는 행동이다. 그리고 책임을 지는 이상 주변 사람이 무슨 말을 하든 겁내지 말고 과제에 도전할 용기를 내야 한다.

실패를 두려워해서 과제를 포기하거나 처음부터 과제에 도전하지 못하는 사람도 있고 완벽하게 잘해낼 수 없을 것 같으면 그것에 아예 손도 대지 않으려는 사람도 있다. 가상의 가능성을 남겨두고 싶고, 하면 잘할 텐데라고 말하고 싶기 때문이다. 어쨌든 일단 과제가 주어지면 가능한 한 조금씩이라도 시작하려고 시도하는 용기! 아들러는 이를 '실패할 용기'라고 정의했다. 실패를 두려워하지 않는다는 의미에서 실패할 용기다. 또한 이를 '불완전한 용기'라고도 말했다.

과제에 실패해도 책망당하지 않을 만큼 어려운 과제도 있다. 그럴 경우 '지금 여기서' 할 수 있는 일부터 착수할 수밖에 없고, 필요하면 다른 사람의 원조를 청해야 한다. 문제를 가지고 혼자서 끙끙거리더라도 도무지 어떻게 할 수 없는 경우도 있다. 스스로 할 일도 타인에게 마구 부탁하는 사람이라면 책임질 용기가 부족한 겁쟁이겠지만, '못 하는 것을 못 한다'고 솔직하게 털어놓는 것도 용기다. 아들러는 그래서 용기가 '불완전한 용기'여도 좋다고 역설했다. 실패가 두려워 처음부터 과제를 해결하려 하지 않는 것보다 훨씬 더 바람직한 태도이기 때문이다. 똑같은 실수를 여러 번 반복하는 것은 문제이지만, 실패하지 않고는 아무것도 배울 수 없다. 시험을 치른 다음 오답을 확인하는 사람은 다음번에 똑같은 실수를 하지 않지만, 나쁜 점수를 받았다는 사실에 직면하는 게 두려워 정답 확인을 회피한다면 다음번에도 똑같은 실수를 되풀이할 수밖에 없다.

자존감의 기둥

　　　　　타자 공헌의 계기는 직업, 사랑과 결혼, 교육, 육아, 대인관계 등 여러 가지다. 이 모든 기회를 통해 한 사람의 존재감이나 자존감 그리고 살아갈 용기를 얻게 하는 원동력이 타자 공헌감이다. 교육과 육아 측면에서 보자면, 아이들에게 "고마워" "도움이 됐어"라는 격려의 말을 아끼지 않는 게, 아이가 타자(공동체)에게 유용한 행동을 할 수 있게 만드는 용기 부여다.

"사람은 혼자서 살아가지 못하므로 타인의 지원을 필요로 한다.

그때 타인으로부터 도움을 받기만 하는 게 아니라, 타자 연대로 자신도 남에게 공헌할 수 있다는 느낌을 가져야 한다. 사람은 타인에게 공헌하고 있다고 느낄 때에만 자신이 가치 있다고 여기고 대인관계 속으로 들어갈 용기가 생긴다. 그런 용기를 회복하도록 이바지해주는 것을 '용기 부여'라고 한다."(『인간 지의 심리학』)

그러면 아이는 자신에게 가치가 있다고 생각하기 시작하고, 시나브로 대인관계를 회피하지 않으며 그 속으로 들어갈 용기를 지니게 된다. 또한 자신이 공동체 '안'에 있는 것이지 '중심'에 있어야 하는 건 아니라는 점을 터득하면, 자신이 타인에게 무엇을 해줄 수 있는지를 먼저 생각하게 된다. 이 역지사지의 태도는 자신이 누군가에게 절실한 도움이 되었다는 타자 공헌의 감성을 불러일으킴으로써, 결국에는 자중자애自重自愛하는 '자존감의 기둥'을 세우게 한다.

하지만 야단맞으며 자란 아이는 어떤 일을 할 때 혹시 야단맞진 않을까 하는 것만 골몰하며 남의 눈치를 보게 된다. 자신을 야단치는 사람을 비롯해 타인을 동료라 여기지 못하게 되고, 마침내 타자 공헌을 하지 않고 야단맞지 않기 위해서 자신만 생각하게 된다. 칭찬받기만을 즐기는 아이도 자신이 어떤 일을 해서 타인에게 공헌하는 것에는 관심이 없고 그저 칭찬받는 것만을 생각하는, 즉 자신만 생각하는 아이가 되고 만다.

가령 아이의 응석을 마냥 받아주는 엄마의 가장 큰 잘못은 아이의 시선이 자기 이외의 사람에게는 향하지 않도록 한다는 점이다. 타인에게 관심을 갖는 공동체 감각이야말로 타자 공헌의 출발점일 텐데, 공헌의 대상이 엄마뿐이거나 타인이 자신의 동료가 아니라 적이라고 여긴다면 애초부터 타자 공헌감을 불러일으키는 내면의 힘인 공동체 감각은 전혀 발양되지 않는다. 가정 밖의 험지에 나가게 된 응석받이는 이제 엄마에게마저 배신감을 느낀다. 타인이 자신을 주목의 대상으로 삼지 않으면, 이를 엄마가 자신을 잘못 가르쳐온 탓이라고 여긴다. 얼핏 봐도 아주 우스운 구실거리를 찾는 인지 부조화 현상을 경험하게 되는 것이다.

　더욱이 이런 사람은 사회에서 타인이 자신에게 고분고분 순종하지 않고, 자신의 기대를 깡그리 채워주지 않기에 자신이 '적국'에 와 있다는 착각을 하게 된다. 만약 어떤 일을 기화로 처벌이라도 당할 것 같으면 "만인은 나의 적이다"라는 오해를 내부적으로 더욱 강화하며 신경증자 범죄자로 비화되기도 한다. 또한 응석받이로 자란 아이는 타자 공헌을 계기로 자존감의 기둥이 세워진다는 이치를 영원히 모를 수도 있다. 왜냐하면 어릴 적부터 공동체 감각을 발현해 함께 살아갈 용기를 내는 방법을 훈련(교육)받지 못했기 때문이다. 특히 아이가 엄마를 기쁘게 할 때만 아이에게 주목한다면 그 아이의 관심은 온통 엄마에게로만 향한다. 엄마를 기쁘게 하는 행위이기 때문이다. 엄마뿐만 아니라 타인에게도 관심을 갖고 타자를 배려하도록 하려면 아이에게 '공동체 감각', 즉 '타자 공헌 감성'을 길러줘야 한다. 그러면 타인에게 도움이 되는 공동체적 존재가 될 수 있다는 용기를 부여받게 되는데, 이는 타인에게로 시선을 쏟는 첫 눈길이자 자기 자신의 자존감의 기둥을 세우는 첫걸음이 된다.

용기 부여의 힘

용기가 없는 사람은 곤경이 닥치면 자기만 생각하는 데 여념이 없다. 공동체 감각 같은 것은 저 멀리 내던진다. 자신만 생각하는 사람 곧 용기가 없는 사람의 가장 큰 특징은 타인의 평가에 지나치게 신경을 쓴다는 것이다. 하지만 행복해질 용기가 있는 사람은 타인의 평가 따위에 신경을 곤두세우지 않는다. 칭찬하거나 인정해주는 사람이 없어도 자기가 타자 공헌을 한다는 데 행복을 느낄 수 있기 때문이다. 달리 말하면 용기 부여의 기술은 타인의 평가에 신경을 곤두세우지 않고, 또한 자신을 미화하기 위해 우기지 않는 것을 뜻한다. 남이 나를 어떻게 생각하든 (…) 나는 내 내면 그대로가 좋아'라고 깨닫는 게 미움받을 용기다. 이는 앞서 이야기한 것처럼 '불완전한 용기'라 해도 자신의 있는 그대로의 내면 풍경을 받아들이는 자존감이기도 하다.

"아이들에게 용기와 자신감을 불러일으키고, 또한 어려움은 결코 극복할 수 없는 장애물이나 장벽이 아니라 맞서 싸워 해결해야 할 인생의 과제라고 가르침으로써, 모든 아이의 정신적이고 내면적인 능력을 끌어올려주어야 한다. 이것이 바로 용기 부여다.”(『아이들의 교육』)

어떻게 하면 용기를 불어넣어줄 수 있을까. 일반적으로 용기를 주는 구체적인 방법으로 ‘칭찬’이 중요하다고 생각한다. 누구나 살다보면 칭찬을 갈구하는데, 이는 인정욕구가 있기 때문이다. 그러나 되풀이해서 말하지만, 칭찬은 수직적 인간관계에서 생기는 언설이다. 칭찬은 받는 쪽이 모종의 보수로 받아들일 수도 있기 때문에 해롭기도 하다. 칭찬을 받지 못하면 아래쪽에 위치한 사람이 불안해지는 것도 심리학적으로는 신경증 증상을 불러일으킬 수 있다. 아들러는 모든 인간을 대등한, 즉 수평적 대인관계로 바라본다. 이를 전제로 타인을 칭찬하는 게 아니라 감사하다는 감정을 표출하는 것이 용기 부여다. 달리 말해 용기 부여의 본질은 상대에게 감사하다는 느낌이다. 용기를 북돋우는 행위는 상대방이 올바른 목표를 향해 나아갈 수 있도록 지지대 역할을 해주는 타자 공헌이다.

“용기 부여는 아이들이 자기 인생의 과제를 해결할 능력이 있다는 자신감을 갖도록 돕는 일이다. 아이가 자기 판단과 자기 결정력으로 인생의 과제를 풀어가도록 원조하는 용기의 기술이다. 어른은 아이의 과제를 대신할 수 없을 뿐만 아니라, 아이를 아이의 자유의지와는 다른 목표로 내몰 수 없다. 어른이 아이를 대하는 행위가 조정되거나 지배적이 되어서는 안 된다. 무슨 문제가 있을 때 아이

'나를 어떻게 생각하든 나는 내 내면 그대로가 좋아'라고 깨닫는 게 미움받을 용기다.

를 윽박지르면 아이는 문제 행동을 그만두기는 해야 할 것이다. 그것이 바로 즉각적인 효과다. 그러나 부작용이 크다."(『아이들의 교육』)

아들러는 비록 생물학적인 어른이 아니더라도 '뭔가 이상하다'는 의문이 들 때 솔직히 물음을 제기하는 아이, 어른들이 '분위기 좀 파악하라'면서 다른 의견을 내지 못하도록 압력을 가해도 자신의 생각을 과감하게 표출하는 '주체적' 아이가 되도록 용기를 북돋워주는 게 중요하다고 강조했다. 이러한 용기 부여를 배우면, 아이는 자신에게 어떻게 용기를 줄 수 있는지를 터득하며, 이는 결국 인생의 과제를 해결하는 데 큰 힘으로 작용한다. 그러므로 용기 부여의 힘은 아이 스스로 판단하여 인생의 과제를 해결할 능력이 있다는 자신감을 갖도록 지원하는 것이다. 아이에게 용기를 주는 데에는 물리적 시간과 기술적 노력이 요구된다. 아이에게 용기를 부여해서 자립할 용기를 키워주는 육아는 처음에는 어렵다고 느껴질지 모른다. 그러다가 어느 날 문득 깨닫게 된다. 아이를 지켜보면서 용기를 주는 격려의 말을 하다보면, 엄마 아빠가 아이에게 용기를 부여하는 게 아니라, 아이가 용기를 얻고 씩씩하게 자라나는 과정을 통해서 오히려 부모가 용기를 얻고 있다는 점을 말이다. 바로 용기 부여의 호혜적인 힘이다.

심리 치료에서의 용기 부여

아들러는 교육에서뿐만 아니라 심리 치료에서도 '용기 부여의 기술'이 필수 항목이라고 했다. 제1차 세계 대전 직후인 1919년, 폐허가 된 오스트리아 빈에서 사회민주당이 정권을 잡자 아들러는 교육 개혁을 추진했다. 그 개혁안 중 하나가 교육심리학을 활용하기 위한 세계 최초의 아동상담소 설립이었다. 이곳에서는 문제아는 물론이고 부모와 교사, 그리고 심리학자가 함께 소통하며 심리 치료를 병행해나갔다.

우선 특정일에 심리치료사와 교사가 함께 모여 문제아 사례에 대해 의논했다. 그리고 토론을 거쳐 아이에게 어떻게 용기를 부여해줄 수 있을까에 대한 결론을 내렸다. 다음 모임에서는 부모가 참여했다. 부모에게 '아이가 비행을 저지르는 이유'를 설명하고, 해결 방법을 상의했다. 마지막으로 아이를 데려와 부드러운 태도와 쉬운 말로 문제를 설명하며 용기를 얻을 수 있는 새로운 목표를 제시해주었다. 상담은 모두 공개리에 이뤄졌다. 이런 과정을 통해 아들러는 한 사람의 라이프스타일을 분석하고, 좀더 적절한 라이프스타일을 재구축하도록 하는 용기 부여를 심리요법의 가장 큰 역할이라고 주장했다. 이것이 아들러의 개인심리학이 '용기의 심리학'이라고 불리는 까닭이다.

아들러에게 치료와 상담은 '재교육'을 뜻했다. 그는 인간이란 보편적으로 열등감을 가질 수밖에 없으며, 자기 긍정을 위해서는 열등감을 보상받아야 하는데, 만일 보상받을 수 없는 열등감이나 과잉보상을 요구하는 열등감이 있으면 인격personality에 변질이 일어난다고 지적했다. 그 예로 신경증, 반反공동체 일탈 행위 등을 들었다. 아들러는 인생의 과제를 해결하며 열등감을 극복하고자 노력하거나 우월성을 추구하는 과정에서 한 사람의 라이프스타일이 형성되어가므로 그 방향이 잘못되었을 때에는 이를 시정하기 위한 재교육, 즉 심리 치료에서의 용기 부여가 필요하다고 본 것이다. 심리적 외상 증상을 제거하는 것만으로는 충분하지 않고 라이프스타일을 근본적으로 변화시키는 게 치료의 궁극적인 목표였다.

"최면으로 환자를 일시적으로 안정시킬 수 있을지는 모르지만, 그 환자의 라이프스타일이 바뀌진 않는다. 알코올 의존 환자의 경우 그를 술에 취하지 않도록 맨 정신으로 만들었다고 해서 적절한 치료를 한 것은 아니다. 그의 라이프스타일을 파악해야 용기 부여를 어떻게 해줄지 알아낼 수 있다."(『개인심리학 강의』)

아들러는 최면술이나 환자를 일시적으로 안정시키는 것은 근본적인 심리 치유가 아니라고 지적한다. 용기 부여, 공동체 감각의 배양, 타자 공헌의 기회 확대로 환자의 근본적인 라이프스타일을 환자 스스로 바뀌게 해야 하기 때문이다. 아들러가 왜 치료를 재교육으로 여겼는지를 이해할 수 있는 대목이다. 아들러에게 교육은 물론이고 심리 치료psychotherapy의 목적이 공동체 감각의 육성이라는 것은 '자신에 대한 관심'을 '타자에 대한 관심'으로 바꿀 수 있도록 용기 부여를 해준다는 의미였다.

"타자 공헌을 할 기회를 앞두고 주저하지 않거나, 인생의 과제(직업, 대인관계, 사랑과 결혼 등등)에 직면했을 때 용기를 잃지 않는 훈련을 받으면 스스로에게 어려움을 헤쳐나갈 용기의 힘이 있다고 이해한다. 또 만약 정말로 타자 공헌을 하겠다고 생각하면, 타인에게 용기와 자신감을 심어주며 자신의 오류도 타인으로부터 잘 이해받으려고 노력한다. 이러한 용기 부여는 한 사람이 행복하게 살아갈 용기와 자신감을 얻게 하는 치료의 유일한 방법이다."(『개인심리학 강의』)

라이프스타일의 문제

아무리 자신이 싫더라도 지금의 나를 다른 나로 교체할 순 없다. 그러나 내가 자신이나 타인을 어떻게 볼 것인가의 관점은 바꿀 수 있다. 아들러 심리학에서는 자신과 타인을 보는 방식도 라이프스타일의 한 부분이라고 여겼다. 보통 이것을 '성격'이라고도 한다. 아들러는 성격이라고 하면 천성적이고 여간해서는 변하지 않는다는 이미지가 따라붙으므로 '라이프스타일'이라는 용어로 대체했다.

"사실 라이프스타일은 자신이 선택한다. 그 선택은 한 번만 하지 않는다. 가장 처음 그 선택을 하는 때는 열 살 전후다. 열 살 전에는 여러 가지 라이프스타일을 고르는 중이었겠지만 그 뒤에 바꾸는 일은 별로 없다. 왜냐하면 다른 라이프스타일을 선택하면 당장 어떤 일이 일어날지 모르기에, 비록 답답하고 불편할망정 지금의 라이프스타일을 고수하며 살려고 하는 것이다."(『인생 의미의 심리학』)

성장기에 부모의 영향력은 지대하다. 그렇다 해도 부모가 아이의 라이프스타일을 만든 것은 아니다. 부모뿐만 아니라 모든 대인관계와 환경, 과거의 사건들이 영향을 미쳤겠지만, 라이프스타일은 결국 본인 스스로 선택하는 것이다. 하지만 앞서 말했듯이, 라이프스타일은 스스로 선택한 것이므로 또다시 선택할 수 있다. 오히려 모든 삶이, 가령 과거의 사건이나 특수한 경험, 그리고 가정 배경이나 경제적 상황 등 외적인 환경 요소에 의해 운명처럼 이미 결정된다면, 지금 여기서는 자신이 불행한 원인을 스스로 어찌할 수 없는 사정에서만 찾아야 한다면, 다시 말해 인간에게 삶이나 라이프스타일을 스스로 변화시킬 주체성이나 자유의지가 없다면 인생에 무슨 의미가 있을까? 아들러는 인생에 어떤 오류가 있어도 '지금 여기서부터(언제든)' 스스로 라이프스타일을 다시 선택할 용기를 부여할 수 있기에 살아갈 의미가 있다고 한다.

상담의 역할

건강한 정신은 사회 일반의 이익에 도움이 되는 우월성과 성공의 목표를 향해 매진한다. 이에 반해, 정신장애는 보편적 가치나 공공선에 위배되는 목적을 향한 잘못된 노력이다. 그렇다면 심리 치료의 과제는 환자가 좀더 유용한 측면으로 향하도록 용기를 부여하는 일이라고 할 수 있다. 환자가 상담을 위해 심리치료사를 찾아오는 것은, 지금 여기서 직면한 특정한 삶의 상황에서 막다른 골목에 부딪혔기 때문이다. 흔히 인생의 잘못된 목표는 공동체 감각이 충분히 발달되지 못하고 열등감이 높아진 데서 생겨난다. 따라서 환자를 격려하고 공동체 감각을 강화하는 일이 심리치료사의 과제다. 그러려면 심리치료사 자신이 먼저 환자에게 진지한 사회적 관심social interest을 기울여야 하며, 상담사와 내담자의 거리부터 줄이고 진솔한 대인관계를 맺어야 한다.

"심리치료사는 친근하게 환자의 관심을 끌고 수용적인 마음 상태가 되도록 달래야 한다. 의사나 심리학자의 과제는 환자가 동료 인간과 접촉하는 경험을 통해 일깨워진 공동체 감각을 타인에게로 옮겨갈 수 있게 하는 것이다. 환자의 호의를 얻어 이를 그의 주변 환경으로 옮겨가도록 하는 치료 방법은 엄마의 역할과 매우 유사하다. 엄마의 사회적 임무는 자녀에게 사회를 이해시키는 것이지 않은가. 엄마가 이 역할에 실패하면 이 임무는 훗날 의사에게 맡겨지는데, 의사는 이 과제를 수행하는 데 상당히 불리한 입장에 있다. 엄마가 자녀와의 신체적, 정신적 관계에서 엄청나게 유리한 위치에 있기 때문이다. 엄마는 아이가 가장 큰 사랑과 유대감을 경험하는 존재다. 아이가 인간적인 유대감을 최대한 완벽하게 경험하게 하고, 이를 타인에 대한 삶의 태도로 확장시키도록 하는 것이 엄마가 맡은 이중 역할이다.

(…) 프로이트학파 등 다른 정신의학 학파들이 신경증을 성공적으로 치료했다는 것을 부정하진 않는다. 하지만 경험적으로 보건대 그들의 방법은 환자가 의사와 좋은 인간관계를 맺고 무엇보다 환자에게 용기를 부여해주는 방법을 썼을 때보다는 덜 성공적이다."

(『왜 신경증에 걸릴까』)

심리치료사의 과제는, 엄마가 자녀에게 갖는 역할처럼, 환자 자신이 무엇을 하고 있는지를 깨닫게 하고 자기중심적인 관심을 공동체적으로 유용한 활동으로 옮겨갈 수 있도록 돕는 것이라고 아들러는 생각했다. 나는 "환자가 자신만의 판단으로 지금까지 철통같이 비밀로 지켜오던 자기중심적인 목표를 이해하는 것이 치유의 관건"이라고 말하고 싶다. 환자에게 심리상담사는 일상생활 속 대인관계의 롤모델이 되지 않으면 안 된다. 훌륭한 상담자는 인간 내면의 힘인 용기를 북돋워주면서, 실제로 피상담자가 라이프스타일을 바꾸는 행동을 하도록 촉발시켜야 한다. 그런 까닭에 아들러는 냉철한 심리학적 분석과 풍부한 상담 실례로 '환자 자신의 내면세계를 제대로 대면'하는 것으로부터 행복하게 살아갈 용기를 내는 기술을 마련한다.

우선 환자에게 상담자가 적이 아니라 '동료'임을 아는 체험부터 시켜야 한다. 세상은 자신을 위험에 빠뜨리는 적으로 가득 찬 게 아님을 깨닫게 하는 것이다. 우호적으로 접근하는 카운슬러를 믿을 수 없는 환자는, 아들러가 자신의 예로 설명한 적이 있듯이, 적대적인 말을 하거나 폭력적인 모습을 보이는 경우도 있다. 이렇듯 환자가 공격적인 태도를 취할 수는 있지만, 일단 카운슬러와의 관계 속에서, 타인에 대해 새로운 해석이 가능해지면 타인을 대하는 방식이 예전과 같지는 않게 된다. 물론 완벽한 역할모델이라는 것은 애초부터 불가능하고 때로는 환자의 저항도 있겠지만, 상담의 목적은 환자에게 인생의 유용한 면으로 돌아가는 용기를 회복시켜주고, 더 나아가 인생의 갖가지 과제에 임하는 용기도 부여해주는 것이라고 아들러는 역설한다.

프로이트학파에서 말하는 '감정 전이transference'라는 것도 성적인 의미와 별개로 논의한다면 '사회적 관계로서의 공동체 감각'을 일컫는다. 즉 상담사와 환자 사이의 관계에서도 전이가 일어날 수 있는 것이다. 아들러학파는 특히 카운슬러와 환자의 관계를 동료관계의 모델로 치환한다. 생판 모르는 '남'이라고만 여기지 않기에 전력을 다해서 상담에 임하지만, 그래도 적당한 거리는 두는 것이다. 물론 상담사가 환자와 어느 정도의 거리를 둘지는 환자의 상태를 보고 난 뒤 결정하고 치료를 시작해야 한다.

　그러고 나서 개인의 우월성(혹은 성공) 추구에 대한 인지적 재형성을 통해 "환자의 더 심오한 동기, 그리고 이러한 결과들의 기저를 이루는 라이프스타일을 변화"시키는 게 상담의 역할이라고 아들러는 강조한다. 하지만 아들러가 환자 개인(의 라이프스타일)에 대한 이해에만 의존해 치료를 수행한 것은 아니다. 그는 생활 환경을 바꾸는 환경치료요법milieu therapy이나 오늘날 흔히 말하는 정신장애자의 사회적 기능을 개선하고 사회에 복귀시키는 것에 주안을 둔 사회치료요법social therapy의 효과에 관해서도 이야기했다.

소크라테스의 방식으로

　　　　　　　고대 그리스어로 영혼은 프시케psyche다. 사이콜로지psychology(심리학)는 이 프시케와 로고스logos가 합성된 낱말이다. 심리학은 '영혼의 논리' '영혼의 이론' '영혼의 학문' '영혼의 이치' 등으로 해석할 수 있는 것이다. 이 심리학은 사실 철학에서 유래했다. 플라톤이 쓴 『대화편』을 보자.

　소크라테스는 영혼을 가능한 한 거룩하고 훌륭하게 빚어내길 원했으며, 이를 위한 실천을 '영혼의 정화(보살핌)'라 불렀다. '심리 치료'를 뜻하는 영어 단어 사이코테라피psychotherapy는 바로 '영혼psyche의 보살핌therapeia'이라는 그리스어에서 기원했다. 소크라테스가 오늘날에 태어났다면 정신과 의사나 심리상담사가 되었을지도 모를 일이다. 고대 그리스에서는 철학과 심리학을 구별하지 않았다고 한다. 소크라테스는 오늘날의 선생님처럼 강의실 교단에 선 게 아니라 아테네 아고라 광장에서 청년들과 직접 대화를 나누었다. 지금의 카운슬링에 가깝다.

소크라테스는 대화를 나눌 때 상대방의 지식, 평판, 지위, 명망, 부를 중요하게 여기지 않았다. 타자의 마음(영혼)과 인생을 음미하며 이야기를 나누었다. 이렇듯 대화에서 타자의 '영혼 정화'를 으뜸으로 치던 소크라테스는 진리를 추구하지 않는 자들에게 일갈했다.

"영혼을 거룩하게 하는 삶을 살지 않는 게 부끄럽지 않소? 누군가 내 대화법에 의문을 제기한다면 즉시 보내주시오. 질문을 던지며 그의 삶과 영혼을 음미할 것이오."(『소크라테스의 변명』)

오늘날 타인의 영혼을 보살펴주는 게 심리 치료라면, 심리학자나 심리상담사, 정신과 의사의 임무는 아들러의 말처럼 내담자의 영혼에 용기를 불어넣어주는 '소크라테스 방식을 좇는 마음의 대화 기술'일 것이다.

■■■■
상담의 지속

"최초의 대화 때 환자가 갖는 치료에 대한 의문은 며칠 동안 환자에게 맡기는 것이 좋다. '치료가 얼마나 가겠는가?' 하는 흔한 질문도 나는 정당하다고 생각한다. 내담자가 8년여나 치료를 계속했지만 잘 안 되었다는 말을 들은 적이 있기 때문이다. 개인심리학적인 치료를 하면 적어도 세 달 이내에 성과를 인정할 수 있겠지만 대개는 좀더 빠르다.

그러나 치료의 성공은 환자에게 의존하므로 처음부터 상담의 지속은 환자의 협력에 기댈 필요가 있다. 의사가 이미 개인심리학에 탄탄한 발판을 두고 있을 때에는 30분이 지나면 방향을 찾을 것이다. 그러나 환자도 자신의 라이프스타일과 그 잘못을 인정할 때까지 노력해야 한다는 것을 강조하는 게 올바른 상담 순서다. 이어서 다음 사항을 덧붙일 수 있다. 당신이 1주일 혹은 2주일 후에 우리가 올바른 길을 걷고 있다고 확신하지 못한다면, 저는 치료를 포기할 겁니다."(『살아가는 의미를 찾아서』)

환자가 자신의 잘못된 경향을 인정하는 것은 쉽지 않다. 하지만 신경증 치료는 대개 환자가 그 증상을 필요로 하기에 스스로 만들어내고 있다는 것을 인정하는 데서부터 시작하지 않으면 안 된다. 신경

영혼을 뜻하는 프시케는 심리학의 어원이 되기도 한다. 소크라테스는 바로 '영혼의 보살핌'을 강조했다.

증의 경우 인생의 과제를 회피하고 싶은 라이프스타일의 잘못 때문에, 인생의 과제로부터 도망칠 수밖에 없었다는 구실거리를 찾다가 그 증세에 빠져드는 사람이 많다. 증상이 인생의 과제를 회피하는 것을 정당화하기 위한 수단으로 사용된다는 것이다.

대다수의 환자가 진찰과 상담을 받으러 오는 목적은 증상의 제거에 있지만, 그 증상은 환자의 필요에 따라 스스로 만들어낸 것임을 이해하는 게 개인심리학의 확실한 관점이다. 환자 스스로 그 자신의 라이프스타일의 잘못을 이해할 수 있어야 신경증 증상은(환자가 만들어낸) 필요성이 없어진다. 또한 치료와 상담은 초기 단계, 가능하면 첫 회에 상담 목표를 정할 필요가 있다. 상담을 영원히 계속하는 것은 불가능하므로 어떤 목표가 이뤄지면 상담을 끝낼 수 있는가를 결정해야 한다.

직접적인 용기 부여

심리치료사는 첫 면담에서 환자가 겪고 있는 증상이 실제로 신경증인지를 조심스럽게 확인해야 한다. 아들러는 환자의 고충을 들은 뒤 한두 가지 방법을 함께 진행했다.

'신체 기관'에 실질적인 이상이 없다고 여겨지면 환자의 '환경'과 '라이프스타일'을 조사했다. 반면 신체 기관에 분명한 이상이 있는 경우라면 불만이나 불안, 고통이 질병으로 정당화될 수 있는 정도보다 더 큰지, 다시 말해 신체 기관의 병과 정신적인 병이 결합되어 있는지를 검토했다. 예컨대 환자가 병증보다 더 심한 고통을 겪는 경우와 증세에 까닭 모를 흥분이 동반되어 열이 더 높아지는 경우가 있다. 신체적인 병이 있을 때 환자의 전반적인 생각이나 태도에 따라 식욕도 다양하게 나타나며, 환자가 살아갈 용기를 잃어 염세적이 되거나 정신적으로 무기력해지면 심각한 병이 장기화되거나 치명적인 결과를 초래할 수도 있다.

　이런 사례들에서 가장 시급한 일은 환자가 도저히 스스로 해결할 용기가 없다고 느끼는 과제에 직면해 있는지를 조사해보는 것이다. 물론 환자에게 단도직입적으로 질문할 순 없는 노릇이다. 아들러는 가능하면 어린 시절부터 시작해 환자의 인생 과정에 대해 '마음의 대화'를 나누었다. 특히 '자신이 약하고 무능하다'는 느낌에 고통받고 있다면, 이를 드러내거나 감추는 사건과 시기에 주목했다. 그러면서 기관열등성(신체적 결함) 징후가 나타나는지 주의 깊게 관찰했다. 인생의 과제를 앞두고 주저주저하거나 멈추거나 회피하거나 자신의 과제가 아니라는 구실거리를 찾는 기질을 확실하게 추적할 수 있으면, 현재 상태에 대한 실마리를 얻는 게 가능하다. 신체와 정신 모두에 병이 있다고 밝혀졌을 때에는 양방향으로 치료를 진행했다. 전적으로, 혹은 주로 정신적인 이상이 있는 경우에는 환자에게 첫 면담에서 알아낸 것을 설명해주었다. 하지만 환자가 용기를 잃지 않는 방식으로 이야기하고 환자가 아직 이해할 수 없는 것은 말하지 않으려고 최대한 신경을 썼다. 또한 아들러 자신이 알아낸 것들을 확인하기 위해 징후들을 교차 점검하며 갖가지 정보를 이끌어냈다. 가령 이런 질문을 했다.

"제가 당신을 즉각 치료한다면 어떻게 하시겠습니까?"

환자가 지금까지 이야기하지 않았던 현재의 문제들을 언급하도록 유도하는 질문이다. 그리고 환자의 삶에서 지배적인 관심사가 무엇인지 그 힌트를 얻기 위해 '최초의 기억'을 물어보았다. 아들러는 정상적으로는 해야 한다고 기대되는 행동들 중에서 환자가 배제하고 있는 행동이 있는지를 주목해 상황을 이해하려고 노력했던 것이다. 또한 아들러가 환자와 같은 처지에 있고 같은 라이프스타일을 따른다면 그와 같은 유형의 사람이 되었을지를 아들러 자신에게 주의 깊게 물어보았다. 그리하여 환자의 상황을 파악했다고 여겨지면 곧바로 환자의 생각, 감정, 행동, 성격이 모두 동일한 방향으로 움직이고 있지 않은지, 당면 과제를 배제하거나 적어도 미루는 쪽으로 움직이고 않은지를 알아보았다.

아들러는 개인심리학이 축적해온 경험에 따라 개인의 신체적 결함과 환경, 라이프스타일에서 통일적으로 용기 부여의 방법을 찾는 게 효과가 있다고 확신했다. 공동체 감각의 부족, 용기와 자신감의 결핍, 상식common sense 거부 등 신경증의 전형적인 요인들을 찾아내는 데 도움이 되었기 때문이다. 정신 장애의 위협적인 첫 단계는 어떤 급박한 문제를 해결해야 하는 압박감 속에서 환자가 용기를 잃어버렸을 때 시작된다. 아들러가 상담을 하면서 피상담자를 어떤 식으로 용기 부여했는지 그의 글을 통해 알아보자.

"신경증자는 대화에서 늘 '만약'을 강조한다. '만약 …라면 결혼할 텐데' '만약 …라면 일을 다시 시작할 텐데' 혹은 '만약 …라면 시험을 치를 텐데'라는 식이다. 그들은 인생의 과제로부터 도망치는 자신을 정당화하기 위해 항상 어느 정도 그럴싸한 구실거리들을 끌어모으지만, 자신이 무엇을 하고 있는지는 인식하지 못한다. 카운슬러는 때로 이러한 환자에게 직접적인 설명 방식으로 환자의 문제를 일깨워주며 용기를 부여해주어야 한다.

물론 어떤 식으로 상담을 해주든, 환자의 저항은 삶의 유익한 측면으로 돌아갈 용기가 부족함을 나타낸다. 일단 환자는 의사와 상담관계를 형성하면 자신이 실패할 어떤 유용한 행동을 억지로 시킬까봐 치료에 맞서 방어 기제를 작동시킨다. 따라서 직접적인 용기 부여 방식이라 해도 환자에게 절대로 강요해서는 안 되며, 삶의 유용한 측면에 가장 쉽게 다가갈 수 있도록 조심스럽게 안내해야 한다. 강제로 시키면 환자는 기필코 도망가게 되어 있다. (…) 심리치료의 첫 번째 규칙은 환자의 마음을 얻는 것이며, 둘째는 심리학자가 자신의 성공을 걱정해서는 안 된다는 것이다. 자신의 성공에 신경 쓰면 성공하지 못한다. 모든 제약을 없애고 가능한 한 가장

자유롭고 친밀한 관계를 형성하는 것이 환자와 의사 사이에 필요
하다. 치료는 여태껏 철통같이 지켜온 비밀이던 환자의 목표를 의
사와 환자가 얼마나 일치되게 이해하는지에 달려 있기 때문이다.
가령 폭음, 모르핀 투여와 같은 습관을 치료하기 위해서는 환자의
개인적 라이프스타일의 기저에 깔린 진실을 파악해야 한다. 단순
히 술이나 마약을 하지 말라는 충고의 말 몇 마디를 해봤자 아무
소용이 없다. 환자 스스로가 '왜' 자신이 술을 마시는지를 깨닫게
해야 한다. 술꾼이 된 사람은 사회적 용기와 공동체 감각을 잃어버
렸거나, 곧 들이닥칠 인생의 과제에 패배할 거라는 두려움에 굴복
한 것임을 알게 해주는 것으로는 불충분하다. 어린 시절에 생긴 열
등감 때문에 술에 의지하는 것이라고 말하는 게 의사로서도 편하
고, 환자도 쉽게 믿을 것이다. 하지만 단순히 그렇게 말하면 아무
런 효과를 내지 못할 것이다.
의사는 환자 인생의 특별한 구조와 발달 전개를 정확하게 파악하
고 명확하게 설명해주어야 한다. 그래야 환자는 자신이 제대로 이
해받고 있다는 것을 알고 스스로의 잘못을 깨닫는다. 환자나 심리
치료사들이 나한테 와서 '우린 모든 걸 설명했어요'라거나 '우린 다
이해했는데 성공하지 못했어요'라는 이야기를 하면 안 된다. 그런
실패 사례를 살펴보면 의사나 환자 모두 문제를 이해하지 못했고
무언가를 직접적으로 설명하지도 못했다. 때로 환자는 의사에게서
열등감과 억눌리는 느낌을 받아 의사가 맞는 설명을 해도 전적으

로 거부하곤 한다. 때로는 입장이 바뀌어 환자가 의사를 치료하기도 한다! 미숙한 의사는 종종 이렇게 말하며 환자에게 개인심리학 이론을 가르친다.

'당신은 사회적 용기가 부족합니다. 타인에게 관심이 없고 열등감을 느끼는군요.'

이런 방법은 유해무익하다. 환자의 라이프스타일, 신체적 결함, 환경, 인생의 특별한 구조와 발달 전개를 명확하고 직접적인 설명 방식으로 전해줌으로써 환자가 자신을 쉽게 이해하고 느낄 수 있도록 해야 한다."(『왜 신경증에 걸릴까』)

간접적인 용기 부여

우울증 환자 주변의 모든 사람은 그를 야단치거나 강요하거나 비판하지 말고 환자가 좀더 우호적인 상황에 놓일 수 있도록 도와야 한다. 물론 우울증은 환자보다 주위 사람들에게 더 고된 병이며, 가족이나 친구들이 더 이상 그런 부담을 참지 못하는 순간들이 온다. 아들러는 우울증 환자를 더 이상 제어할 수 없다고 느끼기 직전에 바로 간병인이 필요하다고 한다. 왜냐하면 그때가 자살 위험이 있는 단계이기 때문이다. 하지만 아들러는 이런 상황이 오기 전까지는 '간접적인 치료법'을 권한다. 그가 예로 든 두 단계의 행동 변화를 살펴보자. 첫 번째 단계에서 의사가 환자에게 말한다.

"하고 싶은 일만 하세요."

그러면 환자는 대개 이렇게 대답한다.

"하지만 저는 하고 싶은 일이 없는걸요."

"그러면 적어도 하기 싫은 일을 하려고 애쓰지는 마세요."

우울 증세를 치료하기 위해 갖가지 싫은 일을 권유받아오던 환자는 이 조언에서 비위가 맞는 듯한 신선함을 느끼고 행동에 개선을 보일 수 있다.

다음 단계로 아들러는 이렇게 말해보라고 권한다.

"이번에는 좀더 어려운 일이어서 하실 수 있을지 모르겠네요."

두 번째 행동 규칙에 대해 운을 뗀 뒤 입을 다물고 의심스러운 눈으로 환자를 쳐다보라는 이야기다. 이런 식으로 환자의 호기심을 자극하고 관심을 얻은 뒤 말을 이으라고 한다.

"당신이 다음과 같은 두 번째 행동 규칙대로 할 수 있다면 열흘 조금 더 지나서 나을 겁니다. 당신 스스로 타인을 즐겁게 해줄 수 있는 방법을 가끔 생각해보는 것입니다. 그렇게 하면 쉽게 잠을 이룰 수 있고 슬픈 생각을 모조리 쫓아낼 수 있을 겁니다. 자신이 유용하고 가치 있는 사람이라는 용기를 얻을 수도 있고요."

물론 이 조언에 대해 우울증 환자마다 다양한 반응이 나오기 마련이지만, 임기응변을 활용해 실행 단계 수준을 낮춰주면 좋다. 가령 환자가 "나 자신이 전혀 즐겁지 않은데 어떻게 남을 즐겁게 해줄 수 있겠어요?"라고 대답하면, 의사는 "그러면 당신이 나으려면 4주가 걸릴 겁니다"라고 말하면서 기대치를 낮춰주는 식이다.

우울증 환자가 다음처럼 더 솔직하게 말하면 어떤 식으로 대답해야 할까?

"나한테는 누가 즐거움을 주는데요?"

아들러는 의사에게 다음과 같이 말하라고 권한다.

"다른 누군가를 즐겁게 해줄 일을 실제로 하지는 말고 어떻게 즐겁게 해줄 수 있을지 생각만 하세요. 이런 식으로 스스로를 조금씩 훈련시키는 게 좋을 거예요."

그런데 환자가 "그건 저한테는 누워서 떡먹기예요. 평생 동안 그렇게 해왔으니까요"라고 대응하면 어떤 판단을 내려야 할까? 아들러는 이런 우울증 환자는 타인보다 우위에 서기 위해 호의를 베푸는 사람이라고 의심해볼 필요가 있다고 주문한다. 그러면서 "당신이 호의를 베푼 사람들이 정말로 그것 때문에 기뻐했을까요?"라고 질문하라며 '간접적인 용기 부여 방식'으로서의 치료에 대한 글을 이어나간다.

"때때로 나는 환자에게 지금은 그 일이 아주 어렵고 연습과 훈련이 필요하리라는 것을 인정해준다. 그래서 '밤에 당신이 했던 생각들을 모두 기억했다가 다음 날 나한테 들려줘서 제게 즐거움을 주세요'라는 식으로 좀더 가벼운 방법의 절충안을 제시한다. 그리고 이튿날 환자에게 밤에 무슨 생각을 했는지 물어보면 '어젯밤엔 밤 새도록 잤어요'라고 대답할 확률이 높다. 그전에는 잠을 이루지 못 한 날이 많은 사람이었는데! 하지만 의사는 지나치게 일찍 승리를 만끽해서는 안 되며, 계속해서 유용한 사실들을 열심히 모으고 환 자의 라이프스타일을 재구축해야 한다. 우울증에 걸린 사람들은 흔히 자살이라는 불행한 선택을 하지만 내 환자들 중에는 자살한 사람이 없었다. 나는 간접적으로 에둘러서 설명하는 용기 부여의 치료 방식이 환자들의 극심한 긴장을 줄여주었기 때문이라고 믿는 다."(『왜 신경증에 걸릴까』)

라이프스타일의 변화

아들러는 『왜 신경증에 걸릴까』에서 다음과 같은 이야기를 통해 "개인의 삶에서 모든 발달은 인생의 목표 에 따라 좌우되며, 삶의 단계들은 이 목표에 따라 유기적으로 연결" 된다고 강조한다.

열여덟 살 때 갑자기 조현병調絃病(정신분열증)에 걸린 한 청소년이 있었다. 엄마는 아들이 그전까지는 완벽하게 정상적이었다고 말했 다. 하지만 아들러가 그의 삶을 조사해본 결과, 그는 유년기부터 남 을 한사코 지배하려들고 급우들과 어울리지 않는 성격이어서 조현병에 걸릴 요인들이 누적되어왔음을 확인했다.

조현병은 어느 날 생뚱맞게 느닷없이 나타나는 게 아니라 삶에 대한 태도와 라이프스타일이 불러온 결과인데, 정말로 어려운 상황과 맞부딪쳐야 할 시점이 오면 증세가 두드러지게 악화된다. 그 소년은 열여덟 살이 되어 사회, 직업, 사랑이라는 세 과제에 직면하자 적절하게 대응할 용기를 낼 수 없었다. 스스로 문제를 해결할 용기와 자립심을 요구하는 때가 닥치자, 공동체 감각을 바탕으로 한 사회적인 성격을 지니지 못한 그는 고립감, 우월감 콤플렉스, 신경증 등 내면의 악천후가 폭발해 조현병 증세를 보인 것이다.

"탁아소, 유치원, 학교, 마을 등 어린 시절의 환경은 사회적 행위를 처음 훈련하고 시험한다. 신경증이 발생한 사람의 경우, 어린 시절의 대인관계에서 비정상성의 전조가 있었다는 게 항상 발견된다. 그는 무언가를 타인과 함께 하는 것을 좋아하지 않았거나, 혹은 함께 하더라도 기묘하거나 남들과는 확연히 다른 방식으로 사회적 행위를 했다. 그런데 커서는 대개 자신의 특이한 대인관계 경험과 삶에 적응하기 힘들었던 유년기를 기억해 지금의 사회 환경과 거리를 유지하기 위한 구실거리로 이용한다. 오랫동안 습관화된 위장의 태도로 실질적인 대인 접촉을 피하기 위해서다. 대화를 나누거나 관례적인 협력에서는 타인과 피상적으로 어울릴 수 있지만 그렇게 할 때도 자신이 세운 메커니즘을 따르고 이 차단막 뒤에서 그

의 정신은 자신만의 비밀스런 근거지로 숨어든다."(『왜 신경증에 걸
릴까』)

　신경증자, 정신병자, 문제아들의 이런 행동은 어느 정도 필연적이
고 여러 요인이 복합적으로 낳은 불가피한 결과다. 이들이 갈고닦은
인위적인 태도는 잘못된 훈육 훈련이 낳은 필연적인 결과이며, 이를
바로잡으려 노력해봤자 별 소용이 없다. 우리는 더 심오한 동기, 그
리고 이러한 결과들의 기저를 이루는 라이프스타일을 변화시켜야 한
다. 그래야 환자가 자신의 모든 인생 과제를 새로운 시각으로 바라볼
용기를 부여해줄 수 있다.

상담에서의 금기

　　　　　　"개인심리학은 여느 심리요법과 달
리 잠을 자고 싶으니 자는 것, 하품을 하는 것으로 (환자에 대한)
관심이 없음을 드러내는 것, 어려운 말을 하는 것, 성급한 조언을
하는 것, 자신을 최후의 카운슬러라고 단정짓는 것, 시간을 엄수
하지 않는 것, 다투는 것, 비록 어떤 이유가 있더라도 치유의 가망
이 없다고 설명(큰 어려움이 생겼을 때는 자신이 이 경우는 다루지
못한다며 더 유능한 다른 카운슬러에게 상담하도록 지시하는 것이 바

람직하다)하는 것을 피한다."(『살아가는 의미를 찾아서』)

카운슬러는 내담자를 위해 주어진 시간에 최선을 다해 치료를 하지 않으면 안 된다. 그런데 도중에 치유될 가망이 없다고 알리는 것은 카운슬러의 무능을 드러내는 행위다. 카운슬러는 자신의 역량이 안 된다면 다른 의사에게 맡겨야 하는데, 그것을 인정하지 않고 치유될 가망이 없다고 선고하며 환자를 속이는 짓, 이것이야말로 아들러 개인심리학의 최대 금기다.

치료의 기능

어떻게 해야 신경증을 치료할 수 있을까? 내담자와 친밀한 관계를 맺으며 용기를 내게 하는 것이 중요하지만, 환자가 자기 잘못을 이해하는 것도 기본이다. 그리고 행동이나 증상의 목적을 이해하도록 도와줌으로써 라이프스타일을 개선하게 하지 않으면 안 된다. 신경증적 라이프스타일은 다음과 같다. 1) 인생의 과제를 해결하지 않으려고 한다. 2) 타인에게 의존한다. 3) 타인을 지배한다. 이와 관련하여 4) 나는 인생의 과제를 해결할 용기와 능력이 없다고 생각한다. 5) 타자는 적이라고 간주한다.

요컨대 신경증자는 자기중심적이고 자기 본위적인 인생관을 갖고 자기 자신에게만 관심을 보인다. 한편으로는 타자를 적으로 간주함에도 불구하고, 타자가 자기를 위해 무엇을 해주는 데에만 관심 있는 '염치없는' 이율배반을 보이기까지 한다. 아들러는 자기 자신에밖에 관심이 없는self-interest 신경증자가 타자에 대한 관심social interest을 갖도록 용기를 부여해주는 것이 심리학의 기능이라고 생각했다. 여기서 말하는 '타자에 대한 관심'이 아들러 개인심리학의 핵심 개념인 '공동체 감각'이다. 심리 치료는 육아나 교육과 마찬가지로 '공동체 감각의 육성'이 주요 과제다.

　타자에게 관심을 갖고, 더욱이 공동체에 유익한 활동, 즉 '타자 공헌'을 할 수 있으려면 타자를 적이 아닌 동료fellowman로서 바라봐야 한다. 이에 해당되는 단어가 독일어로는 Mitmenschen인데, 사람과 사람이 반목하는 게 아니라 '서로 연결되어 있다mit=with'는 의미다. 이 말에서 만들어진 독일어 명사 Mitmenschlichkeit가 영어로는 '공동체 감각social interest'에 해당된다. 인간은 타자를 동료로 여길 수 있으면, 타자 공헌을 할 수 있다는 용기를 얻게 된다. 자신이 타자에게 어떠한 방식으로든 도움이 되고 있다고 생각하면 '자신에게 가치가 있다'는 존재감(자존감)을 느낄 수 있다. 타자 공헌을 한 번도 한 적이 없다고 생각하는 사람이라도 타자는 적이 아니라 '도움을 주고받을 수 있는 존재(동료)'임을 경험하면, 행복하게 살아갈 용기를 다시 찾을 수 있다. 과거의 불행한 경험이나 사건 그리고 옛날의 대인관계 방식이 현재를 결정하지 않는다고 생각하기 때문에 신경증 치료가 가능해지는 것이다.

치료의 책임

"상담치료사는 처음부터 치료의
책임이 내담자 측에 있다는 것을 명백하게 밝혀야 한다. 다음의 영
어 속담이 그 진리를 제대로 대변해주고 있다. 말을 물 있는 곳으
로 데려갈 수는 있지만 말에게 물을 먹일 수는 없다."(『살아가는 의
미를 찾아서』)

인용한 영어 속담은 '심리치료사가 완력으로는 아무것도 할 수 없
다'는 것을 말해준다. 상담치료사는 내담자가 좋아지도록 원조할 수
는 있어도 그 이상은 역량 밖이다. 회복의 관건은 내담자가 자신의
병에 대해 이해할 수 있고, 스스로 치료를 위해 노력할 용기를 갖는
자기 결정력에 있다. 상담치료사는 원조 이상의 것을 할 수 없고, 나
을지의 여부는 내담자가 자신의 용기 부여에 따라 판가름날 일임을
알고 있으면 의사로서의 권위주의에 빠져들지 않는다. 그렇다고 내
담자가 카운슬러의 해석을 받아들이지 않을 때 내담자가 모르기 때
문이라는 식의 조언을 해서도 안 된다. 물론 심리치료사로서의 책임
도 크지만, 신경증 치료에서는 정신과 의사의 과잉 치료를 바탕으로

아무리 카운슬링을 한다 해도 내담자가 살아갈 용기를 얻고 좋아지는 경우는 별로 없다.

치료의 성공

"치료와 치유를 상담사가 아니라 '환자의 성공'으로 여기는 게 엄격한 규칙이다. 카운슬러는 환자의 잘못을 드러낼 뿐이고, 치료할 수 있다는 근본적인 용기 부여는 환자가 스스로에게 하는 것이다. 모든 실패는 협력의 결여에 의한 것이기 때문에, 우선 환자가 심리치료사와 협력할 용기를 내도록 모든 수단을 강구해야 한다. 이것은 물론 환자가 의사를 신뢰할 수 있을 때에만 가능하다. 그래서 이 공동체 감각을 높이려는 협력 작용은 본래 진지하고 과학적으로 이뤄지는 심리 치료과정으로서 매우 긴요하다."(『살아가는 의미를 찾아서』)

자칫 지배적인 심리치료사는 내담자의 행동이나 증상에 대해서 명쾌한 해석을 하는 경우라 해도 이를 자신의 공로로만 여길 우려가 있다. 설상가상으로 환자가 그 해석을 받아들이지 않으면, 환자가 잘 모르기 때문에 그렇다며 자신의 진단을 받아들이기를 강요한다. 하지만 아들러의 말처럼, 이는 모든 치료 실패의 원인인 의사와 환자의 협력 결여를 방증하는 사례가 될 뿐이다. 그래서 카운슬러는 우선 환자가 협력할 용기를 내도록 하는 온갖 방법을 강구해야만 한다.

엄마와 심리치료사

모든 인간은 아들러가 제기한 인생의 세 가지 과제를 어떻게든 풀어나가야 한다. 개인은 세상과 세 가지 관계로 연결되어 있고 누구나 살다보면 직업, 교우, 사랑이라는 과제에 부딪히기 때문이다. 그런 까닭에 타자/사회와 우호적인 관계를 맺고 믿음과 용기로 유용한 일에 계속 종사하며 공동체 감각으로 대인관계를 원만하게 조절할 수 있는 사람은 신경증에 걸리지 않는다.

하지만 이 세 가지 인생의 과제 중 하나 이상을 헤쳐나가지 못하는 사람은 자존감을 가질 용기를 잃고 자기비하에 빠져 신경증에 걸릴 위험성이 있다. 가령 조현병은 이 세 가지 과제가 한꺼번에 실패해서 나타난 결과다. 앞서 예를 든 소년도 이 피할 수 없는 과제들을 풀어나갈 준비가 제대로 되어 있지 않았다. 그 소년은 성격발달 단계 후반에 재교육, 즉 치료와 상담을 받아야만 했다. 물론 재교육 담당자가 강제로는 전혀 용기를 부여해줄 수 없다. 친근하게 소년의 관심을 끌고 수용할 수 있는 마음 상태가 되도록 격려의 말을 아끼지 말아야 한다. 정신과 의사나 심리학자의 과제는 내담자가 (동료인) 타인과 접촉하는 경험을 갖게 하고, 그러한 과정 속에서 일깨워진 공동체 감각을 더 많은 타자에게로 옮겨갈 수 있도록 하는 것이기 때문이다. 앞에서도 언급했듯이, 이런 역할을 해주는 심리치료사는 엄마와 비슷하다.

"환자의 호의를 얻고, 이 호의가 환자의 주변 환경으로 확대되도록 하는 방법은 엄마의 역할과 매우 비슷하다. 엄마의 임무는 자녀에게 사회를 이해시키는 것이지 않은가. 엄마가 이 역할에 실패하면 훨씬 뒤에 의사나 카운슬러가 맡아야 한다. 하지만 그들은 이 과제를 수행하는 데 상당히 불리한 입장에 있다. 엄마가 자녀와의 신체적, 정신적 관계에서 그들보다 엄청나게 유리한 위치를 점하고 있기 때문이다. 엄마는 아이가 가장 큰 사랑과 유대감을 경험하는 존재이다보니 그렇다. 다시 말해 엄마의 임무는 아이가 맨 처음 신체적으로 엄마와 밀접하게 연결되었던 것처럼 아이가 자라나면서 정신적으로 자신과 교감하게 하고, 아이의 성장의식에 사회(혹은 대인관계), 직업, 사랑에 대한 참되고 정상적인 개념을 심어주는 것이다. 이리하여 엄마는 자신에 대한 아이의 사랑과 의존을, 사회와 타자 그리고 주위 환경 전체에 대한 호의적이고 자신감과 책임감을 지닌 태도로 서서히 전환시킨다. 아이가 인간적인 유대감을 최대한 완벽하게 경험하도록 하고, 이를 타자에 대한 세계관으로 확장시키도록 하는 것이 엄마가 맡은 이중 역할인 셈이다."(『왜 신경증에 걸릴까』)

직업에서의 용기 부여

　　　　　　　　누구에게나 즐기면서 할 수 있는 일
만큼 천직은 없을 것이다. 그래서 일이라는 단어가 영어로는 call-
ing, 독일어로는 Beruf이다. 바로 '신으로부터 부여받은 천직天職'이
라는 뜻이다. 밖에서 강요하지 않고 사람의 내면에서 촉발된 소명의
식으로서의 직업이어야 한다는 의미다.

　아들러는 인생의 세 가지 과제 중 하나인 '직업'을 논하면서, 인류
가 생물학적 열등성올 보상받기 위해 형성한 집단 유지의 이로움을
고찰해보았다. 가령 원시 시대에 여성은 채집, 남성은 사냥을 담당
을 하는 게 집단 유지에 더 이로웠다. 이렇게 집단을 효율적으로 운
영하기 위한 (사회적) 분업 형태는 인류 문명이 발달할수록 세분화되
었다. 아들러는 말한다.

　"공동체에 소속된 사람이 바람직한 대인관계를 맺고 공동체 이익
에 이바지하기 위해서는 어떤 분업에 참여하지 않으면 안 된다. 이것
이 인생 과제로서의 직업이다."

　사람은 공동체에 기여하는 구체적 활동인 노동을 함으로써 생계
를 유지할 뿐 아니라 소속감과 보람, 행복해질 용기를 스스로에게 부

여할 수 있다는 말이다.

직업 부적응

　　아들러는 아이가 미래에 직업 문제를 잘 해결할 수 있는가를 학교생활에서 보여준 행동을 통해 어느 정도 판가름할 수 있다고 지적한다. 우선 아이가 자신의 우월성에만 함몰되면 적절한 직업을 찾는 게 어렵다. 사회생활을 시작할 때는 다른 사람 밑에 속해 누군가와 함께 일하지 않으면 안 되는데, 우월성 욕구에 집착했던 아이는 일신의 안위만 염두에 두기 때문에 누군가에게 종속된 채 일하는 것을 힘들어한다. 게다가 기업이나 공동체의 이익을 위해 자신의 이익을 포기하지 못하기 때문에 직장에서 믿음을 주지 못하는 사람이 되기 쉽다.

　어떤 사람은 교우와 사랑의 과제를 회피하기 위한 구실거리로 직업을 이용하기도 한다. 연애와 결혼 문제를 피하기 위해 자기 일에 지나치게 몰두하는 것이다. 때로는 결혼생활의 실패를 변명하기 위해 그런 행동을 악용한다. 예컨대 어떤 남편은 직장 일에 미친 듯이 몰두하면서 이렇게 말한다.

　"나는 결혼생활에 할애할 시간이 없다. 우리 부부가 불행한 까닭은 내 탓이 아니다."

아들러는 특히 신경증자들이 우정과 사랑의 과제뿐만 아니라 직업의 과제도 회피하려 애쓴다고 지적한다. 그들은 이성에게 접근하지 않으며, 접근한다 해도 실수를 저지른다. 친구도 없고 타인에게 관심도 없다. 밤낮으로 자기 일에만 골몰한다. 일에만 몰두한다고 직업의 과제를 훌륭하게 풀어가는 것이 아닌데도 말이다. 이 책의 앞부분에서도 말했듯이, 인생의 개별 과제는 다른 개별 과제들과 맞물려 풀어나가는 상호 관계에 놓여 있기 때문이다.

사랑과 우정의 과제를 회피하려고 직업에의 몰두를 구실거리로 삼는 신경증자들은 늘 일을 생각하고 잠을 자면서도 일에 관한 꿈을 꾼다. 일중독으로 자신을 긴장 상태에 몰아넣으며 건강까지 해친다. 과민한 상태이다보니 신경성 위장 질환 같은 징후가 나타나기까지 한다. 그러면서 위장 질환 때문에 대인관계를 맺지 못하고 친구와 애인을 사귈 수 없다는 변명을 늘어놓는다. 아들러는 이런 사람은 타자와 함께 살아갈 용기를 잃었기 때문에 일중독자가 되어 대인관계를 피한다고 진단한다.

"일의 성공은 사회 적응에 달려 있다. 물론 고객의 바람을 이해하는 것은 큰 장점이다. 그들이 보는 대로 보고, 그들이 듣는 대로 들으며, 그들이 느끼는 대로 느끼는 것은 일의 성공을 불러오곤 한다. 이런 장점을 지닌 사람은 늘 직장에서 앞서가게 마련이다. 그러나 일의 성과에만 집착하는 성격은 언제나 자신의 이익과 욕구만 추구하고 자신에게 필요한 부분만 계발해온 탓에, 결국 직장에서 행복하게 일할 용기를 잃고 인생의 전반적인 실패자가 되기 쉽다."(『개인심리학 강의』)

　사실 그런 사람들은 사회에 나오면서부터 합리적인 직업관을 가질 준비가 제대로 되어 있지 않아 직업을 얻는 데도 큰 어려움을 겪는 일이 다반사다. 서른 살이 넘어서도 자신이 진정으로 원하는 일이 무엇인지 오리무중이어서, 장래 직업과 전공 공부를 자꾸만 바꾸기도 한다. 아들러는 특히 청년이 앞으로 무슨 일을 해야 할지 몰라 헤매는 경우를 종종 본다며, 이럴 때 그 사람의 성향과 라이프스타일을 이해하고 알맞은 직업을 선택할 수 있도록 용기를 부여해주는 것이 중요하다고 강조했다. 물론 유년기부터 무언가에 관심을 갖고 스스로 훈련해나가도록 용기 부여를 해주는 것이 가장 좋다.

　"스무 살이 다가오는데도 자신이 무슨 일을 하고 싶은지 모른다는 것은 주위 사람을 당혹스럽게 한다. 이런 유형의 사람은 사실 그동안 이루어본 것이 많지 않다. 주변 사람은 가정이나 학교에서 아이가 이 나이가 되기 전에 장래 직업에 대해 관심을 갖도록 기여해야 한다. 학교에서는 '미래의 꿈'이라는 주제로 작문 숙제를 내줄 수도 있다. 이런 주제로 글을 써야 한다면 아이들은 직업이라는 문제에 대해 궁리하기 마련이다."(『개인심리학 강의』)

　왜 아들러는 아이들에게도 직업 훈련을 하도록 권유했을까? 그렇게라도 하지 않으면 아이들은 직업(장래의 포부)에 관해 전혀 생각해보지도 못한 채 나이만 훌쩍 먹게 되고, 실제로 일을 해서 자신의 생계를 책임져야 할 때가 되면 허둥대며 행복하게 살아갈 용기를 잃기 때문이다.

최초의 직업 훈련 책임자

여성은 '엄마라는 이름으로' 인류에게 크게 이바지한다. 엄마는 자녀를 유능하고 헌신적인 사회 구성원으로 양육하며, 타자와 협력하는 방법을 훈련시키지 않던가. 이 엄마의 역할은 너무나도 중요해 아무리 큰 보상을 받더라도 충분하지 않을 것이다.

하지만 여전히 많은 공동체에서 엄마의 역할은 과소평가되고 있다. 심지어 매력적이지 않거나 무가치한 직업(전업주부)으로 간주되기도 한다. 엄마 노릇에 대한 보상은 간접적으로만 지급되고, 엄마라는 역할을 전업으로 삼는 여성은 대개 경제적으로 남편에게 의존해야 한다. 하지만 가족의 성공은 엄마의 역할과 아빠의 역할 모두에 똑같이 달려 있다. 엄마가 전업주부이든 아니면 직장생활을 하든, 엄마 노릇은 아빠의 직분만큼이나 중요하다. 아들러는 말한다.

"엄마는 직업에 대한 자녀의 관심에 최초로 영향을 끼치는 존재다. 아이가 태어난 후 4~5년 동안의 노력과 훈련은 자녀가 어른이 되어 활동하는 주된 영역에 결정적인 영향을 미친다."(『인생 의미의 심리학』)

아들러는 취업 지도에 관한 상담 요청을 받으면 늘 내담자의 유년 시절과 그 당시의 관심사가 무엇이었는지를 조사했다. 아이가 어린 시절에 대해 어떤 '최초 기억'을 갖고 있는가를 알면, 그 아이가 가정에서 가장 일관되게 훈련받은 분야가 무엇이었는지를 알 수 있기 때문이다.

"직업 지도를 할 때 최초의 기억은 매우 신중하게 분석해야 한다. 만일 한 아이의 최초 기억에서 시각적인 것에 대한 흥미가 나타나면, 그 아이는 눈을 이용하는 직업에 더욱 적합하다. 누군가 말을 걸어온다든가, 바람 소리나 벨 소리에 관한 인상을 말하는 아이도 있다. 이런 아이는 청각적인 유형이고 음악 관련 직업을 갖는 게 좋다. 움직임에 관한 인상이 많을 수 있다. 이런 기억을 떠올리면 몸으로 하는 일이나 여행을 다녀야 하는 직업에 흥미를 느낄지 모른다."(『인생 의미의 심리학』)

아들러는 리더 역할을 결코 원하지 않는 아이에 대해서도 언급했다. 이런 아이들의 주된 관심사는 자신을 종속적인 위치에 두고 우러러볼 수 있는 지도자를 찾는 데 있다. 그 대상은 어른이나 혹은 다른 친구일 수도 있다. 또한 어른이 되었을 때 리더 노릇을 하지 못하고 온종일 판에 박힌 업무를 처리하며, 모든 절차가 오로지 규정대로만 진행되는 공무원과 같은 일자리를 선호할 가능성이 크다. 하지만 아들러는 이렇게 용기가 부족한 채 순종적이기만 한 성격은 바람직하

여성은 '엄마라는 이름으로' 사회에 공헌한다. 부모가 똑같이 아이에게 영향을 미치는 것은 물론이지만, 엄마는 특히 아이의 직업에 최초로 영향을 끼치는 존재다.

지 않으므로, 그러한 성향을 누그러뜨리는 게 낫다고 조언한다.

　일을 피하고 게을러지는 성향도 어린 시절에 시작된다. 이런 아이도 잘못의 원인을 과학적인 방법으로 찾아내고 합리적인 방법으로 고쳐주어야 한다. 만약 인간이라는 존재가 일하지 않고도 생계 유지가 가능한 지구 밖 행성에 살고 있다면 게으름이 미덕이고 근면함은 악덕일 수도 있다. 하지만 이 지구라는 행성에 살고 있는 한, 사람은 직업이라는 과제를 잘 해결하기 위해 타인과 협력하며 공동체에 이바지해야 한다. 직업의 과제를 풀어나감에 있어 공동체 감각이 밑거름이라는 말인데, 이는 직업으로서의 용기 부여를 최초로 해주는 책임자, 즉 엄마가 우선적으로 계발해주어야 한다.

놀이로서의 직업 훈련

　　　　　　　　　　아이들을 주의 깊게 관찰해보라. 어른이 되었을 때의 직업에 대비해 훈련을 하고 있는 경우가 많다. 아이들의 놀이는 그들의 관심사, 즉 미래의 직업 선택 방향을 암시해준다. 가령 교사가 되고 싶은 아이는 학교 놀이를 즐긴다. 엄마가 되고 싶은 아이는 인형을 가지고 놀면서 갓난아기들을 자상하게 보살필 수 있도록 자신을 훈련한다. 이 같은 직업놀이는 격려해주어야 마땅하다. 아이가 인형을 가지고 논다고 걱정하는 부모가 많은데 전혀 그럴 필요가 없다. 어떤 사람은 아이가 인형을 너무 많이 가지고 놀면 현실과 동떨어진 꿈을 꾸지나 않을까 염려한다. 하지만 그 아이는 엄마의 임무를 완수하는 직업 훈련을 미리 하고 있는 것이다. 아들러는 말한다.

"직업 훈련은 아이가 어떤 놀이의 형태로 하고 있든, 되도록 일찍 시작하는 게 좋다. 아이가 역할 놀이를 하며 행복해질 용기를 얻었다면 그 분야의 직업에 관심을 두고, 어른이 되어서도 직업의 과제에 직면해 자신감을 잃지 않고 살아갈 가능성이 크기 때문이다."(『인생 의미의 심리학』)

따라서 어른은 아이가 더 바람직한 직업 훈련(역할 놀이)을 할 수 있도록 용기를 북돋워주어야 한다. 흔히 가정 바깥에서의 직업능력 개발은 학교에서 이루어진다. 물론 어학이나 역사 같은 학과목 공부도 직업 훈련에 중요하다. 인류의 축적된 경험을 배우고, 이를 통해 정신의 온갖 기능을 훈련받을 수 있기 때문이다. 또한 공예나 수예를 배우는 것도 중요하다. 학생들의 경험을 넓히고 앞으로 살아갈 용기와 자신감을 불어넣어줄 수 있기 때문이다.

아이들에게 장래에 어떤 직업을 갖고 싶으냐고 물어보면 대부분 쉽게 대꾸한다. 하지만 아이들의 대답은 대부분 심사숙고해서 나온 것이 아니며, 자신이 왜 그런 직업을 선택했는지를 논리적으로 파악하지 못한다. 그렇기 때문에 아들러는 "아이들의 동기를 확인하고 그들의 노력이 지향하는 방향을 알아내야 한다"고 말한다. 아이가 어떤 목표를 세우고 있으며, 그 목표를 어떻게 해야 실현할 수 있다고 생각하는지를 밝혀내야만 아이에게 실질적이고도 구체적인 용기 부여를 해줄 수 있기 때문이다. 물론 아이들의 장래 포부는 자신의 우월성을 대변해준다고 생각되는 직업을 선택하는 경우가 흔하다(어른들의 영향을 받아서 그렇다). 하지만 그 포부를 통해 아이들이 직업이라는 과제를 잘 풀어나가도록 용기 부여의 기회도 마련할 수 있다.

　그런데 열두 살에서 열네 살쯤 되면 장래 직업에 대해 명확한 상이 잡혀야 하는데, 안타깝게도 이 나이 또래들이 포부를 잘 모르겠다는 소리를 자주 한다. 꿈이 없는 것 같은 이런 태도가 그 어떤 것에도 흥미를 느끼지 못한다는 의미는 아니지만, 그들은 어쩌면 큰 소망을 갖고 있긴 하나 그것을 자신 있게 드러낼 용기가 부족한 것인지도 모른다. 부모와 교사는 그런 아이의 주된 관심사를 알아내기 위해 노력해야 한다. 게다가 어떤 청소년은 고등학교를 졸업할 무렵에도 여전히 진로 문제로 골머리를 앓는다. 학업 성적과는 상관없이 말이다. 아들러는 이런 청소년은 커다란 꿈을 꾸지만 대인관계 속에서의 사회적 협동능력은 부족할 가능성이 높다고 지적한다.

"그러므로 이른 시기에 아이들에게 장래의 포부를 물어보는 게 바람직하다. 나는 학교를 방문할 때마다 학생들에게 장래 희망에 관한 질문을 던진다. 학생들에게 왜 그런 직업을 선택했는지도 물어본다. 학생들의 대답을 통해 라이프스타일의 형태, 인생 목표, 불완전한 용기의 실체, 성격 등을 부분적으로나마 파악할 수 있다. (…) 결국 학생은 사회에 진출해 직업의 과제에 부딪히면 사회분업 체제의 틀 안에서 자신을 부양하고 개인적인 관심사를 추구하기 위해 분투해야 한다. 그래서 교사와 부모는 학생들이 일찍부터 자신의 직업 선택을 나름대로 평가하도록 용기를 부여해야 한다. 왜 냐하면 우리도 분업 체제에서 직업의 귀천이나 우열을 평가할 절대적인 기준을 가지고 있지 않기 때문이다. 훗날 학생들이 원하던 직업 분야에서 공동체 감각을 발현해 공공복지에 이바지한다면, 그들은 인생의 유익한 측면에서 성공 가도를 달리는 존재가 되는 것이다."(『인생 의미의 심리학』)

그런데 어떤 직업을 선택한들 늘 만족하지 못하는 부류가 있다. 그들은 직업이 아니라 '우월성 추구 수단'을 찾아 자신의 우월성을 쉽게 보장받길 원해서 그렇다. 이런 부류는 살아갈 용기를 내어 인생의 과제에 맞서 싸우려는 분투를 하지 않는 경우가 비일비재하다. 왜냐하면 인생이 자신들에게 여러 과제, 즉 골칫거리를 안겨주는 것 자체가 부조리하다고 생각하기 때문이다. 다른 사람으로부터 도움을 받아야 행복감을 느끼는 타자 의존 라이프스타일을 지녔을 가능성이 크고, 직업을 자주 바꿀 여지도 많다. 그들은 더 좋은 일자리는 언제든지 만들어낼 수 있다는 만용을 부리기까지 한다. 하지만 실은 한 직장에서 대인관계를 원만하게 해결할 용기를 잃은 탓에, 이 일 저

일 찾아다니는 꼴밖에 되지 않는다. 단언컨대 직업으로서의 진정한
용기 부여가 아니다.

금전과 직업

　　　　　　　　　　　어린 나이에 마음의 채비도 없이, 더
없이 소중한 사람의 병마나 죽음의 문제에 맞닥뜨린 경험이 있는 아
이들은 생로병사 문제에 예민한 관심을 보인다. 이런 아이들은 흔히
의사나 간호사가 되고 싶어한다. 아들러는 이 아이들이 그런 직업에
대한 역할 놀이를 하는 것을 격려해주어야 한다고 생각했다. 왜냐하
면 이와 같은 성장과정을 통해 의사가 된 사람은 아주 어린 시절에
직업 훈련을 시작한 까닭에 업무로 인한 난관에 봉착해도 용기를 잃
지 않고, 결국 자기 직업에 자아실현적인 만족감을 크게 느끼기 때문
이다. 어떤 아이들은 예술적 창조 행위와 같은 역할 놀이를 통해 질
병이나 죽음을 넘어서겠다는 꿈을 가지거나 때로는 독실한 종교인으
로 자라기도 한다.

　아들러는 "일반적으로 아이들은 가족의 다른 구성원, 특히 부모를
능가하려는 노력을 자주 시도한다"고 지적한다. 당연히 신세대가 구
세대를 앞서기 위해 노력하는 것은 바람직한 현상이다. 아이가 아버
지의 직업과 관련해 아버지를 능가하고 싶어한다면 건설적인 인생을

살아갈 준비를 착실하게 하고 있는 셈이기도 하다. 가령 아버지가 경찰관인 자녀는 흔히 변호사나 판사가 되려고 한다. 아버지가 병원 원무과 직원이라면 자녀는 의사가 되기를 소망한다. 또 아버지가 교사라면 자녀들은 대학교수가 되고 싶어한다. 그런데 앞 세대를 능가하고 싶어하는 후세대의 우월성 추구가 단순히 속물적인 경향으로 치달아서는 안 된다. 금전적인 우월성 추구가 좋은 예다. 아들러는 말한다.

"가정생활에서 돈의 가치를 지나치게 중시하면 아이들은 경제적 수익의 관점에서만 직업 문제를 생각하기 쉽다. 이는 심각한 역효과를 가져올 우려가 있다. 이런 경우 아이들은 타자 공헌을 할 용기를 잃을 위험이 크며, 공동체 감각을 바탕으로 인류에 이바지할 수 있는 다른 관심사를 갖지 않기 때문이다. 물론 모든 생활인은 생계 유지비를 벌어야 한다. 하지만 아이들이 오로지 돈 버는 일에만 관심을 쏟는다면 사회적 협력의 길에서 일탈해 개인적 이익만 좇을 것이다. 그러다가 사기를 치거나 절도범이 될 우려도 있다. 이렇게 극단적인 경우가 아닐지라도 인생의 목표와 결부된 타자에 대한 관심, 사회적 공감능력이 아주 낮게 계발된 사람으로 성장한다면, 설령 천금을 번다 해도 타자 공헌을 할 리 만무하고 인류에 혜택도 주지 않을 것이다. 다시 말하지만 공감이란 상대방의 눈으로 보고, 상대방의 귀로 들으며 상대방의 마음으로 느끼는 것이다.

용기를 줄 때 가장 중요한 점은 상대방과 공감하는 것이다. 지금처럼 복잡다단한 시대에는 이렇게 타자와 공감하는 방식으로 부유해지고 성공하는 예도 흔하다. 유용하지 못한 면의 인생살이도 성공한 사람으로서 일부로부터 칭송받기도 한다. 하지만 개인적인 이로움과 더불어 공공의 의로움도 함께 연결시켜 경제활동을 하는 사람은, 비록 곧바로 금전적인 성공을 거두기는 힘들더라도 타자와 함께 더불어 살 용기를 부여하며 자존감을 잃지 않고 인생의 유용한 측면에서 늘 분투한다."(『인생 의미의 심리학』)

결혼은 동화가 아니다

지나치게 낭만적이어서 실현 불가능한 사랑을 꿈꾸는 사람도 많다. 그들은 현실의 이성에게 접근할 필요 없이 가공적인 사랑의 감정에 탐닉한다. 낭만적인 이상형을 꿈꾸다 보면 현실의 모든 잠재적 배우자를 배제해버리는 결과를 초래할 수도 있다. 그런 이상형에 부합하는 현실의 연인은 없을 가능성이 크기 때문이다.

결혼은 행복해질 용기를 내는 시작이지 결론이 아니다. 결혼은 부부 간에 서로가 행복해질 용기를 죽을 때까지 부여해주는, 용기 부여를 영원히 현재진행형으로 해주는 공동체적 관계맺음이다. 수많은 소설과 영화, 텔레비전 드라마는 남녀가 결혼하는 순간 엔딩 처리가 되는데, 아뿔싸, 결혼은 해피엔딩은커녕 불행의 시작일지도 모른다. 그래서 결혼을 종교적 낙원이나 동화 속의 행복 이야기 같은 것으로 단정짓는 일은 큰 착각일 수 있다. 결혼은 두 사람의 관계가 행복해질 가능성의 스타트 라인일 뿐이다. 결혼생활을 하면서 부부는 사랑의 과제뿐만 아니라 현실적인(혹은 경제적인) 과제들에 직면하고, 이를 서로의 협력으로 슬기롭게 헤쳐나가야 늘 행복해질 용기를 상대에게 부여할 수 있다.

아들러도 생존 당시에 결혼을 인생의 최종 국면 또는 궁극적인 목표나 행복해질 용기의 완성형으로 보는 관점이 지나칠 정도로 퍼져 있다고 우려했다. 갓 결혼한 행복의 주인공들은 앞으로 함께 지내야 할 기나긴 여정의 출발선에서 이제 겨우 한발 내딛었을 뿐인데도 말이다.

"소설이나 영화에서는 결혼 자체로 만사형통이라도 된 듯이 처리하는 경우가 많다. 주인공 남녀가 모든 인생의 과제인 그 난관을 극복하고 최종적이고도 영원불멸한 행복의 공간에 도달했으므로 이제는 행복해질 용기를 서로에게 부여하는 기술은 너무나도 쉽다고 하는 식이다. 부부가 끝끝내 잊지 말아야 할 행복의 격률이 있다. 사랑만으로는 모든 과제를 해결할 수 없다는 사실이다. 게다가 사랑에도 여러 종류가 있다. 따라서 결혼생활로 행복해질 용기를 내

결혼은 함께 지내야 할 긴 여정의 출발선에서 이제 겨우 한발 내딛은 행위일 뿐이다. 그것을 행복과 동의어로 여기는 것은 큰 착오가 될 수 있다.

고 싶거든 낭만적인 결혼관보다는 사랑을 지킬 용기, 타자와 이웃 공동체에 대한 관심, 경제적 사회활동이자 자아실현으로서의 직업, 사회적 협력에 의지하는 것이 훨씬 낫다."(『인생 의미의 심리학』)

용기의 품격

사는게 용기다

용기의 심리학

내가 사반세기 전 무렵 아들러 심리학을 갓 배우기 시작했을 때에는 '용기 부여'라는 말이 낯선 번역어로만 들렸다. 하지만 이제는 많은 사람이 거부감 없이 사용하는 심리학 용어가 되었다. 이 책은 아들러가 개인심리학의 키워드인 '용기'와 '용기 부여'를 어떤 의미로 쓰고 있는지, 용기를 회복시키기 위해 어떤 조언을 했는지 등을 구체적으로 살펴보기 위해 그가 쓴 원전을 최대한 인용하며, 그의 '용기의 심리학'의 핵심 사상을 전달하고자 기획했다.

이 책을 마무리하면서 독자들이 왜 용기를 잃어버리는가(용기의 상실), 과연 용기란 무엇인가(용기의 정의), 왜 용기가 꺾이는가(용기의 훼손), 용기는 어디서 오는가(용기의 기원), 어떻게 용기 부여를 해야 하는가(용기의 기술) 하는 질문에 대한 아들러의 말과 내 해설을 읽으면서 행복하게 살아갈 용기를 조금이라도 더 부여받고 '사는 게 용기다'라는 '용기의 품격' 그 맥락을 깨닫길 바랄 뿐이다.

사람은 자신이 바라는 나와 지금 자기 모습이 너무나 달라 괴로워하기 일쑤다. 그렇다면 왜, 무엇 때문에 자신이 원하지 않는 풍경으로 살아가는 것일까? 대부분은 자신이 원하는 것이 무엇인지, 어떤 사람이 되고 싶은지, 어떻게 자아실현을 하며 행복해질 용기를 낼 수 있는지를 분명하게 인지하지 못하기 때문에 타인에게 휘둘린다. 또 어렴풋이 안다 하더라도 그것이 정말 내 생각인가를 확신할 수 없기에 불안해한다. 앞서의 내용을 반복하는 것일 수도 있지만, 지금 여기서 자신이 원하는 대로 행복하게 살아가려면 어떤 용기가 필요한가를 짚어보고, 행복해질 용기를 돌아오게 하는 아들러의 용기의 심리학을 어떻게 사용할 수 있는지를 갈무리해보자.

용기 부여의 전제

인생의 과제에 스스로 맞서는 사람은 타인이 자신과 똑같이 용기를 회복할 수 있도록 기여한다. 아들러는 이를 '용기 부여'라고 말한다. 용기 부여, 즉 '용기를 북돋운다'는 것은 상대방이 스스로 판단하고 결정해 자기 인생의 과제에 임할 수 있다는 자신감을 기르도록 원조한다는 뜻으로, 결코 남의 과제를 자기가 대신해주는 게 아니다. 또한 상대방의 생각과는 뭔가 다른 목표로 향하게 하는 것도 아니다. 용기 부여의 품격은 대등한 인간관계를 전제로 한다. 어른과 아이의 관계를 시작으로, 어른끼리의 관계, 더불어 국가 사이도 대등한 관계이기 때문에 무슨 문제가 생겼을 때 힘에 의한 것이 아닌 대화로 해결해야 한다. 국가 사이라면 전쟁이 아니라 외교에 의한 해결이 요구된다.

자기 수용

아들러는 말한다.

"나는 나에게 가치가 있다고 생각할 때에만 용기를 갖는다. 사람은 누구나 무엇이든 이룰 수 있다."

인생의 과제를 회피하려는 것은 과제 자체가 어렵다기보다는 자기 자신에게 가치가 없다고 생각하기 때문이라는 말이다. 자신에게 가치가 있다고 생각하면 과제에 맞서는 용기를 낼 수 있다. 문제는 본인이 과제를 해결하고 싶지 않고, 과제에 임하지 않기 위해서 자신에게 가치가 없다고 여긴다는 것이다. 또한 타인과 대인관계를 맺길 바라는데, 그럴 능력이 없는 게 아니라 오히려 자신에게 가치가 없다는 걸 타인과 관계를 맺지 못하는 구실거리로 삼는다. 어떻게 하면 자신에게 가치가 있다고 생각할 수 있을까.

지금 상태로 한없이 머물러 있어서는 안 되지만, 일단은 있는 그대로의 자신을 받아들여야 한다. 아들러는 이를 '자기 수용'이라고 했다. 자기 수용은 자기 낙천과는 다르다. 자기 낙천은 예를 들어 모든 사람이 자신을 좋아한다고 생각하려는 경향이다. 그런데 본래 모든 사람이 자신을 좋아한다는 것은 있을 수 없는 일이다. 또 자기 낙천의 경우 할 수 없는 일인데도 자신은 할 수 있다고 근거도 없이 믿으려 한다. 반면 자기 수용은 어떤 일을 태초부터 '할 수 없는' 자신을 있는 그대로 인정하고 그 일을 할 수 있도록 노력하는 용기의 발현이다. 아들러의 말처럼, 누구든, 무엇이든 할 수 있기 때문이다. 문제는 '할 수 있다'는 내면의 품격, 즉 용기다.

가치 창조

'나 자신을 좋아하겠다'는 결심을 하기 위해서는 타인과 원만한 관계를 쌓아가야 한다. 사람은 섬처럼 고립되어 사는 게 아니라 타자와의 관계 속에서 존재한다. 공동체 감각이란 말이 뜻하는 것처럼 사람과 사람은 서로 맺어져 있는 사회적 동물이다. 그래서 자신을 좋아해도, 타자와의 관계를 회피하고 있는 한, 자신에게 가치가 있다고 생각하기는 어렵다.

타인이 나를 어떻게 평가하는가에 괘념치 않는 것도, 단점을 장점으로 보는 것도, 나를 좋아하기 위해서 필요한 일이지만 그보다 더 적극적인 방법이 있다. 내가 남에게 전혀 도움되지 않는 사람이 아니라 누군가에게 도움이 된다는 공헌감을 갖는 것이다. 공동체에 유익한 일을 할 때 내가 타인에게 도움이 된다고 생각하고, 그런 '나에게는 가치가 있다'고 믿게 된다. 아들러 심리학이 칭찬 대신 용기를 주라고 권면하고, 고맙다는 말을 하자고 제의하는 까닭은 그렇게 함으로써 나 자신이 가치 있는 사람이라는 생각을 갖게 되기 때문이다.

아들러는 "나는 나에게 가치가 있다고 생각할 때에만 용기를 갖는
다"고 말하고, 다음의 경구를 이어나갔다. "내가 가치가 있다고 생각
되는 것은 내 행동이 공동체에 유익할 때뿐이다." 자신에게 가치가
있다는 생각의 탄생! 자신이 공동체(가정, 학교, 직장 등등)에 유익하
고 도움이 된다고 생각될 때에만 그런 자신에게 가치를 느낀다는 뜻
이다. 타자 공헌이 내 가치를 창조하는 셈이다. 아들러의 개인심리
학은 칭찬하는 것이 아니라 용기를 북돋우는 격려의 말, 가령 "고마
워요" "도움이 됐어요"라는 격려의 말을 주고받기를 권한다. 자신이
타인에게 도움을 주거나 받는 일로 자신에게 가치가 있다고 생각할
수 있기를 바라기 때문이다. 칭찬받고 자란 응석받이는 자신의 적절
한 행동을 누군가가 일깨워주지 않으면 찰나에 인생의 유익한 행동
을 그만두어버린다. 반면에 "고마워요"라는 말을 들었던 것이 계기
가 되어 타자 공헌 감성을 갖게 된 아이는, 설령 타인으로부터 인정
받지 못하더라도 자신에게 가치가 있다고 생각할 수 있다.

　'공동체에 유익하다'는 것은 무슨 의미일까? '나와 너'는 공동체라
면 상대방에게 도움이 되었을 때를 뜻한다. 공동체가 '사회'를 의미
한다면 '너'뿐만 아니라 사회의 보편적인 이익에 도움이 된다는 뜻이
다. 주의할 점은 아들러에게 공동체는 현실의 공동체뿐만 아니라 이
상적인 공동체를 뜻하기도 했다는 것이다. 나와 너, 가정, 학교, 직
장, 사회, 국가, 인류, 생명체, 우주, 미래사회와 같이 그 외연을 한
없이 넓힐 수 있는 유연하고 포용적인 개념이었다. 또 '유익하다'는

의미는 원조의 동기가 사리사욕에서 출발하는 게 아니라 타자(공동체)에게 도움이 되니 나에게 가치가 있다고 느낄 수 있다는 것, 즉 '나에게도 도움이 된다'는 뜻이다.

세계 안의 나

타인에게 도움받는 것을 당연하다고 생각하며, 남이 자신에게 무언가를 해주는 데에만 관심을 두는 사람이 있다. 그런 사람은 자신이 세계의 중심에 있고, 자기 주위를 세계가 둘러싸고 있다고 생각한다. 자신이 이 세계에 소속되어 있고 그 안에 제자리가 있다는 느낌을 갖는 것은 분명 인간의 기본적인 욕구이지만, 소속감이란 자신이 이 세계 '안'에 속해 있다는 것이지 세계의 '중심'에 있다는 것을 뜻하진 않는다. 나는 (혹은 누구나) 세계 '안'에 있지만 '중심'에 있는 것은 아니다. 타인이 자신에게 무엇을 해주고 무엇을 주는가에만 몰두하며 단 한 번도 타자 공헌을 해본 적이 없는 사람에게는, 남의 '타자 공헌'이란 자기희생과 위선으로밖에 보이지 않을 것이다. 자기중심주의에 매몰된 사람에게 공동체 감성을 밑바탕으로 타자 공헌을 바라는 것은, 어쩌면 여름 벌레에게 겨울 고드름의 차가움을 묻는 꼴이거나 한겨울에 여름의 찌는 듯한 무더위를 상상케 하는 곤란함을 주는 격일 수 있다. 하지만 자기 자신을 향해서만 치솟는 관심을 타자에게로 향하게 하는 용기 곧 '함께 살아갈 용기'를 내도록 북돋워주는 것이, 아들러는 육아와 교육, 심리 치료, 사랑과 결혼의 목표라고 생각했다. 아들러에게 용기는 자기중심주의에 빠지지 않는 인간의 품격을 뜻했던 것이다.

미움받을 용기

　　　　　　　타인의 권위나 평가, 시선에 안달복달하며 괘념하는 사람을 흔히 볼 수 있다. 왜 남에게 호감을 사려고 조바심칠까? 심지어 남의 인정을 받기 위해 자신을 속이거나 감추고 비하하기까지 한다. 혹시 내면에 어떤 크나큰 두려움이 깊은 수렁처럼 패여 있는 것은 아닐까?

"인정욕구는 가끔 권력에 도취되는 태도로 변질된다. 이런 사람은 자신의 권력욕이 조금이라도 침해받으면 크게 화를 낸다. 이들은 이런 식으로 타인 위에 설 수 있으며, 자신의 의지를 관철시킬 수 있다고 믿는다. 이런 방식은 고상하진 않지만 효과적이다. 누구나 어려운 상황에 처해 있을 때 분노를 표출함으로써 다시 인정을 받거나 자기 권위를 되찾은 기억이 있을 것이다."(『인간 지의 심리학』)

인정욕구를 충족시키기 위해 화를 내면서까지 타인에게 휘둘리는 사람은 남에게서 좋은 이야기를 들으면 기뻐하고, 나쁜 말을 들으면 슬퍼하거나 분개한다. 사람의 가치는 타인의 평가에 의존하지 않는 까닭에 이런 반응은 기괴해 보이기까지 한다. 나쁜 사람이라는 말을 듣기 때문에 나빠지는 것도, 좋은 사람이라는 말을 듣기 때문에 좋아지는 것도 아니므로 슬프기까지 한 것이다.

"자신이 공동체에 도움이 되는 존재라는 느낌 곧 공헌감이 '행복의 고갱이'다. 인생의 의미는 내가 나 자신에게 주는 것이다. 나를 싫어하는 사람에게 미움을 받더라도 개의치 않겠다는 용기를 가져라. '지금, 여기서'부터. 타자 공헌을 하겠다는 길잡이별만 놓치지 않으면 삶의 여로에서 헤매지 않는다."(『인생 의미의 심리학』)

물론 아들러도 '인간은 아이 때부터 관심을 받고 싶어한다'고 주장했다.

"인정욕구 없이 성장하는 아이는 한 명도 없다. 아이는 어떻게든 부모의 주의를 끌려고 노력한다. 이것이 바로 인정욕구가 눈뜨기 시작하는 첫 번째 신호다. 인정욕구는 열등감의 영향 속에서 발전해가며, 아이로 하여금 주위 환경보다 더 우월해 보이려는 목표를 설정하도록 유도한다."(『인간 지의 심리학』)

하지만 타인의 평가에 얽매이고 휘둘리는 인정욕구 과잉은 자신에 대한 남들의 이미지, 기대, 평가, 인정도, 시선 등에 자신을 끼워 맞추려는 강박이나 마찬가지다.

"아이의 인정욕구가 어느 정도 발달하면 그는 어디서나 자기 우월감을 보장해줄 것 같은 '남성적인 것'을 선호하게 된다. (…) 게다가 인정욕구가 도드라지게 강해지면 곧장 심리적 긴장이 발생한다. 심리적으로 긴장한 사람은 목표를 더 뚜렷하게 주시하고, 더 적극적으로 목표에 도달하려고 안달한다. 그리고 큰 성공을 기대하며 살게 된다. 이러한 사람은 객관적일 수 없으며, 현실 감각을 상실한다. 왜냐하면 이들은 항상 자기가 다른 사람에게 어떤 인상을 줄까, 그리고 타인은 자기를 어떻게 생각할까 하는 질문에 몰두하기 때문이다. 이는 삶의 자유를 심각하게 제한한다. 이때 생기는 성격상의 특징이 허영과 자만이다."(『인간 지의 심리학』)

아들러는 '남성적인 우월감' '허영' 그리고 '자만'이라는 성격이 형성되어 타인에게 얽매이는 인정욕구 강박에 휘둘리지 말고 미움받을 용기를 내라고 단호하게 주장한다. 천이면 천, 백이면 백, 그 모든 사람에게 인정받을 수는 없는 것이 인지상정이고 자연의 순리이기도 하기 때문이다. 또한 세간의 가치관에 비춰 자신을 받아들이지 못할 때도 있을 것이다. 아들러는 그럴 때 오히려 세속사회의 일반적인 가치관이 올바른지 의심해보라고 권유한다. 그렇다면 우리는 왜 타인에게 휘둘리지 말아야 하는가? 아들러의 말처럼 자신의 삶을 스스로 결정해 '자유의지'와 '자유 판단'에 따라 '주체적으로' 살기 위해서다. 행복은 누가 정해주는 게 아니라 자신이 결정하는 것이기 때문이다. 행복은 주위 사람의 평가나 시선에 의해서가 아니라 나의 삶에 대한 태도, 즉 '자기 결정'으로 확립된다.

행복의 자기결정력은 어떻게 만들어지는가? 바로 '행복해질 용기'에 의해서다. 자기 삶을 스스로 결정하는 능력은 행복하고 자유롭게 살아갈 용기로부터 키워진다. 타인의 시선보다 나 자신의 욕구와 감정, 소망, 목소리에 귀를 기울이고, 두려움과 외로움에 사로잡히기보다는 어떤 사람이 되고 싶은지에 더 집중하게 되며, 나를 휘두르는 마음의 병들로부터 거리를 두고, 내게 가장 중요한 것이 무엇인지, 내게 도움이 되는 생각이 무엇인지를 분별할 수 있는 원동력이 바로 "미움받을 용기"다. 미움받을 용기를 내는 삶의 변화는 나 자신을 제대로 아는 것으로부터 시작해 근거 없는 불안과 두려움을 극복하고, 내 발목을 잡는 자기부정과 대처하려는 단단한 내면의 기둥, 즉 '자존감'이 없으면 불가능하다. 삶의 진정한 변화를 원하는 사람들은 내면의 힘부터 키우지 않던가.

또한 타인의 평가와 시선에 구애받으며 자신을 실제보다 더 잘 보이려고 억지로 꾸미려 하지 말고, '있는 그대로의 자신'을 받아들이는 '지금, 여기서'부터, '보통으로 살 용기' '평범해질 용기'를 내야 행복의 문이 열리기 시작한다. 타인의 기대에 맞춰 '내가 아닌 나'가 된다 하더라도 이는 아무런 의미가 없고, 이미 내면적으로 자유로우며 행복한 삶을 살아갈 용기가 훼손된 것이나 다름없다. 타인의 욕망에 자신을 끼워 맞추며 비주체적으로 겨우겨우 살아가려는 버둥거림을 단념했을 때, 사람은 참된 주체로 변화할 수 있고, 그 순간 인생의 품격이 새롭게 높아진다. 용기 부여의 목표가 바로 타인의 평가에 쥐락펴락되지 않도록 돕는 것이다. 용기를 얻은 사람은 남들의 평가에 휘둘리지 않고 자신을 실제보다 좋게 보이려고도 하지 않는다.

있는 그대로의 자신을 인정하는 것과 어떤 사람에게 자신의 있는 그대로의 모습을 인정받으려 하는 모습은 차원이 다른 문제다. 즉 우월 콤플렉스에 의해(그것은 동시에 열등감이기도 하지만) 실제 모습보다 잘 보여야 한다고 생각하는 사람은 자신을 평가하는 기준을 자신이 아니라 타인에게서 찾는 모순을 안고 살아간다. 이렇게 남의 욕망에 자신을 끼워 맞추려고, 혹은 남의 기대에 부응하려고 진정한 자신을 숨겨야 한다면, 아들러의 말대로 '인생이란 아무런 의미가 없다'. 그것이 가능하다 하더라도 달라진 나는 이미 내가 아니기 때문이다. 타인이 뭐라고 타박하든 간에 타인의 기대를 충족시키기 위해서만 살아갈 필요는 없다. 내가 나 자신의 인생을 살아갈 용기야말로 삶의 근본적인 활력인 것이다. 아들러는 그래서 직업, 대인관계, 사랑과 결혼, 행복에서의 자기결정력이야말로 타인에게 휘둘리지 않는 삶을 보장한다고 강조한다. 그렇게 미움받을 용기가 행복한 삶의 원동력으로 작용하고 있다면, 용기를 상실한 채 살아왔던 사람도 그때까지와는 다른 라이프스타일로, 타인의 인정과 시선에 자신을 억지로 끼워 맞추려고 하지 않아도 '자기 자신의 가치를 스스로 창조할 수 있기에' 행복해질 용기를 부여받을 수 있다. 나는 온전히 나의 인생을 살아가고 있다는 느낌으로 스스로의 행복을 지키는 길은 바로

'미움받을 용기'로부터 뻗어나간다는 뜻이다.

그래서 아들러 심리학은 한마디로 '용기의 심리학'이다. 우리가 불행한 것은 과거의 환경이나 경험 탓이 아니다. 능력이 부족해서도 아니다. 용기가 부족해서다. 아들러는 "행복과 성공은 용기에 달려 있다"고 말한다. 행복은 행복해질 용기에 달려 있고, 행복해지려면 미움받을 용기가 필요하다. 그러한 용기가 생겼을 때 모든 대인관계는 찰나에 달라지고, 삶은 자유로워진다.

베푸는 미덕

아들러는 인간이 사회적 존재라고 규정했다.

"인간은 대인관계를 벗어나서는 성립되지 않는 사회적 존재이고, 모든 문제는 대인관계의 연장이다."

나나 너나 서로에게서 벗어나서는 살 수 없는 노릇인 것이다. 그러면 나는 타인과 어떤 관계를 맺어야 행복해지는 것일까? 아들러는 '도움 주고받기'를 하나의 이상적인 대인관계로 보았다. 물론 남에게 먼저 기대하지 말고 나부터 무언가를 주는 게 중요하다. 그런데 흔히 남에게 받는 것은 당연한 일이며, 남이 나에게 어떤 도움을 주었는가를 가지고 대인관계의 질을 평가하려고 한다. 아들러는 세상이 나를 중심으로 하여 돌아가고 있다고 생각하기에 그렇다고 진단한다.

타인이 나에게 도움을 주거나 혹은 그렇지 않은 것은 호의의 문제이지 결코 의무는 아니다. 설령 타인이 나를 도와주지 않는다고 해도 불만을 갖거나 화를 내서는 곤란하다. 또한 대가를 바라고 타인을 돕는 것도 이상적인 대인관계 맺기가 아니다. 타인을 도울 때 굳이 타자의 인정이나 대가를 받을 필요는 없다. 아들러는 그러려면 우선 타인을 적이 아니라 동료로 바라보라고 강조한다. 신경증이나 사회 부적응은 타자를 동료가 아니라 적으로 보기에 일어나는 증세라고 아들러는 생각했다. 어른에게서 나무람을 자주 들으며 자란 아이도 타인을 동료로 여기는 것을 매우 힘들어한다. 당연히 타자 공헌의 용기도 쉽게 내지 못한다.

그러나 나와 네가 동료로서 대인관계를 맺기 시작하면 세상은 한순간 변화한다. 타인에게 관심을 갖고 협력할 수 있게 된다. 나 혼자서만 이 세계에 존재한다는 것은 아무런 의미가 없고, 온전한 행복을 추구할 수도 없기 때문에 인간은 지금 여기서부터 타자에게 나의 존재를 의탁해야 하는 것이다. 이런 발상으로 용기를 얻은 사람은 남을 돕는다. 혼자 힘으로 해결할 수 없을 때는 부끄러워하지 않고 타인의 도움을 청하는 용기도 부여받는다. 반면 칭찬만 받고 응석받이로 자란 이들은 남을 신뢰하지 않기에 함께 살아갈 용기를 내지 못하고 무엇이든 혼자서 짊어지며 살아가려고 아등대다가 고립된다. 응석받이는 만약 누군가가 자신의 행동을 칭찬해주지 않으면 공동체에 유익한 행동으로서의 타자 공헌을 할 용기를 전혀 내지 않는다. 하지만 아들러는 타인에게 기대하지 말고 반대로 타자 공헌감을 가질 용기를 스스로에게 부여하라고 권유한다. 자신의 가치는 누군가에게 도움이 된다고 느끼는 순간 증폭되기 때문이다. 행여 남이 감사하지 않는다고 해도, 자신의 가치가 재창조되는 것은 기정사실이다. 아들러가 '자신이 가치 있다고 생각하는 것은 나라는 사회적 존재가 공동체에 유익할 때'라고 한 말이 바로 그런 맥락에서다.

"자신의 존재는 타인의 존재를 전제로 하기에 타인에게 도움을 베푸는 용기야말로 자신의 가치를 인정할 수 있게 하는 품격이다. (…) 인간은 서로 이해하면 이해할수록 더 잘 지낼 수 있으며 더 친밀한 관계를 유지할 수 있다."(『인간 지의 심리학』)

책임질 용기

사람은 살아가면서 인생의 여러 과제에 직면하는 것을 피할 수 없다. 그럼에도 이런저런 이유로 그러한 과제로부터 도망치려고 몸부림칠 때가 있다. 거의가 '어쩔 수 없다'며 자신도 타인도 속이는 핑곗거리를 꺼내는 일이 비일비재하다. 아들러는 이렇듯 인생의 과제를 회피하기 위해 호명된 구실거리를 "인생의 거짓말"이라고 정의했다.

"갖가지 변명거리를 만들어서 인생의 과제를 회피하려는 사태가 '인생의 거짓말'이다."(『개인심리학 강의』)

자기합리화를 위해 이용하는 '인생의 거짓말'을 그만두고 타인을 조종하지도, 자신이 조종당하지도 않고 혼자 힘으로 우뚝 서겠다는 자립의 용기가 행복의 문을 여는 첫걸음이다. 인생의 과제는 '인생의 거짓말'로 극복되는 게 아니라 결국 자신이 결과를 '책임질 용기'를 내고 스스로의 힘으로 맞서서 풀어나가야 한다는 말이다. 그러면 '나와 타자'를 속이는 인생의 거짓말에 휘둘리지 않으면서 인생의 과제에 '주체적으로' 맞서는 용기는 어떻게 살아야 북돋워질 수 있을까?

아들러는 히틀러의 나치스가 정권을 잡자 1934년 미국 뉴욕으로 거처를 완전히 옮겼는데, 그전에 처음으로 뉴욕에 간 것은 1926년 56세 때였다. 런던에서 출발하기 전날 밤 아들러는 미국행 배를 탔는데 돌연 배가 뒤집혀 가라앉는 꿈을 꾸었다. 당시에 그가 겪었던 지독한 용기의 상실과 불안 발작이 반영된 꿈이었다. 아들러는 꿈속에서 난파선을 뒤로하고 사납게 일렁이는 파도와 싸우면서 죽을힘을 다해 헤엄쳐 드디어 육지에 간신히 다다랐다.

내가 생각하기에 아들러가 꾼 꿈에는, 신천지 미국에서 새로운 인생을 어떻게 살아야 행복해질 수 있는가에 대한 그의 집념이 투영되어 있다. 아들러는 미국에서 서툰 영어로 강연하면서 자신감이 붙을 때까지 매일 영어 공부에 매달렸다. 그리고 예순 살이 되어서야 자동차 운전을 배웠다. 영어 학습이나 자동차 운전 연습 모두 쉽지만은 않았을 것이다. 하지만 영어에 숙달되지 않은 상태라고 해서 강연이라는 인생의 과제를 피할 순 없었다. 이렇게 역경에 직면했을 때 자신에게 용기 부여를 어떻게 해야 하는가가 꿈속에서 죽을힘을 다해 헤엄쳐 육지에 다다르는 이야기로 표현된 듯싶다. 아들러는 결국 미국에서 전대미문의 호평을 받는 강연을 이어나가며 자신이 창안한 개인심리학자로서 대중의 사랑을 크게 받고 자신의 불안한 입지를 훌륭하게 극복했다.

이렇듯 아들러의 용기의 심리학은 단순히 이론으로 주창하는 데 그치지 않고, 아들러 자신이 용기의 실천을 보여주었다. 신경증자는 과제를 눈앞에 두고 '인생의 거짓말'을 지어내며 거기서 도망치려고 안간힘을 쓰지만 아들러는 그러지 않고 자신의 과제에 책임질 용기를 몸소 보여주었다. 지금 여기서 스스로의 과제를 책임지는 태도야말로 용기의 품격인 것이다. '인생의 거짓말' 같은 것은 행복해질 용기로 까맣게 잊어버리고.

장단점의 상대주의

예전에는 장점이라고 여겨졌던 것이 단점으로 보이는 경우가 있다. 가령 아무개의 용의주도하고 성실한 면이 마음에 들었는데 자질구레한 일에 집착하며 까탈 부리는 사람으로 보인다거나, 마음이 둥글둥글한 면이 좋았는데 줏대가 없는 사람으로 보이는 것이다. 타인에 대해 생각을 바꾸는 것은 장단점에 대한 이 같은 상대주의적 시각의 변화에서 비롯된다.

"장단점은 완전히 상대적인 개념이다. 어떤 능력이나 물리적 성격이 장점으로 작용할지 아니면 단점으로 작용할지는 경우에 따라 다르기 때문이다. 장단점에 대한 판단은 개인이 처해 있는 상황에 의해 결정된다. 잘 알려진 바와 같이 인간의 발은 손이 퇴화된 형태다. 예를 들어 발은 나무를 기어오르는 동물에게는 큰 단점으로 작용하지만, 지상에서 생활하는 인간에게는 장점으로 작용한다. 어느 누구도 발 대신 정상적인 손 하나가 더 있기를 원하지는 않을 것이다. 우리는 자신의 삶이나 타인의 삶 속에 있는 열등함을 단점으로만 치부할 수 없다. 이것이 발생한 상황과의 연관성만이 단점으로 작용할지 아니면 장점으로 작용할지를 결정할 수 있다."(『인간 지의 심리학』)

자신에게 가치가 있다고 생각하기 위해서는 단점이라고 생각해온 것을 장점으로 인정하는 용기가 필요하다. 가령 자신은 '어둡고' '암울한' 캐릭터가 아니라, 늘 내 언행이 다른 이들에게 폐를 끼치지 않도록 자중하며 배려할 줄 아는 '내향적으로 부드러운' 사람이라는 식으로 생각의 각도를 바꿔볼 필요가 있다는 것이다. 내 장점을 찾는 것, 즉 자신의 가치를 찾을 때 인생의 과제에 맞설 용기를 얻게 되고, 인생의 방향성을 바꾸는 계기를 얻을 수 있기 때문이다.

그러니 자신의 속마음을 곰곰이 헤아려보자. 타인과 인연을 맺지 않기 위한 구실거리로 삼고자 스스로의 단점에만 눈을 돌려온 것은 아닌지를. 만약 그렇다면, 나에게 가치가 있다고 생각하기 위해 단점을 장점으로 다시 보면서, 타자와의 대인관계를 적극적으로 쌓고자 하는 용기를 낼 필요가 있다. 단점을 장점으로 볼 수 있는 자기긍정성은 자신의 가치에 대한 재발견의 계기를 주고 좋은 대인관계를 맺는 기점으로 발전하여 행복해질 용기를 회복하게 한다.

실패 초월

　　　　　　용기 있는 사람의 품격은 타인의 평가에 좌지우지되지 않고(타인의 욕망에 종속되지 않고) 자신의 판단으로 움직이며 행복하게 살아갈 수 있다는 것이다. 인생의 과제를 앞두고 실패를 두려워하지도 않는다. 자기 자신만 생각하며, 과제를 해결하려고 하는 게 남에게 잘 보이기 위한 것이고 실패하면 어떤 평가를 받을까만을 염려하는 사람과는 차원이 다르다.

　용기 있는 사람은 과제가 주어지면 가능한 것부터 조금씩이라도 시작하려고 노력한다. 아들러가 말한 "불완전한 용기" "실패할 용기"를 내는 일은 "하면 될 것"이라는 가능성 속에서 살아갈 용기를 내는 것이다. 또한 "불가능한" 일이 현실화되는 것을 두려워하지 않고 반드시 과제에 임하는 것이다. 더욱이 실패를 평가받는 것을 두려워하지 않는 사람은, 오늘날에는 당연시되는 경쟁 위주 사회로부터 자유롭게 살아갈 수 있다. 지나친 경쟁 교육은 역효과만 증폭시킬 뿐이다. 대인관계의 중요성을 깨닫지 못한 채 오직 경쟁을 통해 남보다 우월해지려는 욕구에 사로잡히면, 자신에 대해서만 관심을 갖는 이기주의자egoist가 되기 쉽기 때문이다. 이런 경쟁 본위주의와 이기주의가 바로 아들러가 중시하는 '사회적 협력'이나 '타인에 대한 관심' '공동체 감각'의 반대말이자, 인간이 살아가면서 두려움과 공포감에 사로잡히는 원인이기도 하다.

"공포에서 벗어날 수 있는 유일한 길은 개인과 공동체가 하나로 연결되는 것이다. 자신이 공동체에 소속되어 있다는 사회 연대감을 느끼는 사람만이 두려움과 공포감 없이 살아갈 수 있다."(『인간 지의 심리학』)

자기 성찰

"낙관적인 사람의 성격은 전반적으로 직선적인 방향을 보인다. 어떤 과제에 부딪혀도 용기 있게 다가서며 그것을 심각하게 생각하지 않는다. 자기 신뢰가 있고, 인생에 유익한 태도를 쉽게 발견한다. 그렇다고 자신에게서나, 인생에서나, 타자에게서 많은 것을 요구하지 않는다. 왜냐하면 자신과 세계를 정확하게 평가할 줄 알고 어떤 상황에서도 위축되지 않기 때문이다. 어떤 사람은 산다는 것 자체의 어려움을 자신의 나약함과 부족함을 정당화하기 위한 구실거리로 삼지만 낙관적인 사람은 이와 달리 난관을 극복하고자 용기를 불사른다. 역경 앞에서도 동요하지 않으며, 잘못은 다시 잘하면 된다는 자기긍정성에 대한 믿음을 잃지 않는다.

낙관적인 사람은 솔직하고 자유롭게 말하며 그다지 내성적이지 않다. 구체적인 형상으로 표현하자면 두 팔을 벌려 타인을 맞을 준비가 되어 있는 사람이다. 남을 의심하거나 시기하지 않기에 대인관계가 원만하며 타인과 큰 어려움 없이 교제한다. 언어는 자연스러우며 태도와 행동은 편안하다. 적지 않은 사람이 낙천성과 사회성을 충분히 지니고 있다."(『인간 지의 심리학』)

아들러의 말처럼 용기 있는 자는 낙관적이다. 낙관주의자는 과거의 실패를 되새김질하며 끙끙거리지 않고 조마조마한 오늘을 살면서 미래를 불안해하지 않으며 '현재'에 집중한다. 물론 낙관적이라고 해서 설렁설렁 되는대로 오늘을 산다는 의미는 결코 아니다. 아무런 근거나 준비도 없이 인생의 과제에 대응하는 사람은 낙관적인 게 아니라 낙천적인 것이다. 낙관적인 사람은 지금 여기서 근거를 찾고 '지금 여기서' 늘 준비를 한다. 검증은 비관적으로 하되 행동은 긍정적으로 한다.

"혼란스러운 현실 속에서 인간 이해에 관한 지식을 습득하기에 가장 적합한 사람의 품격은 사회적 관계 속에서 살아갈 용기를 가진 사람이 어떤 식으로든 주변 사람들이나 삶과 밀접한 관계를 유지하려는 태도를 견지함으로써 나온다. 이들은 낙관론자이거나 혹은 용기의 투혼으로 과제와 투쟁하는 비관론자, 즉 좌절할 정도로 비관적이지 않은 자기 성찰의 인간들이다."(『인간 지의 심리학』)

비관주의는 기분에 속하고 낙관주의는 성찰적 의지에 속하는 것이다. 낙관주의는 타고난 성격이 아니라 살아갈 용기로 의식적인 노력을 하는 의지의 투혼이라는 말이다. 누구나 낙관주의라는 정신의 의지를 가지면 자신에게 용기를 부여할 수 있다.

"낙관적인 태도는 자신의 과제를 잘 해결할 수 있다는 성격을 형성한다. 즉 용기, 열린 마음, 신뢰감, 부지런함 같은 성격이 생긴다. 반면에 비관적인 태도는 자신의 과제를 해결할 수 있다고 스스로 믿지 못한다. 그런 아이의 목표를 보면 내면세계가 어떤 모습일지 짐작이 된다. 그곳에는 소심함, 수줍음, 폐쇄성, 불신 등 용기가 없는 유약한 아이들이 자신을 방어하기 위해 개발한 여러 기제가 숨어 있다."(『인간 지의 심리학』)

공동체 감각

아들러의 말처럼 누구든 행복해질 용기를 얻고 삶의 기쁨을 만끽하고 싶으나, 인생이란 늘 쾌적하지만은 않고, 사는 것은 또한 고통이다. 낙천주의자나, 비관주의자나, 낙관주의자나, 앞으로의 삶의 풍경이 어떻게 펼쳐질지 당장은 알 수 없는 노릇이다. 그럼에도 어쨌든 '내가 할 수 있는 인생의 과제부터 헤쳐나가자' 하는 태도가 '행복하게 살아갈 용기'다. 나는 산다는 것은 그 자체가 장기지속적 용기 부여이고, 용기 있는 사람은 두려움이 없는 게 아니라 두려움을 이겨내는 것이라 생각한다. 아들러는 "사람이 자신감을 가지면 인생의 과제 앞에서 안절부절못하지 않는다"고 말했다. 자신이 없는 사람이 과제 앞에서 초조함을 감추지 못할 뿐인데, 그 조마조마함을 변명하기 위해 '살아갈 시간은 짧고 생명은 유한하다'는 말만 앞세운다는 논지다. 아들러의 경험담을 들어보자.

"어느 날 나는 살아갈 용기를 잃고 풀 죽은 한 남성에게 실제로 강박을 당했던 적이 있다. 그는 조현병을 앓다가, 내 치료를 받기 3년 전에 이미 치유가 불가능하다는 판명을 받았었다. 하지만 나는 그를 완치했다. 그는 처음 상담을 받으러 왔을 때, 나에게서도 반드시 거절당하고 쫓겨날 거라고 예상했었다. 그는 어릴 적부터 타인에게 따돌림당하는 경험을 되풀이하면서, 이를 자신의 운명이라 여기고 있었다. 그는 내게 치료를 받는 세 달 동안 침묵을 지켰다. 나는 그의 인생에 관해 알고 있는 테두리 내에서 조심스럽게 설명 했다. 나는 그가 입을 다물고 있는 것, 또한 그와 비슷한 행동거지를 하는 것도 반항적인 성격이 있어서 그런 것임을 눈치 챘다. 기어이 그가 나를 때리려고 손을 들었을 때 그의 행동의 임계점에 맞닥뜨리게 되었다. 나는 그 찰나에 아무 저항도 하지 않겠다고 다짐했다. 그가 나를 마구 때릴 때 우연찮게 창문이 산산조각 났고, 환자는 유리창에 부딪혀 상처를 입고 피를 흘렸다. 나는 우호적인 태도로 피가 조금씩 흘러나오는 그의 손을 붕대로 감쌌다. 나는 이런 경우, 어떤 일정한 치유 원리를 이끌어낼 순 없었지만, 이 상담 케이스도 성공할 수 있다는 확신이 들었을 때 환자에게 말했다.

'어때요? 당신을 치유하기 하기 위해 우리 두 사람이 무엇을 하면 좋을지 머리를 맞대보는 게요?'

그가 대답했다.

'간단하지 않나요? 저는 살아갈 용기를 완전히 잃고 있었어요. 하지만 대화를 주고받는 동안 용기를 되찾았습니다.'

그 순간 내 가슴은 환해졌다."(『살아가는 의미를 찾아서』)

이 남자는 자신을 치료하는 아들러조차, 그동안 인간관계를 맺어온 여타의 사람들과 마찬가지로 자신을 거부하고, 지금까지와 똑같은 취급을 할 거라고 생각했을 듯하다. 아들러 앞에서 그 남자는 무려 세 달이나 침묵을 지켰다. 그 남자가 반항하는 하나의 방법이었다. 하지만 아들러는 전혀 내색하지 않고 우호적이며 상냥한 태도로 환자를 대하고 치료하는 내내 말을 건넸다. 어느 날 그 남자는 마침내 아들러에게 손찌검을 했고, 이러저러해서 상처를 입혔다. 그 남자는 아무런 불평 없이 치료를 해주는 아들러를 보고 여태껏 만나온 사람들과는 다르다는 것을 느끼면서 퍽 당황했을 법하다.

타인을 적이 아니라 동료로 여기며 공동체 안에 제자리가 있다고 느끼는 소속감을 얻고 불안이 영혼을 잠식하지 않기 위해서는 용기가 필요하다. 그런데 이 남자는 그동안의 대인관계로 인한 우여곡절 때문에, 설령 상대방이 제아무리 우호적인 태도를 보인다 해도 갑자기 신뢰감을 갖기는 어려웠을 것이다. 이럴 때의 불신감이 신뢰감으로 전환되기 위해서는 '나–당신'의 용기가 필요하다. 서로를 동료로 믿으려는 노력 또한 피차 간에 모두에게 필요하다. 결국 그 남자를 동료로 인정하고 신뢰하는 용기를 가진 아들러 덕분에, 그 남자는 타자와 대화하고 교류하며 살아갈 용기를 지닌 '공동체 인간(사회적 존재로서의 인간)'으로 변모했다. 아들러는 물었다.

"어때요? 당신을 치유하기 하기 위해 우리 두 사람이 무엇을 하면 좋을지 머리를 맞대보는 게요?"

아들러는 '두 사람이 함께 무엇을 하면 치유가 잘될까'를 물었다. 심리치료사는 환자를 일방적으로 치료하는 권력자가 아니라, 두 사람 곧 의사와 환자가 협력하며 이 세상을 함께 살아갈 용기를 서로 북돋워주는 동료관계임을 은연중 내비친 것이다. 이렇듯 '나-당신'의 용기와 노력, 협력이 없으면 심리 치료란 근본적으로 불가능하다. 그 남자도 아들러를 동료로 신뢰하기 위해 용기를 내고 불신이라는 높은 벽을 넘어서려고 노력하며 협력하지 않으면 안 되었다. 아들러 덕분에 그 남자는 그동안의 대인관계와는 전혀 색다른 경험을 했다. 이 호혜적인 인간관계 경험이 그에게 지대한 영향을 미쳤음은 두말할 나위가 없지만, 그래도 그가 '첫발을 내딛으려고 한 결심' 곧 '용기'야말로 이 남성을 바꾼 근본적인 원동력이라고 나는 생각한다. 용기가 공동체 감각의 일면인 까닭은 바로 인생의 모든 과제가 공동체 안의 동료와 대인관계를 맺고 함께 풀어야 해결 가능하기 때문에 그렇다. 아들러는 이 남자가 공동체 인간으로 변모했다고 했는데, 공동체 인간이란 무엇인가?

"개인의 경우에도 역시 보편성의 관점에서 얼마나 가치 있고 유용한 사람인가가 기준이다. 개인을 비교하는 기준은 공동체 인간이라는 보편상이다. 이는 자기 앞에 놓여 있는 과제를 보편적인 방식으로 해결할 용기를 지닌 사람이며, 공동체 감각을 크게 발전시킨 사람이다. 공동체 감각을 키우고 실천하지 않는 사람은 결코 성숙한 인간의 품격을 지닐 수 없다."(『인간 지의 심리학』)

이 지점에서, 인간은 자신의 언행이 주위 사람들에게 도움이 된다고 생각할 때 스스로에게 가치가 있음을 깨닫는다는 아들러의 말도 떠올려보라. 아들러의 핵심 사상인 '공동체 감각'과 '용기'는 모두 '베풂'에서 시작된다. 그래서 행복해질 용기를 상실한 사람은 타자를 도울 내면의 활력이 고갈되어 불모의 감수성을 갖고 있는 상태일지도 모른다. 아들러는 말한다.

"공동체 감각은 태어날 때부터 갖고 있는 잠재적인 가능성으로, 의식적으로 길러야 한다."

공동체 감각은 누구나 인간 본성nature의 한 측면으로 갖고 있지만 이것을 주체적, 의식적으로 함양하려는 노력을 게을리하면 자신의 성격 경향이나 라이프스타일의 내면적 틀로 만들 수 없다는 말이다. 그리하여 공동체 감각을 미숙하게 발달시킨 사람은 자신의 언행이 공동체에 어떤 영향을 미칠지를 생각하지 않고 오로지 자기 이익에만 관심을 갖는다. 반대로 공동체 감각을 훌륭하게 함양시킨 사람은 자신뿐 아니라 공동체의 더 큰 이익을 위해 실천한다.

"공동체는 '나-당신-가정-사회-국가-지구(모든 생명체)-우주의 무한대'까지 외연이 확장되는 무한히 넓은 개념이지만, '나'와 '당신'으로 구성된다."(『인간 지의 심리학』)

앞서의 이 남성은 최소 단위의 공동체에서조차 자신이 타인에게 동료로 받아들여질 리 없다고 생각해왔었다. 하지만 아들러를 만난 후, 용기는 공동체 감각의 일면이라는 개인심리학의 진리를 아는 사람, 즉 공동체 인간으로 변모한 자신의 변화를 그 남자 스스로도 완벽하게 이해했을 것이다.

사는 게 용기다

"용기와 협력은 '스스로 용기를 낼 줄 아는 협력적인 사람'에게서 배울 수 있다. 인생의 과제에 직면했을 때 안이하고 비열한 출구를 찾지 않는 사람, 인류와 함께 행복해지고 싶은 사람, 살아가면서 창조적 노력을 할 준비가 되어 있는 사람은 타인이 용기를 표현할 수 있도록 가장 잘 공헌할 수 있다. 용기는 두려움처럼 전염되는 것이다. 만약 내가 용기를 가지면 타인이 용기를 발달시키도록 원조할 수 있다."(『아들러가 말하다』)

추리소설 작가 이사카 고타로는 소설 『PK』에서 아들러의 이 말을 인용한다. 아들러는 용기와 두려움, 두 가지 감정 기능 모두가 전염성을 지닌다고 보았다. 이사카는 우선 두려움, 즉 겁이 전염된다는 것을 주제로 소설을 썼는데, 그러나 마지막에는 용기도 전염된다는 것을 등장인물을 통해 이야기한다. 전염이란 낱말은 흔히 나쁜 것의 성질을 형용할 때 사용되기 때문에, 이 말이 용기에 적용되는 것이 뜻밖에도 신선하기까지 하다. 두려움은 전염 주체가 안간힘을 쓰지 않아도 쉽게 옮겨지지만, 용기를 '전염'시키기 위해서는 용기를 전염시키려는 주체의 용기가 절실하다.

인류는 눈앞에 직면한 문제를 맞닥뜨리기보다는 회피하기가 더

쉽다. 아들러는 그러한 회피를 두려움이라 했으며 그 두려움은 전염
된다고 한다. 냄새가 저절로 맡아지고 소리가 저절로 들리는 것처
럼, 불안감이나 분노도 저절로 구성원의 정서 속으로 고스란히 스며
들지 않던가. 한 사회에 특정 사건이 일어나면 구성원들이 예민하게
서로 정서적, 감정적 삼투 현상을 느끼는 것처럼, 모두의 대인관계
는 수평적이고 대등하다는 속성을 내재하고 있기에 공동체 감각과
용기도 동시대인 사이에서 전염된다. 아들러는 말한다.

　"자신이 용기를 갖는 것이 타자가 용기를 갖도록 도울 수 있는 출
발점이다."

　우리가 사회적 동물(사회적 존재로서의 인간)이라는 사실은 거울
뉴런Mirror neuron으로 밝혀졌다. 우리 두뇌 속에 존재하는 거울 뉴런
은 타인의 행동을 관찰하는 것만으로도 타인을 이해하고 공감empathy
하는 뇌신경 조직이다. 아무개가 하품을 하면 옆 사람도 따라서 하품
을 하거나, 아기가 엄마 표정을 보며 웃거나 하는 게 모두 거울 뉴런
과 관련 있다. 이 뇌세포는 단순히 외적인 것을 포착하는 데 멈추지
않고 타인의 감정 상태까지 이해하는 공감능력이며, 타자 행동을 복
제하여 실행으로 옮기는 모방imitation능력이기도 하다. 거울 뉴런은
특히나 행복감과 사랑 그리고 웃음과 용기를 예민하게 감지한다고
한다. 거울 뉴런이 민감하게 느끼는 행복해질 용기와 사랑하고 사랑
받을 용기에 전염성이 강한 것이다. 그래서 자동으로 일어나는 감정
의 공명 현상을 자동으로 '일어나게 하는(전염되게 하는)' 거울 뉴런은

타자와의 교류(소통)와 공동체 감각을 바탕으로 한 공존이 생존 및 행복의 필요 조건임을 말해준다고 할 수 있다.

당신은 두려움과 용기 중 어느 것에 전염되고 싶은가? 아들러는 각자의 라이프스타일이 선택하기 나름이라고 한다. 용기courage는 심장을 뜻하는 프랑스어 coeur에서 어원이 유래한다. 심장은 사지육신에 피를 순환시켜 모든 신체 기관이 제 몫의 기능을 발휘하도록 돕는다. 용기도 예의, 성실, 신중함, 절제, 정의감, 연민, 자비로움, 감사함, 배려, 겸손, 관용, 순수함, 정직, 사랑 등 인간 정신의 모든 미덕이 현실생활에서 제 기능을 발현하도록 하는, 본질적인 원동력이다. 아들러는 인간이 용기를 갖지 못하면 근원적으로 삶의 가치와 미덕들을 실천하거나 이행할 수 없다고 강조한다. 절망감이나 두려움에도 불구하고 인생의 과제에 도전하며 앞으로 나아가는 능력이 용기인데, 인간의 성찰과 성장은 일차적으로 용기에서 비롯된다는 말이기도 하리라. 그러나 용기에는 저돌성 혹은 머뭇거림이 뒤따르기도 한다. 자기성찰적인 머뭇거림 없이 저돌적이기만 한 용기는 만용이며, 무의식적인 두려움이나 절망감을 은폐하기 위한 용기는 허망한 행위일 뿐이다. 그럼에도 나는 우선은 타인보다도 먼저 자신이 무슨 용기든 내보라고 권유하고 싶다. 아들러는 말한다.

"한 사람의 용기는 커진다."

모든 용기는 전염될 수 있고, 무릇 어떤 용기든 그 의미는 평범해질 용기, 미움받을 용기, 행복해질 용기, 책임질 용기, 함께 더불어 살 용기 등 여러 가지로 외연이 확장되며 효과가 증폭될 수 있다는 함의다. 아들러 심리학은 그래서 "나 혼자만 행복해질 수는 없는 노릇이다. 나부터 행복해질 용기를 갖자. 그리하여 타자에게 용기를 부여하는 공헌이야말로 행복으로 가는 길이다"라고 논변한다. 나, 너, 타자, 공동체가 사는 게 용기다.

재능을 준다면

아들러는 인간이 과거의 경험이나 트라우마trauma(사고후유장애)에 얽매여 있다는 결정론을 부정하며, 설령 과거 경험이 인간의 성격 형성에 영향을 미치더라도 이를 해석하는 것은 인간의 자유의지에 달려 있다고 강조했다. 또한 그는 타자에 대한 관심, 격려와 감사, 배려, 공동체 감각, 사회적 협력, 연대의식, 타자 공헌감 등을 인간의 본성으로 보았다.

"인간의 본성은 열등함에서 기인한다. 사람은 홀로 생존할 수 없기 때문에 타인에게 의존하고 타자 공헌을 하고자 하는 본성을 갖는다. 신체 조건, 환경, 경제 상황, 대인관계, 라이프스타일에 따라 생성되는 열등감을 이겨내려는 분투가 열등감에 대한 보상이다. 상반되는 두 개의 방향으로 전개되는 것이다. 하나는 우월감, 자만심, 권력에 대한 의지이고 다른 하나는 공동체 감각, 타자 공헌이다. 어느 방향으로 전개되는가에 따라 성격이 형성된다."

　물론 아들러는 인간이 우월감을 건설적인 방법으로 극복할 수 있다는 용기를 내어 원만한 대인관계를 맺고 타자를 원조하며, 공동체에 기여하는 방향으로 발달시킬 수 있다는 긍정적인 인간관을 설파했다. 이것이 프로이트 등 다른 심리학자들과의 가장 큰 차이점이었다. 아들러는 인생 의미의 심리학을 이렇게 정리했다.

　"누구에게나 다 들어맞는 인생의 의미란 존재하지 않는다. 인생의 의미란 자기가 스스로의 인생에 부여하는 것이다."

　여기서 인간과 그 인간의 삶이 어떠해야 하는가라는 아들러의 생각을 뚜렷하게 알 수 있다. 아들러가 설파한 용기의 품격은 자유의지, 주체성, 자기 낙관, 공동체 감각, 타자 공헌 등의 낱말로 개괄할 수 있다. 아들러는 그래서 만일 아이에게 하나의 재능을 줄 수 있다면 무엇을 줄 것인가라는 물음에 이렇게 대답했다.

　"용기를 물려주겠다."

옮긴이의 말

일본에서 '자기계발의 원류 아들러의 가르침'이란 부제가 붙은 『미움 받을 용기』가 출간된 것은 2013년 12월이었다. 한 해 뒤 『사는 게 용기다』가 나왔다. 아들러 심리학을 20년 넘게 꾸준히 연구하고 알려 오던 철학자 기시미 이치로는 『미움받을 용기』가 100만 부 이상 팔리는 초대형 베스트셀러에 오르며 아들러 열풍이 일본 열도를 휩쓸자, 아들러가 왜 '용기의 심리학자'인지를 독자들에게 '실증적이면서도 구체적으로' 보여주고 싶어 아들러 원전을 직접 인용하는 형식의 이 책을 집필한 것으로 보인다.

원제가 '용기는 어떻게 회복되는가How can courage be restored'인 데서 알 수 있듯 『사는 게 용기다』는 아들러 개인심리학의 키워드인 '용기'와 '용기 부여'가 어떤 의미인지, 나와 타인의 용기를 북돋우기 위해서는 어떻게 해야 하는지를 아들러 원전을 최대한 인용하고, 그것을 기시미 이치로의 개인적 경험과 일상다반사, 역사와 철학 에피소드 등을 통해 쉬운 문체로 해설해주고 있다. 우선 이 책은 미움받을 용기, 행복해질 용기, 평범해질 용기, 버텨내는 용기, 나답게 살 용기, 사랑할 용기, 책임질 용기, 자립할 용기, 함께 살 용기, 늙어갈 용기 등 아들러 신드롬과 함께 우리 뇌리 속으로 파고든 이 용기의 정체는 '어디서 비롯되었을까'라는 궁금증이 들었을 법한 아들러 팬덤 독자들의 갈증을 해소시켜주는 데 큰 몫을 할 것이다.

이 책을 구성하는 여섯 개의 장, 즉 1. 왜 용기를 잃어버리는가? 2. 용기란 무엇인가? 3. 왜 용기가 꺾이는가? 4. 용기는 어디로부터 오는가? 5. 어떻게 용기 부여를 해야 하는가? 6. '사는 게 용기다'를 보더라도 '개인심리학=용기의 심리학'을 '일목요연'하게 풀이해주고자 한 저자의 친절함과 노고가 엿보인다. 용기라는 미덕에 관해 다룬 이 책이 용기의 상실—용기의 성격—용기의 훼손—용기의 기원—용기의 기술—용기의 품격을 시계열 순으로, 마치 '아들러 심리학 본격 입문서'를 지향하는 '용기의 심리학 백과사전'처럼 짜임새 있게 엮었다는 것은 독자에 대한 배려를 우선시한 저자의 세심함을 보여준다.

아들러 심리학의 가르침은 '행복해질 용기가 되돌아오는 기술을 터득하라!' '자립自立하여 행복할 용기를 북돋워라!' 등등이다. 어떻게? 아들러는 "모든 문제가 대인관계에서 비롯된다"고 했는데, 여기서 대인관계는 모든 시공간, 또한 생로병사生老病死와 같이 형이상학적 문제까지 포괄하는 개념이다. 나와 내 내면, 나와 타자, 육아, 교육, 심리치료, 직장, 교우, 연애, 결혼, 부부관계, 병과 늙음 및 죽음과의 대면 등 인생의 모든 과제를 대인관계의 문제라고 보는 게 아들러 심리학의 특징이다. 이 대인관계가 행복하도록 살아갈 용기를 북돋워주는 게 기획 의도라고 저자가 밝혔듯이, 이 책은 한마디로 '용기(부여)의 기술사전' 혹은 '행복해질 용기의 처방전' '자립할 용기의 실천 지침서' '미움받을 용기의 사용 설명서'라고 할 수 있다.

　이 책에는 필사해두고 싶을 만큼 용기에 대한 잠언이 수두룩하게 담겨 있다. 그중에서 내 마음을 두드렸던 몇 개만 적어본다. 목표 달성이 장애물보다 더 중요하다고 생각하며, 끊임없이 노력하는 마음이 용기다. 약간 분량의 용기가 인생을 바꾼다. 용기를 한 스푼의 약처럼 떠먹여줄 수는 없다. 사람은 자신에게 가치가 있다고 생각할 때에만 용기를 가질 수 있다. 스스로 용기를 갖는 것이 타자가 용기를 갖도록 도울 수 있는 출발점이다…… 과연 용기란 무엇일까? 이 질문이 번역하는 내내 꼬리를 물었다.

　용기를 뜻하는 그리스어 안드레이아andreia와 라틴어 비르투스virtus는 둘 다 어원적으로는 남자를 일컫는 것이었다고 한다. 물론 신체적 근육으로만 따지면 남자가 여자보다 힘이 세겠지만, 남자가 무조건 여자보다 더 용기 있다고 단정할 수는 없다. 볼테르는 말한다. "용기는 미덕이 아니라, 선인이나 악인 모두 가질 수 있는 하나의 자질일 뿐이다." 용기란 훌륭한 성격이긴 하되, 그 자체로는 도덕도 부도덕도 아니란 말이다. 물론 어디서나 비겁은 조롱당하는 반면 용기는 찬

사받는다. 심지어 용기는 무뢰배마저 추앙한다. 가령 가미카제는 용기백배했다. 하지만 무모하거나 잔인했다. 비윤리성과 터무니없음과 이기주의 그리고 반인륜성이 뻔뻔스럽게 활보하는 용기도 용기라 부를 수 있을까? 깡패나 날강도나 치한이나 강간범이나 나치나 독재자의 용기에 찬사를 보낼 순 없는 노릇이리라. 그런 부류가 소심하면 할수록, 비겁하면 할수록 인류 공동체에 이익이 될 테니.

　그런데도 용기는 도덕성을 갖춘 인간만의 품성이라는 테제를 증명할 길이 없다. 용기는 진실한 위인에게서도 발견할 수 있고, 그 옛날 악질적인 나치스친위대나 일본군 밀정에게서도 엿보이기 때문이다. 아우슈비츠 수용소에서의 패륜은 무모한 용기가 없고서는 저지를 수 없는 일인데 그렇다고 그 용기를 미덕이라고 할 순 없다, 절대로! 용기가 품격을 지니려면 이기주의적 무모함 및 개인적 욕망의 이해관계와 갈등하며 이타적 혹은 타자공헌적인 형태여야 한다. 이는 아들러가 말한 대로, 용기란 결코 개인의 영역에서 가능한 것이 아니며, 대인관계를 이해하고 사회 안에서 함께 살아가겠다는 의지이기 때문이다.

　길을 걷다 치한이 여성을 성추행하려는 장면을 목격했다고 치자. 이때 보여주는 용기는 개인의 이기적 욕망을 초월해 타인을 위해서 발휘되었기에, 도덕적으로나 사회적으로 그리고 미학적으로도 찬사를 받을 만하다. 아들러가 용기는 자기중심주의에 빠지지 않는 인간의 품격이며, 또한 자신의 존재는 타인의 존재를 전제로 하기에 타인에게 도움을 베푸는 용기야말로 스스로의 가치를 증명하는 바라고 한 까닭도 여기에 있다.

"모든 용기의 기초는 사회적인 용기 곧 타자와의 관계 속에서의 용기다."

"용기가 공동체 감각의 일면인 까닭은 바로 인생의 모든 과제는 공동체 안의 동료와 대인관계를 맺고 함께 풀어야 해결 가능하기 때문이다."

아들러의 말처럼, 이기주의적 동기나 이해관계를 벗어난 자기희생과 위험의 감수, 이타적 행동은 아닐지라도 적어도 자기욕망의 충족과는 무관한 용기가 도덕적 차원에서도 존중할 만한 인간의 자질이다. 이 책에서 저자가 타인을 위하거나 공동체의 보편적 가치를 실현한 명분이 있는 용기야말로 '미덕'이라고 논증하는 까닭도 그런 연장선상에서다. 다시 말해 용기는 본질적으로 그 자체가 도덕적인 것은 아니어도, 상황에 따라서는 도덕을 추인하는, 또한 도덕의 효력을 증폭시키는 영혼의 힘으로 기능할 수 있다. 원래 두려움은 이기주의에서 나온다. 비겁함 또한 이기주의에서 나온다. 하지만 두려움이나 비겁함에 떠는 사람일지라도 이기주의를 떨쳐버리는 용기를 내는 순간, 존경을 자아내고 인간의 매력을 발산할 수 있다는 점에서 용기는 참으로 매혹적인 "공동체 감각의 실천"인 것이다. 이 책에 나오는 다음과 같은 해설을 통해 우리는 아들러가 강조하고 싶어하는 용기의 실체가 바로 '공동체 감각의 실천'임을 확인할 수 있다.

"나의 행동이 공동체에 유용할 때에만 자신에게 가치가 있다고 느낄 수 있다는 진리를 인정하는 것은 용기를 각성할 때의 첫걸음이다. 협력하는 용기를 밑거름 삼아 타자 공헌을 함으로써 자신이 타인에게 도움이 된다는 것을 잘 터득한 사람은 그런 자신이 가치 있다고 느끼기에 '자신 안의 자신(자존감)'을 올바로 끌어안을 수 있다."

그래서 아들러는 '협력하는 능력'이 행복하게 살아갈 용기를 부르는 '용기의 기원'이라고 한 것이리라. 그렇다면 아들러가 전하는 '궁극의 용기'란 무엇일까? 바로 '공동체 감각', 즉 '함께 살 용기'가 아닐까. 자아실현, 육아, 교육, 심리치료, 범죄자 갱생 치료, 직업, 교우, 직장생활, 노동, 연애, 결혼, 생로병사…… 인생의 모든 과제를 풀어줄 용기의 기술은 바로 '공동체 감각=타자에 대한 관심social interest'이라는 것이다. "용기란 타자와 협력하고 사회적 관심을 표현해내는 능력이다. 사회의 일부라는 소속감을 느끼고, 타인과 연결되어 있다는 유대감이 어떤 것인지를 아는 사람만이 진정한 용기를 낼 수 있다."

아들러가 말한 용기는 또한 '지금, 여기', 즉 '현재'에 존재한다. 과거에는 용기를 지녔다는 단언이 '지금, 여기에서도' 용기를 지니고 있다는 증명이 될 수 없고, 앞으로 늘 용기가 있을 거라는 알리바이도 될 수 없다. 아리스토텔레스는 "앞으로 위험이 두 해 지난 무렵에나 닥칠 것임을 알고 용기 있는 척하는 자는 정녕 위험에 맞닥뜨리면 두려움에 떤다"고 일갈했다. 아들러의 논리대로 용기는 (과정 중인) 지금 여기에서의 순간의 의지이자 삶의 실천이다. 그래서 용기를 내려면 내일모레쯤이나, 혹은 조금 지나서가 아니라 '지금, 여기에서' 용기를 발현해야 한다. 아들러가 말한 에네르게이아—과정 자체를 결과로 보는—인생이란 지금, 여기에서 삶에 충실한 용기를 낸다는 뜻인 것이다. "사는 게 능력이 아니라 용기"인 까닭이다.

　행복해질 용기를 북돋운다는 것은, 또한 지식이나 의견의 문제가 아니라 결정과 행동의 문제다. 그래서 용기라는 게 두려움이 부재할 때만 나오는 것은 아닐 터이다. 살면서 늘 불행에 대한 두려움은 여전히 그리고 당연하게 남아 있다. 하지만 용기란 두려움과 대적해서 그것을 극복하고 제어하는 의지의 소관이지, 두려움을 단숨에 없앤다는 허세가 아니다. 용기는 적어도 힘든 인생의 과제 앞에서 어떤 장애물을 넘어서고자 하는 영혼의 힘, 두려움을 이기려고 노력하는 에네르게이아(과정의 연속)다. 아들러의 이러한 잠언대로, 용기가 없다면 어떤 삶이 가능할 것이며 어떤 행복이 주어질 수 있겠는가? 인생의 과제를 헤쳐나가는 데 온갖 장애물이 막고 있음에도 불구하고 자립하여 행복해지려고 노력한다면, 그 노력 자체가 행복해질 용기이리라.

　끝으로 일러둘 게 있다. 원서에서 저자는 아들러 원전을 경어체로 해설했지만, 나는 간결함과 속도감을 주고자 평어체로 옮겼다. 그리고 저자가 인용한 아들러 원전(일본어판은 모두 기시미 이치로가 번역했다)은 한국에도 여러 판본이 있고, 심지어 편역본도 중구난방인 터라, 여기서는 참고로 주요 한국어판 번역본을 다음처럼 괄호 안에 정리해두고자 한다.

『인생 의미의 심리학』(『심리학이란 무엇인가』, 스타북스), 『개인심리학 강의』(『삶의 과학』, 부글북스), 『인간 지의 심리학』(『인간이해』, 일빛), 『성격의 심리학』(『성격심리학: 나를 결정하는 고유한 패턴』, 지식여행), 『아들러가 말하다』(*Adler Speaks: The Lectures of Alfred Adler*, iUniverse, 2004) 등이다.

이 한국어판들을 하나하나 찾아가며 군이 똑같이 옮길 필요성이 없었기에, 이 책은 기시미 이치로의 '아들러 원전 일본어판 번역본'을 충실히 따라가며 옮겼다. 이제는 '세계 최고의 아들러 심리학 전문가'라고 해도 과언이 아닐 정도인 기시미 이치로는 희랍어, 독어, 영어를 구사하기 때문에 이 책의 원서에는 인용하고 참고한 여러 나라의 논문과 책, 또한 그가 아들러 심리학에 관해 쓴 해설서들이 부록으로 실려 있는데, 한국어판에서는 따로 표기하지 않았다.

2016년 봄

옮긴이가

사는 게 용기다

1판 1쇄	2016년 5월 4일
1판 2쇄	2016년 5월 9일

지은이	기시미 이치로
옮긴이	노만수
펴낸이	강성민
편집장	이은혜
편집	박세중 이두루 박은아 곽우정 차소영
편집보조	조은애 이수민
마케팅	정민호 이연실 정현민 김도윤 양서연
홍보	김희숙 김상만 이천희

펴낸곳	(주)글항아리	출판등록 2009년 1월 19일 제406-2009-000002호
주소	10881 경기도 파주시 회동길 210
전자우편	bookpot@hanmail.net
전화번호	031-955-1934(편집부) 031-955-8891(마케팅)
팩스	031-955-2557

ISBN	978-89-6735-317-9 03180

에쎄는 (주)글항아리의 브랜드입니다.

이 도서의 국립중앙도서관 출판시도서목록(CIP)은 서지정보유통지원시스템 홈페이지
(http://seoji.nl.go.kr)와 국가자료공동목록시스템(http://www.nl.go.kr/kolisnet)에
서 이용하실 수 있습니다.
(CIP제어번호 : CIP2016009495)